W0288066

HELLA KRAUSE-ZIMMER

Bernward von Hildesheim

HELLA KRAUSE-ZIMMER

BERNWARD VON HILDESHEIM

und der Impuls Mitteleuropas

VERLAG FREIES GEISTESLEBEN

Die Bildvorlagen stellte
Hermann Wehmeyer, Hildesheim, zur Verfügung,
mit folgenden Ausnahmen:
Bayerische Staatsbibliothek München (Seite 59),
Bildarchiv Foto Marburg (Seite 162),
Chorherrenstift Klosterneuburg (Seite 167).

CIP-Kurztitelaufnahme der Deutschen Bibliothek

Krause-Zimmer, Hella:
Bernward von Hildesheim und der Impuls
Mitteleuropas / Hella Krause-Zimmer.
Stuttgart: Verlag Freies Geistesleben, 1984.

ISBN 3-7725-0824-3

Einband: Walter Krafft
© 1984 Verlag Freies Geistesleben GmbH, Stuttgart
Satz und Druck: Greiserdruck, Rastatt
Bindearbeit: Lachenmaier, Reutlingen

Inhalt

Vorwort

Bernward von Hildesheim gehört zu den großen Abendländern, von denen die Kultur Mitteleuropas inauguriert, geprägt und beflügelt worden ist. Er lebte am Beginn unseres Jahrtausends, und seine Wirksamkeit macht erkennbar, unter welchen Intentionen der damalige Aufbruch zu mitteleuropäischer Eigenständigkeit geschah.

Aus diesen und auch aus anderen Gründen ist die Beschäftigung mit Bernward zeitgemäß.

Bernwards Name ist bekannt, aber kaum jemand hat ihn als historische Gestalt deutlich vor Augen. Das Interesse an ihm verteilt sich auf verschiedene Spezialgebiete. Die Geschichtskundigen wissen: er war der Erzieher Ottos III., die kirchlich Interessierten kennen ihn als Heiligen und großen Bischof, für Architekten ist er als Schöpfer von St. Michael ein Begriff, und wer alte Kunst liebt, weiß vom Bernwardskreuz und von der Bernwardstür. Die Bernwardstür ist von seinen bildnerischen Werken am häufigsten und ausführlichsten beschrieben worden. Weniger Aufmerksamkeit widmete man bisher der Bernwardssäule, und die Miniaturen sind in ihrer Besonderheit noch gar nicht richtig aufgearbeitet.

So steht es auch mit der Literatur: es gibt viel über Bernward und doch sehr wenig. In kurzen Abschnitten oder knappen Sätzen findet er in zahllosen Fachbüchern Erwähnung. Was aber bisher völlig fehlte, war eine Zusammenschau seines Lebens und seines künstlerischen Werkes, welche die Größe seiner Persönlichkeit und deren Bedeutung für die abendländische Entwicklung angemessen ausführlich zur Erscheinung bringt.

Einen Ansatz dazu machte Prof. Konrad Algermissen, als er im Jahre 1960 eine Festschrift über «Bernward und Godehard von Hildesheim» herausgab,* in der er eigene und Aufsätze anderer Autoren versammelte. Das Bistum Hildesheim beging 1960 das Gedenken an seine heilig gesprochenen Bischöfe, welche beide um 960 geboren worden sind.

Algermissen, Domkapitular von Hildesheim, hat sich mit Bernward offensichtlich nicht nur aus lokalen Gründen befaßt, sondern ist dessen

* Verlagsbuchhandlung August Lax, Hildesheim.

historischen Spuren mit spürbarem Herzensinteresse nachgegangen. Auch die hier vorliegende Arbeit verdankt seinen Aufsätzen eine erste Grundlegung von Bernwards Lebensgestalt und mancherlei Anregung. Andere Aufsätze der Festschrift und sonstige Publikationen werden an entsprechender Stelle erwähnt.

Im übrigen ist versucht worden, auf alte Quellen zurückzugehen. Der Anhang bringt Ausschnitte aus Chroniken von Bernwards Zeitgenossen.

Bei der Beschäftigung mit den Werken Bernwards treten dem Betrachter vielerlei Rätsel entgegen. Ohne deren Lösung kann man nicht hoffen, der Persönlichkeit Bernwards wirklich nahezukommen. Nur weil sich in dieser Richtung Möglichkeiten abzeichneten, wurde dieses Buch gewagt. Viel ist dabei den Schriften Rudolf Steiners zu verdanken. Nicht nur erhellt sich Unverständliches, es lassen die Details auch ihren großen Zusammenhang erkennen. Dieser zeigt, wie sehr Bernward aus der Kraft christlicher Esoterik geschaffen hat.

Einleitung

Die beiden Wirkensstätten Bernwards, der Dom und die von ihm erbaute Michaelskirche, sind, ebenso wie die ganze Stadt, im März 1945 noch kurz vor Kriegsende durch Bomben schwer beschädigt worden. Unter Einbezug ihrer Ruinen hat man die beiden Gotteshäuser neu errichtet. Die Kunstwerke blieben unversehrt, weil sie in einen Stollen des Stadtwalls ausgelagert waren.

Den Ursprung des Domes führen legendäre Überlieferungen ins 9. Jahrhundert, in die Regierungszeit Ludwigs des Frommen, zurück. Unter Karl dem Großen (768-814) war Niedersachsen zwangs-christianisiert worden. Eines Tages, so erzählt die Legende, jagte sein Nachfolger Ludwig in den Wäldern von Ostfalen, im Gebiet zwischen den Flüssen Weser, Leine und Oker. Seine Hofhaltung hatte er in Elze aufgeschlagen. Unterwegs wünschte er zu rasten und ließ sein Zelt auf einem freien Platz errichten, der durch einen hohen Baum ausgezeichnet war, dessen Äste sich über eine klare Quelle reckten. Als Ludwigs Kaplan die Heilige Messe las, hing er mitgeführte Marien-Reliquien in die Äste des Baumes.

Nach Elze zurückgekehrt, sollte wiederum die tägliche Messe gelesen werden. Der Kaplan bemerkte aber kurz vorher, daß er die Reliquien am Rastplatz vergessen hatte, und in verständlicher Eile begab er sich dorthin. Er fand zwar den Baum, aber es war ihm nicht möglich, die Reliquien aus den Zweigen zu lösen. Der herbeigeeilte Kaiser legte das Wunder als einen Hinweis Marias aus, ihr an dieser Stelle eine Kapelle zu erbauen. Sie war der Anfang des Domes von Hildesheim.

Bei Ausgrabungen anläßlich des Wiederaufbaues fand man südöstlich der Chorapsis tatsächlich die Reste eines Rundbaues aus karolingischer Zeit, einer sogenannten Rotunde.

Quelle und Baum, von denen die Legende spricht, lassen ein altes sächsisches Naturheiligtum vermuten, welches dann christianisiert worden ist.

Berühmt wurde am Dom der sogenannte «tausendjährige Rosenstock», der sich an der Außenwand der Apsis emporrankt. Auch er war bei der Zerstörung des Domes verbrannt, und man hielt ihn für verloren. Offenbar war aber sein Wurzelwerk in der Erde unbeschädigt geblieben, denn er begann neu zu treiben. Man hat die Schossen mit Jahreszahlen versehen, die sein Wachstum seit Kriegsende dokumentieren.

Nicht weit vom Dom liegt auf leichter Erhebung die Michaelskirche, deren Gründung ohne legendäre Umschreibung geschichtlich klar faßbar ist. Auch Bernward wählte einen Platz mit Quelle und bezog diese in seinen ersten Bauteil, die Krypta, ein.

Seit der Reformation ist die Michaelskirche in evangelischem Gebrauch, nur die Krypta mit dem Bernwardssarkophag blieb den Benediktinern überlassen. Leider kann man, auch wenn die Kirche geöffnet ist, in die Krypta nur durch ein Gitter sehen. Im 12. Jahrhundert erhielt St. Michael eine herrliche Bilddecke mit dem Stammbaum Christi. Das Kloster war reich geworden durch die großen Pilgerscharen, die zu Bernwards Grab kamen, und konnte sich solche Aufträge leisten. Es hat damals wohl auch viele Bildwerke von Bernward gegeben. Im östlichen Querschiff steht auf einer Säule, die aus Bernwards Zeit stammen soll, seine Steinbüste. Sie ist leider sehr stark verwittert und kann auch sicher nicht als ein Originalportrait gelten, aber sie gibt dennoch einen Eindruck von dem Ernst und der Kraft dieser großen Persönlichkeit.

I

BERNWARDS LEBEN

Abstammung und Ausbildung

In Bernwards Lebenszeit fällt die von vielen Ängsten und Aufregungen umlagerte vorige Jahrtausendwende. Er erlebte vier Kaiser: Otto I., genannt der Große (geb. 912, regierte von 936 bis 973), Otto II. (geb. 955, regierte von 973 bis 983), Otto III. (geb. 980, regierte von 983 bis 1002) und Heinrich II. (geb. 973, regierte von 1002 bis 1024) – die ganze ottonische Dynastie!

Er selbst wurde im Jahre 960 oder kurz davor geboren und starb 1022, ist also etwa 62 Jahre alt geworden. Im Jahre 993, mit etwa 33 Jahren, wurde er Bischof von Hildesheim.

Bernward entstammte einem bedeutenden niedersächsischen Adelsgeschlecht[1] und wurde in die Hildesheimer Domschule zur Erziehung gegeben, als dem berühmten Lehrer Thangmar besonders empfohlener Schüler. Er hatte mindestens drei Geschwister: den Bruder Tammo, später Graf von Astfala, und die Schwestern Thiatburg und Judith. Thiatburg heiratete, Judith wurde Äbtissin von Ringelheim.

In Hildesheim erhielten die Schüler nach damaliger Methode Unterricht in den sieben freien Künsten: Grammatik, Dialektik und Rhetorik, das sogenannte Trivium, und Arithmetik, Geometrie, Musik und Astronomie, das sogenannte Quadrivium. Für diesen «Vierweg» wird Bernward später der Lehrer Ottos III. sein.

In der Domschule lernte man aber auch das kunstvolle Schreiben, wie es für die Evangeliare angewendet wurde, und versuchte sich im Malen, im Metall-Bearbeiten und vielem anderen. Bernward ragte früh als ein universal begabtes Kind hervor, dem die Liebe zur Wissenschaft im Herzen lag, wie es andererseits glänzende Befähigung zu allen handwerklichen Künsten zeigte. Sein Interesse galt aber auch der wirtschaftlichen Verwaltung; so übte er Fähigkeiten, die ihm später als Bischof ebenso wie als Berater am kaiserlichen Hof zugute kamen. Mit aufmerksamen und geschulten Sinnen wird er als junger Mann die Reisejahre mit dem Kaiserhof erlebt und genutzt haben. Irgendwann erwarb er auch Kenntnisse in der Medizin; es ist überliefert, daß er in schweren Krankheitsfällen zu Rate gezogen wurde.

Vor allem aber war Bernward von tiefreligiösem Charakter. In Thangmars Biographie über seinen einstigen Schüler* heißt es:

«In wunderbarer Weise durchforschte er in seinen noch jungen Jahren, vom himmlischen Licht erleuchtet, in scharfsinniger Untersuchung mit unermüdlichem Fleiß die tiefsten Probleme der göttlichen Lehre. ... Mit den theologisch besonders interessierten Schülern» setzte er sich nach dem Unterricht zusammen, «um in vereintem Denken und Disputieren die vorgetragenen Wahrheiten vollkommen zu erfassen und die letzten Schwierigkeiten zu lösen». Sein Wissensdurst und seine Gründlichkeit fordern seinem Lehrer alles ab, was dieser nur zu geben vermag; Thangmar bezeichnet es als «fröhlichen Diebstahl». Der Lehrer hat Freude an diesem einmaligen Schüler und nimmt ihn auf den weiten Inspektionsritten durch das Bistum mit. «Es wurden dabei literarische und gelehrte Gespräche, besonders auch über philosophische Themen, geführt und der Versuch gemacht, deren Inhalt in prosaischer wie in poetischer Form wiederzugeben.» Man sieht, wie bei dieser Ausbildung Kunst, Wissenschaft und Religion noch sehr eng verschwistert sind und die Schüler eine erstaunlich vielseitige Unterweisung erfahren.

Am Kaiserhof

Da Bernward von Otto III. später als «Zögling meiner Eltern und unserer Wiege erster Genosse» bezeichnet wird, schließt man, daß er mindestens schon im Jahre 979 (also mit etwa 19 Jahren) am Königshofe eintraf, der sich damals in Nijmwegen befand, und im Jahre 980 – dem Geburtsjahr Ottos III. – mit Otto II. und der Kaiserin Theophanu bereits erstmals über die Alpen zog. Im Jahre 983 wurde der erst dreijährige Otto von den Reichsfürsten in Verona als Nachfolger Ottos II. gewählt.

* Vergleiche Anhang: Die Chroniken.

Die Ottonen stammten selbst aus einem niedersächsischen Adelsgeschlecht – sie waren Liudolfinger. Seit dem Ende des 8. Jahrhunderts machte sich dieses Haus um die Einführung des Christentums verdient. Otto I. suchte als Kaiser Frieden mit dem oströmischen Herrscherhaus und verband deshalb seinen Sohn Otto II. mit Theophanu, der Nichte des byzantinischen Kaisers Johannes I. Tzimiskes. Im Jahre 972 wurde das Paar in Rom durch Papst Johannes XIII. vermählt. Otto II. war bereits seit 967 Mit-Kaiser, und so wurde Theophanu gleichzeitig als Kaiserin gekrönt. In ihrer berühmten Heiratsurkunde wird sie als Gemahlin und Mitregentin Ottos II. angesprochen – der damals 17 Jahre alt war. Das Alter der Theophanu ist nicht bekannt, es wird zwischen 13 und 17 Jahren angenommen.

Bereits ein Jahr später stirbt Otto der Große, und der Achtzehnjährige ist alleiniger Herrscher. Nach einer Regierungszeit von zehn Jahren stirbt auch er im Jahre 983 und hinterläßt den unmündigen, dreijährigen Sohn und drei Töchter.

Nun führt Theophanu bis zu ihrem Tode am 15. Juni 991 die Regentschaft. Danach übernimmt sie die Großmutter Ottos III., Adelheid, die zweite Gemahlin Ottos des Großen, bis im Jahre 995 der junge Kaiser die Reichsgeschäfte selber in die Hand nimmt – mit fünfzehn Jahren.[2]

Bernward erzieht den kindlichen König, wie dieser später selbst bezeugt, «in allseitiger Bildung» und berät die als sehr klug und umsichtig geschilderte Kaiserin. Thangmar schreibt über diese Zeit: «Die Aufgabe, den königlichen Sohn in den Wissenschaften zu unterweisen und seine Charakterbildung zu leiten, erfüllte Bernward in vorzüglicher Weise. Der kaiserliche Knabe machte im Lernen wunderbare Fortschritte; dabei ließ Bernwards Erziehung dessen Geist in umsichtiger Führung zur Übernahme aller Staatsgeschäfte heranreifen. Während andere dem königlichen Knaben schmeichelten und ihm zu eitlen Belustigungen und allem, was die unerfahrene Jugend begehrt, die Hand boten, sogar die Kaiserin, aus Furcht, es könne ihr die Zuneigung ihres Sohnes entgleiten, weitherzig derartigen Wünschen nachgab und allem, was der Knabe begehrte, bereitwillig zustimmte, beharrte Bernward allein bei seinen festen Grundsätzen, bewahrte in dem Knaben die Scheu vor törichtem Handeln und gewann dennoch seine volle Zuneigung.» Die Schwierigkeiten eines solchen Erzieherpostens kommen in diesen Zeilen nicht weniger zum Ausdruck als die Charakterfestigkeit Bernwards.

Bernward wird Bischof

Am Beginn des Jahres 993 wird Bernward zum Bischof von Hildesheim gewählt und verläßt den Hof. Otto schenkt ihm – vermutlich zum 15. Januar 993, als er zum 13. Bischof von Hildesheim geweiht wird – einen Span vom Heiligen Kreuz. Bernward teilt ihn so, daß er ihn in Kreuzform zusammenfügen kann und schließt ihn in ein Kleinodiengeschmücktes Kreuz ein, dem er – als Erstling seiner Bauwerke – die «Kreuzkapelle» erbaut. Sie steht schon auf dem Hügel seiner späteren Michaelskirche und wird am 10. September 996 bereits geweiht. Von ihr ist heute nichts mehr vorhanden, wohl aber existiert noch das als Kunstwerk berühmt gewordene «Bernwardskreuz», das Bernward 1022 dann der Michaelskirche übertrug.

Etwa zwei Jahre, nachdem Bernward den Hof verlassen hat, beruft der nun mündige fünfzehnjährige König den gelehrtesten Mann seiner Zeit, Gerbert von Aurillac[3], als seinen Lehrer. In seinem Brief schreibt er, Gerbert möge «die Roheit seiner sächsischen Natur austreiben und die griechische Feinheit in ihm entwickeln». «Erweckt in mir, unter dem Beistande Gottes, der Griechen lebendigen Geist und gebt mir in der Zahlenkunde Unterricht, damit wir, darin vollständig unterrichtet, die Erhabenheit der Ahnen besser verstehen ...» Gerbert sagt in seiner Antwort: «Dabei weiß ich nicht, welche göttliche Absicht darin zum Ausdruck kommt, daß ein Mensch, Grieche von Geburt, Römer von Herrschermacht, gleichsam auf Grund des Erbrechtes sich um die Schätze Griechenlands und Roms zugleich bewirbt. Ich gehorche daher, Cäsar, den kaiserlichen Befehlen ...» Gerbert hebt bei Otto das Griechische und das Römische hervor. «Grieche von Geburt»; das gilt ja aber nur für die mütterliche Linie! Daß er vom Vater her Niedersachse und deutscher König ist, wird gar nicht erwähnt. In der Welt, in der Gerbert sich bewegt, zählt das Deutsche nicht. Es hat keinen Anteil an der großen Zeit der griechischen Antike, es ist ein unbeschriebenes Blatt. Aber gerade auf diesem Blatt beginnt Bernward mit kraftvoller Schrift entscheidende Einzeichnungen zu machen – und die Stiftsdame Hruotsvita im nahen Gandersheim versucht auf ihre Weise das gleiche.

Prinzessin Sophia – der Gandersheimer Streit

Nicht mit Hruotsvita, aber mit dem Stift Gandersheim hatte Bernward schwere Sorgen. Gandersheim war das Haus- und Familienstift der Liudolfinger. Es besaß viele Privilegien und Freiheiten, war ein reichsfreies Stift, unterstand aber in manchen Belangen dem Bischof der Diözese, in der es gelegen war – Hildesheim. Die damalige Äbtissin Gerberga war als Nichte Ottos des Großen mit der Byzanz-Politik der Ottonen eng verbunden und sprach, den Überlieferungen nach, selbst Griechisch, was damals in Deutschland äußerst selten war. Unter ihrer Leitung wurde Hruotsvita eine hohe Bildung zuteil. Sie konnte sich gründlich mit antiker Literatur vertraut machen und erlernte die lateinische Sprache so gut, daß sie imstande war, ihre eigenen Legenden und Dramen darin abzufassen.

Die in Gandersheim gepflegte Bildung und Offenheit für die griechische Kultur mag es Theophanu erleichtert haben, ihrerseits eine enge Verbindung mit dem Stift einzugehen. Infolge eines Gelübdes brachte das junge Kaiserpaar seine 975 geborene Tochter Sophia im Jahre 979 ins Stift und übergab sie Gerberga zur Erziehung. Es ist das gleiche Jahr, in dem Bernward an den Hof gekommen sein soll.

Sophia war die erste deutsche Prinzessin mit einem griechischen Namen. Es zeigte sich bald, daß sie ein sehr stolzes Prinzessinnen-Bewußtsein hatte. Als sie 989 den Schleier nehmen sollte, weigerte sie sich, ihn aus der Hand des Bischofs von Hildesheim zu empfangen – damals Bischof Osdag –, dem das Stift unterstand. Sie wünschte ihn von Erzbischof Willigis von Mainz, der zugleich Erz-Kanzler des Reiches war, zu erhalten. Und Willigis meldete bei dieser Gelegenheit Ansprüche auf Gandersheim an. Doch Bischof Osdag ließ sich nur soweit auf die Wünsche der Prinzessin ein, daß sie von beiden, Willigis und Osdag, gemeinsam den Schleier erhielt. Ihr Gelübde mußte sie vor dem Hildesheimer Bischof ablegen. Anwesend bei dieser Einkleidung waren Theophanu (Sophias Vater war bereits vor 6 Jahren gestorben) und der neunjährige Otto III.

Sophia, die sich offenbar mit Willigis gut verstand, betrieb die Ablösung des Stiftes von Hildesheim weiter. Sie soll, ähnlich ihrer Mutter

Theophanu, von starker Entschlossenheit und hoher Klugheit gewesen sein. Sie konnte «so vele wisheit künde, dat se ok wol gelarden meistern wederstünde.»* Sophia war nun Kanonisse geworden[4] und hätte den Regeln zufolge im Stift ihr Leben verbringen müssen. Nachdem aber 991 ihre Mutter starb und Bernward 993 vom Hofe schied, begleitete sie von 995 ab ihren kaiserlichen Bruder auf seinen Reisen durch das weitgedehnte Herrschaftsgebiet. Als Otto III. am Himmelfahrtstage 996 in Rom zum Kaiser gekrönt wurde, erschien Sophia als einzige Frau im Krönungszuge. Im Herbst 997 aber kam es zwischen den Geschwistern zum Bruch, und Sophia mußte ins Stift Gandersheim zurückkehren. Otto entließ auch Erzbischof Willigis als seinen Berater und berief statt dessen seinen früheren Lehrer, Bernward, der nunmehr Bischof von Hildesheim war, an seine Seite.

Es ist merkwürdig, wie dieses Ablöse- oder Ausweichspiel zwischen Bernward und Sophia schicksalsmäßig schon früh veranlagt ist: 979 wird die Drei- bis Vierjährige nach Gandersheim gebracht, und der Jüngling Bernward kommt an den Hof. Nachdem er diesen verlassen hat, tritt Sophie an die Seite ihres Bruders, und eine erneute Ablösung erfolgt, im Jahre 997. Ob Bernward daran Anteil hatte, daß die Kanonisse des ihm unterstellten Stiftes, anstatt eine große Rolle in Politik und Gesellschaft zu spielen, zur Erfüllung ihrer Gelübde in das Stift zurückkehren mußte, ist unbekannt.

Hinter all diesen persönlich erscheinenden Kämpfen liegt aber im Grunde sehr viel mehr. Die Ablösung des Einflusses der Sophia durch Bernward bedeutete auch eine Ablösung der geistigen Intentionen. Bernward wird besorgt gesehen haben, wie die östlichen Einflüsse auf den jungen Otto überhandzunehmen drohten. Die hohe Bildung der alten Kulturen – Griechenland und Rom –, dazu der arabistisch geschulte Gerbert, wirkten stark auf den kaiserlichen Jüngling ein. Bernward aber fühlte sich offensichtlich als Vertreter des Geistes, der nun im jungen Europa mündig werden will.

Im Krönungsjahr Ottos III., 996, ist Bernward in Hildesheim. In Italien stirbt Papst Johannes XV., und Otto setzt seinen Vetter, den jungen Kleriker Brun von Kärnten, als Papst Gregor V. ein. Kaum aber haben die deutschen Ritter Rom verlassen, weil ein Aufstand heidnischer Stämme in

* Reimchronik des Priesters Eberhard, um 1216, aus «Die Heiratsurkunde der Kaiserin Theophanu», Ausstellungskatalog Göttingen 1972.

Preußen und Polen die Anwesenheit des Heeres verlangt, da wird es für den jungen Papst gefährlich. Sein einziger Vertrauensmann ist Gerbert von Aurillac, den eine Krankheit in Rom zurückgehalten hat.

Eines Tages, als der Papst die stark befestigte Engelsburg verläßt, bricht ein Aufstand aus. Mit Mühe können Gregor und Gerbert fliehen. In Rom aber setzt das mächtige Geschlecht der Crescentier den Griechen Philagatos zum neuen Papst ein: Johann XVI.

Das eben sind die Tendenzen: Ost und West, Byzanz und Rom, möchten sich verbünden, um sich gegen die Herrschaft der nordischen Barbaren zu wehren. Begreiflich! Und doch, wie so oft schon in der Geschichte, ist es das Los der alten, stolzen Kulturen, die ihre Zeit gehabt haben, von jungen, wenn auch noch wenig gebildeten Völkern in der Zeitenführung abgelöst zu werden.

Otto führt sein Heer erneut nach Rom. Die aufständischen römischen Patrizier werden nach hartem Widerstand besiegt. Philagatos wird geblendet. Brun residiert als Gregor V. wieder im Lateranspalast.

Es sind die letzten Jahre vor der Jahrtausendwende. Immer stärker ergreift Unruhe die christlichen Völker; ein Komet, Erdbeben und anderes Unheil scheinen den Prophezeiungen recht zu geben, die den Weltuntergang voraussagen. Die Seelen schwanken wie im Sturmwind, und die Ängste treiben seltsame Blüten. Auch der junge Kaiser ist davon nicht ausgenommen. Er pilgert zum Heiligtum des Erzengels Michael auf dem Monte Gargano, er schwankt zwischen Lebensgenuß und Askese. Und in Rom stirbt sein Vetter auf dem Papstthron – sei es an Gift, sei es am römischen Klima. Es ist das Jahr 999. Otto ernennt Gerbert von Aurillac zum neuen Papst – Sylvester II.

Bernward hat in seinem Bistum zu Hildesheim alle Hände voll zu tun, aber wiederum macht das Stift Gandersheim Schwierigkeiten. Als das gefürchtete Jahr 1000 in seine letzten Monate geht, will man im September, zur Michaelizeit, eine neue Stiftskirche einweihen. Dies würde dem Bischof von Hildesheim zustehen, doch Äbtissin Gerberga und Sophia laden wiederum Willigis von Mainz ein. Bernward trifft früher ein – aber die Partei der Sophia verhindert die Weihe. Als Willigis am 21. September kommt, weisen ihn die Anhänger Bernwards zurück. (Es kann damals nicht eben friedlich in diesem Stift zugegangen sein!) Da beschließt Bernward, nach Rom zu ziehen und bei Papst und Kaiser um eine endgültige Regelung nachzusuchen. So kommt es, daß Bernward – er reist am 2. November ab, sein früherer Lehrer Thangmar begleitet ihn – zur

Jahrtausendwende in Italien ist. Hier, wie in allen christlichen Ländern, ist die Erregung aufs Höchste gestiegen. In Rom zelebriert Papst Sylvester die Mitternachtsmesse, dann hallen die zwölf Schläge, und danach – geschieht nichts. Das Leben geht weiter.

Bernward, der am 4. Januar in Rom eintrifft, wird vom Papst und einer Synode in seinem Recht bestätigt, was aber den Streit keineswegs beendigt.

Jahrtausendwende – der Tod wirft Schatten

Über die Einwirkung, die Bernward in Rom auf den Kaiser zu nehmen suchte, berichtet Thangmar: «Wie er einst als Lehrer dem Knaben gütig und wohlüberlegt zugeredet hatte, führte er ihm jetzt seine hohe Aufgabe vor Augen, beschwor ihn, die Laster zu fliehen, das Tun und Treiben der Menschen nachsichtig zu beurteilen, sich Geduld und Güte zu eigen zu machen und vor allem nicht hartnäckig auf seinem Willen zu bestehen.»

Bernward begehrte sehr zu seinen Aufgaben nach Hause, aber die Stadt Tivoli in der Nähe Roms hatte sich wider Otto erhoben. Unter den Reichsfürsten war die Meinung geteilt; die einen rieten zu harten und grausamen Maßnahmen, die anderen wollten lieber die Belagerung aufgeben. Otto scheute sich, zwischen diesen Extremen zu wählen. Er bat Bernward um Rat. Bernward versprach, sich nicht von dem Kaiser zu trennen, «bevor ich nicht die Stadt und das Volk mit Gottes Gnade Eurem Rechte unterworfen sehe.»

Bernward begab sich mit dem Papst in die Stadt und erreichte durch Verhandlung und Güte das Nachgeben der Aufrührer. Zugleich bat er den Kaiser für die Schuldigen um Verzeihung. Otto gewährte sie.

Diese Haltung wiederum erregte Ärgernis in Rom. Nun verschloß Rom dem Kaiser und seinem Heer die Tore. Bernward hielt für den Kaiser und seine Truppen eine heilige Messe und teilte die Sakramente aus. Dann begab er sich in die erste Schlachtreihe. Den heiligen Speer in seinen Händen erhoben, betete er um einen Ausgang ohne Blutvergießen. Begleitet vom Papst zog er der Truppe voran. Rom ergab sich.[5]

Durch diese Ereignisse aufgehalten, kehrte Bernward erst am 10. April, dem Gründonnerstag des Jahres 1001, nach Hildesheim zurück. Er sollte den Kaiser nicht wiedersehen. Otto starb am 23. oder 24. Januar 1002 auf der Burg Paterno bei Viterbo an der Malaria; wie es heißt, in den Armen von Papst Gerbert Sylvester, der ihm am 12. Mai 1003 in den Tod folgte.

Bernward jedoch begann nach seiner Rückkehr fünf Jahre lang unter einer immer wiederkehrenden fieberhaften Erkrankung zu leiden, die ihn zwar nicht ständig ans Bett fesselte, ihn aber von allen größeren Reisen zurückhielt und wohl auch zeitweilig mit großen Schmerzen peinigte. Als diese Leidensperiode vorüber war, begleitete er im Jahre 1007 Kaiser Heinrich auf einem Feldzug gegen den aufständischen Herzog von Flandern und unternahm dann eine Pilgerfahrt, vornehmlich an die Gräber des heiligen Martin nach Tours und des heiligen Dionysius nach Paris. Der Grund für diese Pilgerfahrt ist unbekannt. Es wird angenommen, er habe sie als Bußfahrt während seiner Krankheit gelobt. Wir werden jedoch im Laufe dieser Arbeit finden, daß ein ganz anderer Grund für diese Reise wahrscheinlicher ist.

Die Vermutung liegt nahe und wird zuweilen ausgesprochen, in dem Ärger und den Aufregungen um Gandersheim die Auslösung von Bernwards Leiden zu sehen. Aber es war ja noch viel mehr geschehen, was wie ein tiefer Einschnitt in sein Lebensgefüge gewirkt haben mag. Otto III., sein Zögling, war gestorben. Bernward wird das persönlich sehr schmerzlich berührt haben. Aber es ging um weit mehr. Otto war deutscher König und Kaiser. Wer wurde sein Nachfolger? Bernward mochte bewußt gewesen sein, daß bei dieser Entscheidung die Weichen für Jahrhunderte gestellt wurden.

Er unterstützte Markgraf Ekkehard von Meißen und Thüringen gegenüber den anderen Bewerbern Hermann von Schwaben, Bruno von Braunschweig und Herzog Heinrich von Bayern, der väterlicherseits auch ein Liudolfinger war. – Aber Ekkehard wurde ermordet.

Bernward trat nun mit Entschiedenheit für Herzog Heinrich ein. Dieser wurde am 6. Juni 1002 zum deutschen König gewählt. Als Heinrich II., der Heilige, ging er in die Geschichte ein. – Mit diesem äußeren Aufriß von Bernwards Leben gerät man in die große Zeitgeschichte. Doch soll das hier nur ein Nebenaspekt sein. Bernwards künstlerische Leistungen, ihre große Kraft, ihre zum Teil geheimen Intentionen mögen im Mittelpunkt stehen. Und dabei wird man in einem anderen Sinne wiederum ganz große Zeitgeschichte entdecken, die bis in unsere Tage reicht.

Zuvor aber sei das Thema Hruotsvita und Gandersheim noch einmal aufgegriffen, weil diese Schicksalsverflechtungen selbst wie ein großes Kunstwerk anmuten.

Hruotsvita – Fulbertus – Bernward
Gandersheim – Chartres – Hildesheim

Der Wunschtraum Ottos des Großen – die Vereinigung von Ost- und Westreich –, der ihn dazu führte, seinen Sohn mit einer griechischen Prinzessin zu vermählen, brach mit dem Tode seines Enkels, Ottos III., zusammen. Durch Blutsmischung ließ sich diese Brücke nicht bauen. Aber es war doch eine Art Kanal gewesen, auf dem reichlich byzantinische Einflüsse nach Europa gekommen waren, und die Liebe zur griechischen Antike flammte in vielen Herzen auf.

Mitten im norddeutschen Raum, einer geschichtlich noch jungen Gegend, war das Stift Gandersheim zu einer Oase griechischer Bildung geworden. Die Schwester der Äbtissin Gerberga, Hadwig, war ursprünglich als Gemahlin für Romanos II. vorgesehen gewesen. Man lernte Griechisch, um sich auf diese Verbindung einzustellen. Durch Theophanu und Sophia wurde das dann noch verstärkt. Noch bis ins 16. Jahrhundert hinein ist in Gandersheim die Pfingstliturgie nach griechischer Weise gefeiert worden, sang man die Evangelien zu Pfingsten in Griechisch. In diesem Familienstift der Liudolfinger hatte Theophanu ihre dritte Tochter Mathilde zur Welt gebracht.

Und an diesen von griechischem Geisteshauch so stark berührten Ort führte das Schicksal Hruotsvita! Als habe sich diese Seele aus der karmischen Herkunft einer früheren Inkarnation noch etwas Heimatlich-Verwandtes gesucht, um sich von der vertrauten griechischen Geistigkeit ins Christentum hinüber zu finden. Es mag auch sein, daß sich eine karmisch stark zusammengehörige Gruppe in Gandersheim wieder verbunden hat.

Hruotsvita hatte durchaus ein Bewußtsein von dem Auftrag, den sie mit ihren Legenden und Dramen erfüllen wollte: der antiken, glänzenden, aber heidnischen Dichtung nun eine christliche entgegenzustellen! Oder anders gesagt: den Aufbruch der christlichen Dichtung in Europa zu inaugurieren, auch wenn man zunächst noch in der – neben dem Griechischen – einzig möglichen Gelehrtensprache des Latein schreiben mußte.

Als Besonderheit gilt ihre Bearbeitung der Theophilos-Legende. Hier hält zum ersten Male ein Motiv in die deutsche Dichtung Einzug, das dann über die mittelalterliche Sage zum Goetheschen Faust führt. Der Stoff, den Hruotsvita verarbeitet, stammt aus der Ostkirche: Theophilos ist ein treuer Verwalter von Kirchengütern in Sizilien. Als er ungerechterweise um diesen Posten gebracht wird, nimmt er in seinem Zorn die Hilfe eines Zauberers an, der ihm einen Pakt mit dem Teufel verschafft. Theophilos erhält dadurch nach wenigen Tagen seinen Posten wieder. Er wird aber von tiefer Reue ergriffen und erlangt schließlich durch ein bußfertiges Leben und ständiges Flehen zur Gottesmutter, daß er durch sie gerettet wird.

Die Legende ist bald auch in Europa sehr beliebt geworden. Sie zählt zu den Marienwundern, ist plastisch an verschiedenen Kirchen dargestellt und auch in die Legenda Aurea aufgenommen worden. Bei der mittelalterlichen Faust-Sage geht die Erlösung verloren. Faust verfällt dem Teufel. Goethe aber führt das Thema wieder zur Höhe der Erlösung empor. So schlägt sich ein Bogen von der ersten deutschen dichterischen Bearbeitung durch Hruotsvita zu Goethes Faust.

Die Kanonisse hat aber auch die Gründung des Stiftes Gandersheim und die Taten Ottos I. dichterisch gepriesen. Sie war dem ottonischen Impuls eng verbunden.

Auffallend ist, daß ihre Dichterstimme genau in dem Moment verstummt, als mit Theophanu die griechische Welle nach Deutschland kommt. Die große Zeit von Hruotsvitas Schaffen hat nur bis 973 gedauert, danach verbreiteten sich ihre Werke zwar durch Abschriften weiter, aber sie selbst gab nichts Neues mehr heraus.

Vom karmischen Gesichtspunkt her ist es erregend zu sehen, wie zu gleicher Zeit in dem nun abgetrennten und sich selbständig entwickelnden Frankenreiche (zur karolingischen Zeit gab es diese Trennung noch nicht) in Chartres eine Schulungsstätte begründet wird, die ganz außerordentlich stark ihre Hinwendung und Liebe zum *platonischen Geiste* bezeugt. Sie entsteht 990 durch Fulbertus (ca. 960–1028) und erlangt ihre größte Ausstrahlung im 12. Jahrhundert unter den Lehrern Bernardus von Chartres, Alanus ab Insulis und anderen.

Nicht nur die Gedanken, die ganze Lebensweise ist wie ein Nachklang der platonischen Akademie zu Athen. Fulbertus nennt man den Sokrates von Chartres. Der alte, vorchristliche Platonismus wird hier verschwistert und verbunden mit dem Christentum. Chartres zeigt sich immer mehr als «ein Sanktuarium der Tradition, eine Zufluchtstätte der Antike.» Über der Schule von Chartres «stehen wie mit goldenen Lettern die Worte: Zurück zu den Alten».

Unter Fulbertus war das noch nicht so deutlich, weil bei ihm die Kirchenväter noch die Rolle der hervorragenden Autoritäten spielten. Gleichwohl schwebt über Chartres von seinen Anfängen her «das Menschen-Idealbild der Antike, letzten Endes das griechisch-platonische».*

Indessen hat sich die Individualität, deren frühere Gedanken und Ideale in Chartres noch einmal neu erblühen, zur selben Zeit den noch wenig erfahrenen Norden Mitteleuropas zum neuen Wirkensfeld erkoren.[6]

Und Bernward und Chartres?

Die Lebenszeiten des Fulbertus und des Bernward laufen parallel. Als Individualitäten sind sie vollkommen verschieden. Bernward liebt das Schöne, die Weisheit und die Kunst, aber auf eine andere Art als Fulbertus. Bernward ist gewiß kein Platoniker! Wie er zwischen seinen Erzgießerwerkstätten mit ihren Feuerherden und glühenden Metallen und im Gehämmer der Kunstschmiede und Holzschnitzer wachend und Anweisung gebend herumgeht, auf den Bauplätzen nach der Arbeit der Maurer sieht und, wo nötig, mit eigenen technischen Erfindungen weiterhilft – so etwas könnte man sich in der Schule von Chartres gar nicht vorstellen! Und wenn Bernwards Hand mit höchster Feinheit Schriften und Miniaturen aufs Papier setzt oder andere dabei überwacht, so liegt in der Art seiner Kunst eine ganz andere Intention.

* Zitate aus Karl Heyer, «Das Wunder von Chartres», Stuttgart, ³1983.

Nein, Hildesheim ist nicht Chartres, obgleich auch hier die sieben freien Künste gelehrt werden. Überhaupt sind die *Inhalte* weitgehend identisch. Man verehrt hier wie dort preisenden Herzens die Jungfrau Maria, und was in Chartres besonders betont wird – die Lehre von den neun Engelchören zum Beispiel –, steht auch bei Bernward im Zentrum seines christlichen Weltbildes.

Die spätere Kathedrale von Chartres sollte eigentlich neun Türme haben, und sie zeigt die Darstellung der neun Engel-Hierarchien an ihrem Südportal – ausführlich und kunstvoll aus dem Stein gearbeitet. Das ist 13. Jahrhundert. Bernward aber schlug bereits um das Jahr 1000 neun Engelköpfe in den schweren Steindeckel seines eigenen Sarkophages, und seine Michaelskirche hat neun Engelchöre.

Bei Bernward kommt aber bei all diesem Identischen noch etwas hinzu – das ist die betonte Verehrung des Engelsfürsten Michael. Bernward tut fast nichts ohne Michael, überall ist die Weihung an Michael zumindest dabei. Und ihm erbaut er sein größtes Werk, die Michaelskirche. Sie ist seine ganz eigene Schöpfung. Als Bischof hatte er an und für sich den Dom zu seiner Verfügung, und der war Maria geweiht. Bernward holte eine kleine Gruppe von sechs Benediktinermönchen aus dem Pantaleonskloster in Köln und setzte ihnen den Mönch Goderamnus als Abt vor: sieben Personen! Diese kleine Klostergemeinschaft sollte den Gottesdienst in der Kreuzkapelle regelmäßig halten. Später baute er ein großes Klostergebäude und zugleich St. Michael als Abteikirche. Sie hat einen Ost- und einen Westchor, wobei der zweite als Mönchschor dient. Unter ihm liegt die Krypta, in der Bernward selbst bestattet sein wollte. Eigentlich aber war für ihn als Bischof der Dom die Grablege. Bernward nahm wenige Tage vor seinem Tod die Mönchskutte und legte die Mönchsgelübde ab, so zog sein sterblicher Leib in die Krypta von St. Michael ein. Dort war er in seinem schweren steinernen Sarg wie verborgen.

Daß er in diese Verschwiegenheit noch etwas Besonderes mitgenommen hatte, zeigte sich erst, als er heilig gesprochen wurde und man 1194 den Sarg öffnete, um seine Gebeine als Reliquien zu erheben.

Bernwards nachtodlicher Berühmtheit hat die Bestattung in St. Michael zunächst etwas Abbruch getan. Da viel mehr Menschen zum Dom als zur Klosterkirche kamen – zumal Bernwards Kunstschätze zum Teil in den Dom gebracht worden waren –, trat das Grab seines Nachfolgers Godehard stärker ins Blickfeld, und Godehard wurde noch vor Bernward heilig gesprochen.

Es ist dies aber ein Zug in der Bernwardschen Art überhaupt: daß bei aller Öffentlichkeit so viel Verborgenheit um ihn ist – scheinbar zufällige und auch selbst gesuchte. Es gibt auch keinerlei Anhaltspunkte über sein Aussehen. Thangmar hat in seiner Biographie über Antlitz und Gestalt des Bernward nicht das Geringste gesagt. Ebenso verschweigt Thangmar die Namen von Bernwards Eltern, so daß man bis heute seine genaue Abstammung nicht ergründen kann. Thangmar umschreibt Bernwards Herkunft, indem er lediglich sagt, seine Mutter sei eine Tochter des Pfalzgrafen Athelbero gewesen.

Die zwei Schicksalskreise Hildesheim-Gandersheim und Chartres treffen bei Otto III. durch seine zwei großen Lehrer zusammen, denn Gerberts Einfluß spielte in den Kreis von Chartres hinein, war doch Fulbertus in Reims sein hervorragender Schüler gewesen. Wie ein Bild kann einem vor Augen stehen: Bernward, Repräsentant nordisch-mitteleuropäischer Impulse, stand schon an Ottos Wiege, und Sylvester, Repräsentant orientalisch-arabistischer Gelehrsamkeit, fing den Sterbenden in seinen Armen auf.

Im Todesjahr des letzten Ottonen, 1002, stirbt in Gandersheim vermutlich auch Hruotsvita und ebenso die Äbtissin Gerberga. Sophia, die Schwester des eben verstorbenen Kaisers, übernimmt die Leitung des Stiftes. Wieder schaltet sie Bernward aus und läßt sich die Weihe durch Willigis geben.

Bernward hatte bei diesem Streit eine schwere Stellung, denn Willigis war als Erzbischof sein kirchlicher Vorgesetzter, bei ihm war er ausgebildet und als Priester in Mainz geweiht worden. Am Weihnachtsfest des Jahres 1006 schließlich gibt Willigis nach und überreicht kurz darauf in Gandersheim feierlich den Hirtenstab an Bernward. Willigis stirbt 1011, als sein Nachfolger wird Erkanbald gewählt.

Er war ein Vetter Bernwards und ließ die Rechte von Hildesheim unangetastet. Doch kaum war er im August 1021 gestorben, als sein Nachfolger Aribo sogleich das Problem Gandersheim neu zu entfachen begann, so daß Bernward in seiner letzten Lebenszeit noch einmal damit konfrontiert wurde.

Sophia wird im Jahre 1012 auch Äbtissin des Kanonissenstiftes von Essen. Sie treibt den Kampf um Gandersheims Ablösung von Hildesheim auch nach dem Tode Bernwards weiter und wird auch von dessen Nachfolger Godehard abgewiesen. Doch schließlich wendet sich das Blatt, und in ihrem Testament bedenkt Sophia das Domkapitel von Hildesheim mit einer bedeutenden Schenkung «als Beweis ihrer Zuneigung und als Ausdruck ihrer Sühne». (Algermissen)

Vom Erzschlag der Jahrtausendwende wurde wohl manches als zu schwach erfunden, was die Ottonen mit weitgreifenden Ideen beseelt hatte. Der letzte dieser drei Kaiser ging kinderlos dahin. Ihre Zeitenstunde war vorüber. Sie blieb freilich nicht fruchtlos, und die ottonische Epoche lief, vor allem auch kulturgeschichtlich, noch lange weiter und wurde zur Wiege der romanischen Kunst.

Heinrich II. ist dann noch einmal ein Herrscher aus dem gleichen sächsischen Kaiserhause. Sieben Jahre älter als Otto, war er dreimal im Heerzug mit ihm in Italien. Er wurde in Paderborn zum König und 1014 zusammen mit seiner Gemahlin Kunigunde zum Kaiser gekrönt. Es war ein Ehepaar, das sich durch inniges Verstehen und große Frommheit auszeichnete. Viele kirchliche Stiftungen – vor allem Bamberg –, versehen mit kostbarem Kultgerät und Handschriften, wie das berühmte Evangeliar Heinrichs II., gingen von ihnen aus. Der Strom der Baukunst, der Plastik und der einzigartigen Buchmalerei schwoll weiter an, die «Barbaren» veredelnd und ihre jungen Kräfte durchchristend.

Auch in Gandersheim folgte auf Sophia noch einmal eine Liudolfingerin, die letzte Äbtissin dieses großen Geschlechts: Adelheid. Sie ist die Schwester der Sophia, eine der drei Theophanu-Töchter. Seit 999 Äbtissin von Quedlinburg, übernimmt sie 1039 diese Würde in Gandersheim. Sie stirbt 1044 oder 1045.

Bernward als Bischof und Stifter

Bernward hat als Bischof drei Testamente gemacht, in denen er bestimmte Verschreibungen festhält. Das erste entstand 996, nachdem die Kreuzkapelle eingeweiht war. Er begabte die kleine Klostergemeinschaft, die für sie aufkommen sollte, mit folgenden Schenkungen: dem Dorf Luti villa, dem Ort Avenungaroth, den Einkünften seiner Kirche in Stemmen, dem Besitz zu Ekihem, zu Eganstedi, Silstidi und Sianstidi mit hundert Arbeiterfamilien, ferner mit der Waldung westlich und dem Weinberg nebst Obstgarten östlich der erbauten Kreuzkapelle. Er betont, daß diese Vermächtnisse sein persönliches, durch eigenen Fleiß erworbenes Eigentum seien, also offenbar nicht Familien-Erbe, sondern Schenkungen, die er für seine Verdienste um das Kaiserhaus erhalten haben mag. Otto III. hat selbst noch kurz vor seinem Tode die Schenkung seinerseits durch das Gut Thrate, mit sieben Hufen, erweitert.

Bernward weihte die Kreuzkapelle Christus, Maria, Michael, allen Heiligen und dem lebenspendenden Kreuz. Er verstand sie zugleich als eine Art Familienstiftung «zur frommen Erinnerung an meinen Vater, meine Mutter, meinen Bruder und alle Angehörigen». Seine Vermächtnisurkunde beginnt mit den Worten: «Ich, Bernward, der demütige und unwürdige Bischof dieser heiligen Hildesheimer Kirche, habe ein Vermächtnis aufgestellt und niederschreiben lassen, indem ich auf die Größe meiner Sündenschuld hinblicke und mit Furcht und Schrecken über das für alle unsichere Los der Menschennatur mit ängstlicher Sorgfalt nachdenke.» Solche und ähnliche Formulierungen kehren in den verschiedenen Schriftstücken immer wieder. Abgesehen davon, daß sie damals auch im Sprachgebrauch von Klerikern waren, die es mit dem Sündenbewußtsein nicht sehr ernst nahmen, kann man bei dieser Art, sich auszudrücken – die uns heute übertrieben anmuten mag –, jenen Schock noch hindurchspüren, der die vor noch gar nicht langer Zeit heidnischen Völkerschaften (und manche Nachbarn waren es ja damals noch) durch die Form der katholischen Heilsverkündigung befallen hat. Die Wahrheit des Christentums ist ihnen zum Glauben geworden, aber mit ihr verbunden wurde den Menschen ein tiefes Sündenbewußtsein durch die Art der kirchlichen

Christianisierung eingeimpft. Dieses Sündenbewußtsein schockte die Seele, die in den vorchristlich-nordischen Religionen noch götterverbunden nach außen schweifte, tief in sich hinein. Zum Teil mag das als Prozeß der Verinnerlichung nötig gewesen sein, es brachte aber auch schwere Krisen mit sich, denn von der anderen Hälfte der Wahrheit – nämlich dem kosmischen Aspekt des Christentums – wurden die Seelen dabei gänzlich abgeschnitten.

Diese Form des Christentums war in Rom entstanden. Aber die schwerblütigen nordischen Stämme sind anders geartet als die Menschen des Südens. In deutscher Gründlichkeit schlugen sie sich nun «in Furcht und Schrecken» mit dem Sündenbewußtsein der neuen Glaubensform herum.

In Bernward wirkt zweifellos solch eine schwerblütige Niedersachsen-Natur, welche die Verchristlichung der Seele und des Lebens ungeheuer ernst nimmt.

Es wird gesagt, daß er sich nicht nur schon in der Schulzeit stark mit theologischen Fragen befaßte, sondern auch, daß er ein früher Meister des Maßhaltens gewesen ist. Im Essen und Trinken zurückhaltend bis zur Askese, mit kurzen Nächten, und auch diese immer wieder durch Gebet unterbrechend, gibt er das Bild eines Menschen, der mit großer Energie die Körperlichkeit in Zucht und Zaum nimmt, durchglüht von der inneren Flamme tiefer Religiosität.

Ähnliches sagt man von vielen, die rückwirkend dann als Heilige empfunden werden. Bei Bernward steht aber daneben – oder damit verbunden – noch eine ganz andere Daseinsform. Und hier setzt sowohl seine Größe, seine Besonderheit als auch das schwer durchdringliche Dunkel seiner wirklichen geistigen Existenz ein.

Was Algermissen «Bernwards übernatürliche Einstellung» nennt, ist nur sehr schwer aus den Dokumenten zu erschließen. Selbst dort, wo der lateinische Wortlaut deutlich vorliegt, weiß man oft kaum, wie seine Worte wirklich zu nehmen sind, weil man sie heute nicht mehr versteht oder ihr Akzent auf Dingen liegt, welche heute die katholische Lehre gar nicht (mehr?) kennt oder betont. Das merkt man an den verschiedenen Übersetzungs- und Deutungsversuchen. Man kommt mit Bernward in dieser Beziehung nur schwer zurecht und betont um so stärker sein heiligmäßiges Leben und seine bischöflichen Leistungen für die Kirche.

So wie man von Hruotsvita zu Goethes «Faust» hinüberblicken kann, so gibt es auch bei Bernward eine Formulierung, die zu solch einem Blick über die Zeiten veranlaßt. Beim Prolog im Himmel lautet ein Kernsatz, den der Herr dem Mephisto entgegenhält: «Ein guter Mensch in seinem dunklen Drange ist sich des rechten Weges wohl bewußt.» Darauf bauend, überläßt die himmlische Welt den Menschen Faust den Verführungen des Mephisto.

Bei Bernward beginnt sein zweites Testament aus dem Jahre 1019 mit Worten, die ähnliches ausdrücken: «Jede Kreatur, die den Namen Mensch trägt, ist von ihrem Schöpfer deshalb geschaffen, daß sie der Art ihrer Natur gemäß (ut juxta ritum naturae) lieber ihrem Schöpfer als dem Geschöpf diene. Diese Grundordnung bewirkt, daß die vernunftbegabte Seele bei aller Vielfältigkeit in der Arbeit an den irdischen Dingen (dum fit rerum discolor usus) immer wieder auf den Weg ihrer ursprünglichen Bestimmung zurückkehrt.»

Offiziell durch Dogma ausgelöscht ist schon in Bernwards Zeit die Dreigliederung des Menschen in Körper, Seele, Geist, und er kann nur von der «vernunftbegabten Seele» sprechen. Aber dann kommt ein merkwürdiger Satz: «Und je mehr sich ein Mensch durch das Einatmen des Göttlichen auf rechtem Wege führen läßt, um so inniger wird er allseitig mit Gott verbunden.»

Der nächste Satz erklärt: «Das ist nur dann möglich, wenn Gottes starke Hand ihn zu sich zieht.» Hier kommt das Gnadenmotiv zum Ausdruck, und sogleich wird hinzugefügt, was der Mensch seinerseits tun kann: «Im Sehnen der Menschen nach Gottes Gnade läßt Gott in seiner Barmherzigkeit einem jeden seinen Schutz angedeihen, gestaltet ihn nach seinem Bilde und macht ihn sich gleichförmig.»

Die folgenden Sätze gibt Algermissen nur zusammengefaßt mit eigenen Worten wieder. «Nachdem er die Wahrheit seiner obigen Worte durch Beispiele aus dem Alten Testament belegt hat, fährt er fort, das Verhältnis von Gnade und freier menschlicher Mitwirkung an seinem eigenen Leben und Wirken aufzuzeigen. Er ist sich bewußt, daß er aus sich vor Gott nichts bedeutet, aber doch als freier Mensch Gott verpflichtet ist.»

Dieser quälende Kampf um das Verhältnis des einerseits sündenbeladenen, andererseits freien Menschen, der am göttlichen Plan mitwirken soll, drückt sich immer wieder bei Bernward aus. Denn er ist eine Individualität, die nicht vorwiegend mönchischer Natur ist, sondern mitbauen will am christlichen Reich auf Erden.

«Schon als ich am Hofe als Gelehrter und Sekretär wirkte, als des seligen Ottos III. Lehrer und Urkundenverwahrer, habe ich, von Gottes Gnade gerührt, erschauernd vor dem Übermaß meiner Schuld und mich nach göttlicher Gnade sehnend, hin und her überlegt, wie ich der Barmherzigkeit Gottes genug tun und so mein Seelenheil erlangen könne.»

Dieser Jüngling am Kaiserhofe, der, weil er ein Vorbild war mit der Festigkeit seines Charakters und der Lauterkeit seiner Lebensführung, dem jungen Kaiser immer wieder ernste Ermahnungen sagen konnte, «erschauerte vor dem Übermaß seiner Schuld». Hier wird jener Einschnitt tief erfühlt, der mit dem sogenannten Sündenfall in die Menschennatur gekommen ist. Das können keine privaten Fehltritte sein, die da als Übermaß von Schuld empfunden werden – es ist das Bewußtsein der überhaupt korrumpierten menschlichen Natur.

Während Bernward glühend mit dem Rätsel der menschlichen Existenz ringt, alles das als Schuld fühlend, was den Menschen von Gott als der eigentlichen Heimat seines Wesens trennt, spürt er zugleich mächtig die andere Seite seiner Veranlagung sich regen, die nach Taten begehrt. Er möchte bauen, sowohl an Kirchen aus Stein wie an der christlichen Gemeinschaft. Er sieht da vieles, was zu tun und zu ordnen wäre. Aber solange er als Kleriker jung und unbedeutend ist – wenn auch am Kaiserhofe in hohem Amt –, kann er nichts dergleichen tun. Dann wird er mit etwa 33 Jahren plötzlich Bischof, und die Möglichkeiten öffnen sich.

Aber, so bekennt er dann in seinem ersten Testament, nun habe er gezögert zu tun, was er so dringend wünschte, weil er fürchtete, daß etwas von Hochmut und Überheblichkeit eingemischt sein könnte in seinen Wunsch. So habe er «andauernd sein Gewissen erforscht und sich innerlich gedemütigt in der Erkenntnis, daß er nur durch Gottes Erbarmen aus Schmutz und Unrat, aus Erbärmlichkeit und innerer Dürftigkeit zur Würde des Bischofsamtes gekommen sei». Erst nach dieser ständigen inneren Demutsübung habe er die Kraft gefunden zur Begründung des Klosters und dem Bau der Kreuzkapelle.

Versuchen wir, es etwas mehr mit heute gebräuchlichen Worten zu sagen. Bernward weiß, daß nur dann etwas zum Heile der Welt ausschlägt («Gott angenehm ist»), wenn es nicht aus egoistischen Motiven entsteht. Solange Egoismus einer Sache beigemengt ist, gibt man einen Teil der guten Wirkung an Luzifer, an die Widersacher ab, räumt ihnen das Feld ein, mitzuwirken. Bernward kämpft solange mit sich, bis er sich seiner reinen, selbstlosen Impulse sicher ist. Damit aber erhöht er auch die Wirkungen seiner Taten, vervielfältigt sie im guten Sinne.

Man sieht aus allen derartigen Äußerungen Bernwards, wie hoch er die Verpflichtung, das Bischofsamt auszuüben, einschätzt. Von «Schmutz und Unrat» kann ja in seinem bisherigen Leben keine Rede sein. Es ist wieder das allgemein menschliche Sündenbewußtsein, die «Urschuld» der Trennung vom Göttlichen, die ihm so fühlbar wird. Aber so sehr er ein Mann des Gebetes und der inneren Gewissenserforschung ist, so bleibt er doch dabei nicht stehen, sucht nicht einsiedlerische, kontemplative Zurückgezogenheit, sondern es wachsen ihm Kräfte zu Taten.

Dieser Bernward nun, der als Erfinder, als Künstler, als Praktiker auf unzähligen Gebieten in Erscheinung tritt, sucht jetzt nicht bescheiden die Anonymität der östlichen Ikonenmaler, die namenlos hinter ihrem Werk zurücktreten – einem Werk, das aus heiliger Tradition geboren ist und in gleicher Art immer wiederholt wird. Bernward setzt Neues, und jedes Neue, das er setzt, verbindet er bewußt und deutlich mit seinem Namen.

Hier tritt neben die Demut, die der Mensch vor Gott haben soll, die Verantwortung der Individualität. Er meißelt die Nachricht, daß *er* sie gemacht hat, in die ersten Würfelkapitelle, die als neue Erfindung aus seiner Hand hervorgehen, bisherige antike Formen ablösend. Er prägt sein Zeichen in die Dachziegel, die er erfindet, und schreibt mit eigener Hand in die beiden Evangelienbücher, die unter seiner Leitung entstanden sind:

> Hunc ego Bernwardus codicem conscribere feci.
> Atque meas, ut cernis, opes superaddere jubens
> Dilecto Domini dederam sancto Michaeli.
> Sit anathema Dei quisquis sibi dempserit illum.
>
> Dieses Buch habe ich, Bernward, schreiben lassen.
> Durch Beisteuerung eigener Kosten ließ ich es so,
> wie du es siehst, herstellen.
> Dem heiligen Michael, dem Geliebten des Herrn,
> übergab ich es.
> Gottes Strafe treffe den, der es entwendet.

In einer Miniatur ist Bernward dargestellt, wie er als Bischof am Altare das Buch darbringt (s. S. 56). Eine wunderbare Szene, wie man sie sonst nie sieht, auch wenn es viele Widmungsbilder gegeben hat. Dabei pflegen sonst die Stifter ihr Buch oder ihr Baumodell an Christus, Maria oder einen Heiligen zu überreichen. Hier aber tritt der jugendliche Bischof innerhalb seiner Kirche an den Altar. Wie von ferne mag sich jene antike Szene als Assoziation einstellen, die so eindrucksvoll überliefert ist: wie einst Heraklit sein Buch im Tempel der Artemis zu Ephesos auf den Altar niederlegte. Er widmete es der damals großen und hochheiligen Göttin Artemis Ephesia; Bernward widmet das seine, wie er in eigener kunstvoller Handschrift aussagt, der Maria. Bei Heraklit war der Inhalt, waren seine philosophischen Gedanken das Neue und Kühne. Hier ist der Inhalt als Heilige Schrift gegeben, das Kostbare ist jetzt das Gehäuse, in welchem man diesem Wort Wohnung gibt: die Kunst, edle Steine in Gold zu fassen, die Kunst, das Wort in Bilder umzusetzen und in die andachtsvoll geschriebenen Buchstaben.

> Dieses Evangelienbuch widmet dir, frommen Sinnes,
> Der Jungfräulichkeit Freund, o heil'ge Maria,
> Bernward, der Bischof, des Titels kaum würdig
> und solchen Schmuckes bischöflicher Tracht.

Diese demütigen Formulierungen sind bei Bernward keine leeren Worte. Thangmar beschreibt ihn als einen Mann von «ehrfurchtgebietender Bescheidenheit», der nach Möglichkeit, sogar wenn er den Kaiser begleitete, nur ein ganz einfaches Gewand trug, «denn in allen Dingen scheute er Prahlerei und Volksgunst wie tödliches Gift».

Von Bernwards Architektur steht nur noch die Michaelskirche. Er errichtete aber nicht nur Kirchen. Da die Gegend von heidnischen Überfällen immer wieder beunruhigt wurde, ließ er auch Befestigungen anlegen, baute Mauern und Türme. Und wenn es nottat, zog er selbst gegen die von Osten einfallenden Stämme – jetzt nicht mit dem heiligen Speer, wie gegen das christliche Rom, sondern mit dem Schwert.

Es ist typisch, daß überliefert wird, er habe Türme gebaut als Wehr, aber auch um die Stadt zu schmücken. Die Dinge, die er schuf, sollten *schön* sein! Nicht nur auf Evangeliaren, sondern auch dort, wo er Umwelt gestaltete. Er war ein unermüdlicher Arbeiter; in den Feueressen der Metallgießer und auf den Bauplätzen forderte er von seinen Handwerkern sehr viel. Aber wie kümmerte er sich auch um sie! Er sorgte, daß seine Handwerker, aber überhaupt die einfachen Menschen in seiner Diözese, gesund und schön wohnten. «Alte Ortschaften, die verkommen waren, stattete er mit trefflichen Gebäuden aus. Einige von diesen wurden wahre Schmuckstücke, denn er führte sie in einem neuen Stile durch, indem er mit rotem und weißem Stein abwechselte und mancherlei Mosaikziererei einfügte.» (Thangmar). Für seine Mauern und Türme gab es an «Festigkeit und Schönheit nichts ähnliches». Sie haben Jahrhunderte gehalten.

Die Möglichkeiten, die ihm sein Schicksal gab – mit den höchsten

Repräsentanten griechischer Geistigkeit und römisch-westlicher Kirchenkultur zusammenzukommen, in Italien den baulichen Resten der Antike zu begegnen und auch die frühchristliche Kunst zu sehen (die von eben dieser Antike noch stark beeinflußt war) –, das alles mag ihm Übersicht verschafft haben und ihn haben erkennen lassen, was in den Gegenden seiner eigenen Wirksamkeit neu sich bilden sollte. Gottesverehrung und Ich-Impuls sollten auch in der Kunst zur Form, auch in der Form zur Durchchristung geführt werden.

In den Überlieferungen ist von Bernwards alchemistischen Studien die Rede, aber Näheres weiß man darüber nicht. Anzunehmen ist, daß er in der Metallurgie nach neuen Legierungen suchte und in der Farbenherstellung experimentierte. Auch soll er mit Baugeheimnissen vertraut gewesen sein, die es ihm ermöglichten, in der Michaelskirche eine besonders gute Akustik zu erreichen. Bezeugt ist die Existenz eines Geheimbuches, das als von Bernward geschrieben galt und das unter strengster Geheimhaltung nur von Abt zu Abt in St. Michael weitergegeben werden durfte. Es soll 1634 bei einem Brand zugrunde gegangen sein. Der Inhalt des Buches ist gänzlich unbekannt geblieben. Das Titelblatt trug das *Bild Michaels,* der mit dem Schwerte gegen einen Drachen kämpft.[6a]

Eine neue Epoche fünfjährigen Fieberleidens, die 1017 einsetzte, führte dann am 20. November 1022 zu Bernwards Tode. Zu Michaeli, am 29. September 1022, hatte er noch unter einem ungeheuren Ansturm von Gläubigen die Michaelskirche, die aber noch nicht ganz fertig war, geweiht. Kurz danach nahm er selbst das Ordenskleid des heiligen Benedikt und legte vor Goderamnus die Mönchsgelübde ab. Neun Tage später starb er, kniend vor dem Altare in der Martinskapelle, die er zwischen Kloster und Kirche noch zusätzlich errichtet hatte. Sein Bruder Tammo war zugegen.

Der Biograph seines Nachfolgers Godehard schreibt am Beginn der Godehard-Vita: Bernward «wanderte im 30. Jahre seiner bischöflichen Würde, zu unserem unaussprechlichen Kummer, am 20. November aus diesem Leben, nachdem er durch eine langwierige entzündliche Krankheit, wie Gold durch Feuer, von jedem Rost irgendeines Vergehens geläutert und deshalb, wie wir hoffen, zu einem Opfer Gottes auserkoren war. Wie eifrig sich dieser Mann sein ganzes Leben lang in göttlichen und menschlichen Dingen ausgezeichnet hat, kann jeder, der es wissen will, leicht erfahren.»

II

BERNWARDS WERK

DER MICHAELSBAU – HÖHEPUNKT OTTONISCHER ARCHITEKTUR

In den Jahrhunderten, die vorzüglich in den Stilen der Gotik, der Renaissance und des Barock bauten, war Deutschland auf dem Gebiete der Architektur nicht führend. Wohl brachte es auch große Leistungen hervor, aber zeitlich «klappte es nach». Die Gotik entstand in Frankreich, und der französische Geist fand in diesem feinziselierenden Baustil ein ihm adäquates Medium. Frankreich erhob sich mit der Gotik zur höchsten Höhe seiner architektonischen Leistungen.

Die Renaissance und der Barock kamen aus Italien; in Deutschland setzte sich erst mit einiger Verspätung der jeweils neue Stil durch.

Deutsches baumeisterliches Vermögen hatte seine große Zeit in der Epoche des «runden Bogens», in der sogenannten Romanik. Man benennt die drei Stufen dieser Entwicklung nach den Herrscherhäusern als ottonische, salische und staufische Kunst. Die ottonische Zeit setzte den Anfang, fand die neuen Raumgesetze und führte sie bis zu monumentaler Vollendung – in der Kirche St. Michael durch Bernward von Hildesheim!

Während der Karolingerzeit konnte man von einer Baukunst französischen, deutschen oder italienischen Charakters noch nicht sprechen, es gab diese Gliederung auch politisch noch nicht. Ganz allgemein suchte das Christentum das antike Erbe zu bewältigen und – an ihm lernend – zum Ausdruck eigener Religiosität und neuen Lebensgefühls zu kommen. Antike und byzantinische Rundbauformen wurden mit neuen Elementen durchsetzt, die frühchristliche Langhausform der Basilika hatte noch antike Säulen und Kapitelle. Nebeneinander, sich auch immer wieder gegenseitig beeinflussend, baute man hier nach diesem, dort nach jenem Muster.

Im neunten Jahrhundert brach das einheitliche große Karolingerreich zusammen und wurde durch Erbteilung in Westfranken, Lothringen mit Italien und in Ostfranken gespalten. Jetzt differenziert sich auch – nach einer unschöpferischen Pause, bedingt durch die unsicheren Lebensver-

Die Basilika St. Michael zu Hildesheim

hältnisse – die baukünstlerische Entwicklung, und es entsteht zum ersten Male das, was man deutsche Kunst nennen kann. Während der italienische und französische «Baugeist» noch auf seine Stunde wartet, um an die Spitze zu treten, übernimmt im zehnten Jahrhundert – das auf die Jahrtausendwende zugeht – die mitteleuropäisch-nordische, die ottonische oder niedersächsische Architektur die Führung. Das heißt zugleich, die germanische Wesensdisposition erholt sich langsam von den Fremdeinflüssen, welche die Christianisierung mit sich brachte, und wächst zu eigenmächtiger Aussage, die aus den Tiefen Mitteleuropas herausströmt.

Ein kraftvoll individueller Impuls strebt danach, sich ganz mit dem Christentum zu durchdringen. Diesem Zukunftsimpuls sucht Bernward offensichtlich den Weg zu ebnen und ihm auf den verschiedensten Gebieten einen monumentalen Anfangsschub zu geben.

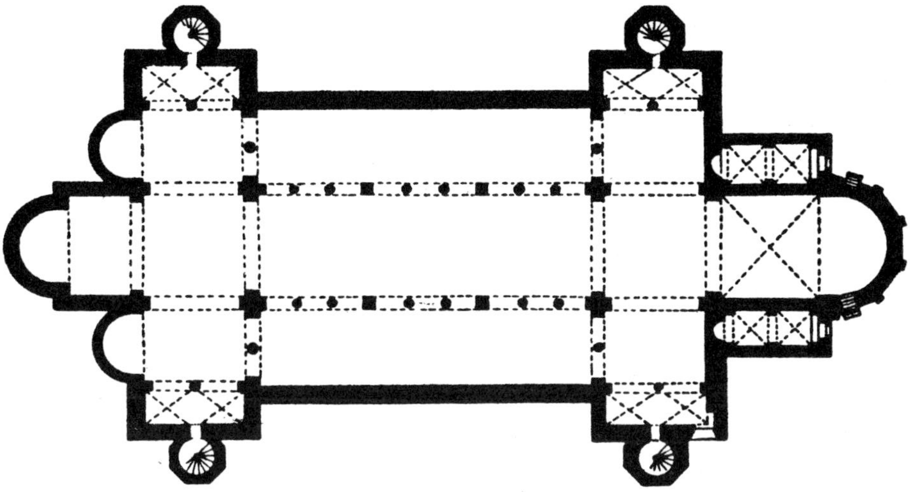

St. Michael, Grundriß (nach Koepf)

Für das Frühstadium der ottonischen Baukunst ist noch die Stiftskirche von Gernrode am Harz ein gutes Beispiel. Sie wurde 961 durch Markgraf Gero gegründet, aber im Wesentlichen erst unter Otto II. in den Jahren bis 983 fertiggestellt. Es wird viele ähnliche Bauten gegeben haben, auch Bernward hat ja außer der Kirche St. Michael noch viele andere Gotteshäuser in seinem Bistum errichtet, von denen nichts mehr vorhanden ist.

Da hier keine Architekturgeschichte geschrieben werden soll, begnügen wir uns mit einigen Gesichtspunkten. Man sagt, in der Michaelskirche ist alles Tasten und Suchen, alle Unsicherheit überwunden. Klar und stark inkarniert sich der neue Baustil. Er findet seine Gesetzmäßigkeit, indem er das Quadrat der Vierung als Maßeinheit für den ganzen Bau benutzt; er «rhythmisiert» durch den sogenannten Stützenwechsel, wobei bisher abwechselnd eine runde Säule und ein kantiger Pfeiler die Bögen des Langschiffes trugen. Bernward führt einen anderen Stützenwechsel ein: jeweils zwei Säulen und ein Pfeiler. Er erreicht dadurch eine gleichmäßige Dreigliederung des Mittelschiffes, in welcher das Quadrat der Vierung dreimal aufgeht. In Gernrode betonte ein starker Wandpfeiler die Mitte, wodurch das Längsschiff in zwei Teile zerlegt wurde.

St. Michael ist eine dreischiffige Basilika mit je einem Querschiff und einer Apsis im Osten wie im Westen. Es «gilt als Schöpfungsbau der deutschen Romanik. Denn es bringt eine zusammenfassende Neuordnung und Neugestaltung all dessen, was sich in der bisherigen abendländischen Architektur nur vereinzelt und ansatzweise andeutete».* «Hier ist eine neue Freiheit und Unabhängigkeit von Antikem, Frühchristlichem, Byzantinischem und Karolingischem erreicht, im gesamten wie in den Einzelformen.»**«Die Gruppierung in dieser Ausgewogenheit gibt nun den Typus ab, der vor allem für Mitteldeutschland bis zur Gotik verbindlich bleibt.»***[7]

Für Bernward war der Westen des Bauwerks gewichtiger als der Osten. Hier sollte der Hauptaltar stehen – über einer Krypta. Mit ihr begann er den Bau. Er faßte damit architektonisch den Umraum einer Quelle, die dort zutage trat. Nach seinem Tode schöpften die Pilger aus ihr das heilende «Bernwardswasser». Später hat man die Quelle abgeleitet, da man befürchtete, das Sickerwasser würde den Baugrund untergraben.

Wir erinnern an die am Anfang erzählte Legende vom Bau des Domes: über einer Quelle wurden die Marienreliquien in die Zweige eines Baumes gehängt, und dort wurde die Urzelle des Domes erbaut.

Bernward wählte für seine Michaelskirche einen damals noch unwirtlichen, verwilderten Hügel, den noch keine Bebauung umzog. Auch ihm scheint eine Quelle den geistig richtigen Ort für sein Vorhaben bezeichnet zu haben.

Im Jahre 1001 war St. Michael begonnen worden, und 1015 konnte die Krypta als erster fertiger Bauteil von ihm geweiht werden. Sein Sarkophag stand darin in einer Gruftvertiefung so, daß er mit den Füßen zu einem Marienaltar gerichtet war, der in der Krypta eingerichtet wurde.

Heutige Forscher sehen sowohl die Anlage der Krypta als auch den ganzen Bau mit einer Maß- und Zahlensymbolik verbunden, deren Ursprung man teils in theologisch-liturgischen Gegebenheiten, teils in den Schriften des Dionysios Areopagita sucht, die von Scotus Erigena ins Lateinische übersetzt worden waren. So heißt es zum Beispiel: «Der Sarkophag steht genau in der Mitte des gleichseitigen Dreiecks zwischen den acht Engelchören auf den Querschiffemporen und dem Michaelsaltar auf dem Scheitel des Hochchors: Das gleichseitige Dreieck ist nach dem Prinzip der ‹unähnlichen Ähnlichkeit› (Dionysios Areopagita) Symbol des

* Backes/Dölling, Die Geburt Europas. Baden-Baden 1969.
** Ernst Adam, Vorromanik und Romanik. Frankfurt/Main 1968.
*** Ernst Adam, Baukunst des Mittelalters I, Frankfurt/Main 1963.

St. Michael, Hierarchien-Emporen ▷

Dreieinigen Gottes. Der um diesen Mittelpunkt geschlagene Kreis ist Symbol des Einen, des ewigen unendlichen Herrn; er umschreibt das Dreieck und umfängt den ganzen Westteil der Kirche: Civitatem tu circumda Domine ...»*

Solchen Forschungen mag die Empfindung zugrundeliegen, daß die Baugestalt aus der Kraft eines geistigen Weltbildes geboren ist.

Was bei dieser Kirche auch immer wieder hervorgehoben wird, das sind die neun Engelchöre:

«Den neun Engelchören waren neun Kapellen geweiht: acht in den Emporengeschossen ..., die neunte im Obergeschoß des westlichen Chorumganges war dem hl. Michael, dem Fürsten der himmlischen Heerscharen, dem Patron der Kirche geweiht.»** [8]

Von diesen Emporengeschossen ist die nordwestliche noch im Originalzustand erhalten (die andere wurde bei der Wiedererrichtung nachgebaut), aber gerade dort wird die Situation von einer aus dem 12. Jahrhundert stammenden Chorschranke zum Teil verdeckt. Die kleinen Altarnischen im Osten der Emporen kann man vom Kirchenschiff aus nicht sehen. Was man aber sieht, und was einem unter diesem Gesichtspunkt auffällig werden kann, das ist, wie die Gliederung dieser Emporen durch Säulen wiederum in der Neunzahl vorgenommen wird – einer Neunzahl, die zugleich eine Zwölfzahl zwischen sich wachsen läßt.

Die unterste Arkade wird von einer starken Säule getragen, die nach beiden Seiten zwei weitgespannte Bögen stützt. Drei etwas kleinere Säulen tragen vier Bögen in der Brüstung darüber, die höchste Empore wird durch fünf noch kleinere Säulchen aufgeteilt, auf die sich sechs Bögen stützen. So trägt die Neunzahl zwölf Bögen.

Darf man in dieses sicherlich nicht zufällige System die «zehnte Hierarchie» (Dionysios Areopagitos) hineinsehen – die Menschheit, deren Charakteristikum es ist, sich in zwölf möglichen Arten darzuleben, wie durch die zwölf Apostel augenfällig wurde? Lernt diese zehnte Hierarchie, gestützt und getragen von den neun älteren Hierarchien, mitzuwirken am Bau der «himmlischen Stadt»?

Eine Besonderheit sind in St. Michael auch die Kapitelle. «Es sind Würfelkapitelle, klare stereometrische Formen, in ihrer tektonischen

* Ulrich Teuscher, S. 208 in Algermissen.

** Karl Sievert, S. 124 in Algermissen.

St. Michael, Würfel-Kapitell ▷

S MACHARII M
S AGATHE VIR
S TECLE VIR

Funktion deutlich gemacht... Dieses Würfelkapitell ist die erste rein deutsche Kapitellform, unabhängig von allem Antiken.»*

Ob Bernward das Würfelkapitell erfunden hat, oder ob es zu den Dingen gehört, die da und dort schon anfänglich probiert worden waren, die aber sein genialer Griff nicht nur zu einer Einheit zusammenfaßte, sondern in ihnen den Urgedanken eines neuen Baustils erkannte – wer kann das heute noch sagen? Auf jeden Fall zeigt St. Michael außer der nun für alle Teile geltenden Maßeinheit, die am Vierungsquadrat gewonnen ist, zum ersten Mal in seinem Mittelschiff diese Kapitelle.

Wie er durch eingemeißelte Inschriften festhielt, hat Bernward einige von ihnen selbst gearbeitet. Er wird seinen Steinmetzen, die bisher nur die antikisierenden Kapitelle kannten, haben zeigen müssen, worauf es bei den neuen Formen ankam. Sie mögen den Künstlern vielleicht auch zu schlicht und einfach vorgekommen sein, ohne jede Möglichkeit skulptureller Feinheiten, ohne Blattwerke und Spiralen. Das Geniale an ihnen ist jedoch, daß dieses kleine Bauglied im Sinne der Gesamtgestaltung durchempfunden ist. In der Form des Würfelkapitells durchdringt sich Kubus und Kugel, wie im ganzen Bau das Virecks- und Rundprinzip in wechselnder Beziehung steht. Die Kapitelle vermitteln den Übergang von der runden Säule zur Längswand, die zugleich durch Rundbögen wieder geöffnet ist.

Über dem eigentlichen Kapitell sitzt der sogenannte Kämpferstein, der schon bei der Aachener Pfalzkapelle Kaiser Karls über seinen aus Ravenna geholten Säulen in Erscheinung trat; man versteht ihn als Gebälkrest der antiken Bauweise. Bernward bezieht ihn in origineller Weise auch farblich in seine Kapitellkomposition ein. So wie er in den hohen Arkadenbögen rote und weiße Steine wechselt, so setzt er den hellen Kämpferstein zwischen die sonst aus rotem Stein geschlagenen Kapitellelemente.

So entstand St. Michael als schönster und bedeutendster Bau der ganzen Epoche, als Gipfelpunkt der ottonischen Architektur.

Während die Kirche im Bau war, ging Bernward in den Erzgießerwerkstätten an die Gestaltung von Einzelheiten. Zweifellos hätten auch die großen Wandflächen ausgemalt werden sollen, was unter Bernward selbst jedenfalls nicht mehr geschehen konnte. Aber er ließ den Dom neu ausmalen und mit vielen Schätzen neu ausstatten, so daß er – wie die Zeitgenossen sagten – wie neu wirkte. Es ist also nicht so zu denken, daß

* E. Adam, Baukunst.

Bernward den Dom als seine eigentliche bischöfliche Wirkensstätte vernachlässigt hätte. Er baute und verschönerte, wo immer er konnte. Aber in der Neugründung von St. Michael vermochte er seine eigenen Intentionen am klarsten zum Ausdruck zu bringen.

In einem Vortrag vom 7. März 1914* spricht Rudolf Steiner über die Architektur an den Jahrtausendwenden. Er führt aus, daß alle Jahrtausendwenden im geistigen Sinne außerordentlich gefährdete Zeiten sind, was in der Volksweisheit in dem Ausspruch lebt, der Teufel werde für tausend Jahre in Ketten gelegt und dann auf kurze Zeit freigelassen. Jede Jahrtausendwende bringe auch einen neuen architektonischen Impuls, und es komme sehr darauf an, daß sich die richtigen Intentionen durchsetzen und für Jahrhunderte prägend werden.

Was die Zeit Bernwards betraf, so ging es damals um die Ausbildung und Durchsetzung des «wahrhaft christlichen Rundbogens» (Rudolf Steiner), der dem sogenannten romanischen Stil eigen ist. Der Begriff «romanisch» ist ja außerordentlich irreführend. Er wurde um 1820 in Frankreich geprägt; es sollte damit der Bezug zum Römischen ausgedrückt werden. Im sogenannten romanischen Baustil erfahren aber die alten Bauelemente wie Rundbögen und Säule nicht nur eine Weiterbildung, sondern eine Neugeburt aus dem nunmehr christlichen Geiste. Das gesamte Bauwerk und seine Einzelglieder werden nun Zeichen und Zeugen einer Seelenkultur, die es im Römischen nicht gab.

In dieser Durchdringung der altgewordenen Architektursprache mit dem jungen christlichen Impuls liegt die große Leistung der frühromanischen Epoche, liegt auch die Leistung Bernwards mit St. Michael. «Der Anfang der deutschen Baukunst (ist) zugleich das Größte, Gewaltigste und Geschlossenste, was dieses Land im Mittelalter hervorgebracht hat. Die ottonische und die salische Epoche bezeichnen einen nie wieder erreichten Gipfel der deutschen Kunst.»**

* Veröffentlichung im Anhang von «Wege zu einem neuen Baustil» Rudolf Steiner Gesamtausgabe (GA) 286, Neuausgabe von 1982.

** E. Adam, Baukunst.

BUCHMALEREI – EIN NEUER AUFBRUCH

Während der ottonischen Zeit entfaltete sich die schon unter Karl dem Großen geschätzte Buchmalerei im deutschen Raum zu hoher Blüte. Neben der wohl am weitesten ausstrahlenden Reichenauer Schule trugen viele andere Zentren nicht weniger erstaunliche Leistungen bei. So im Stammland der Ottonen das Kloster Corvey, so Trier, Regensburg, Fulda, Köln und auch Hildesheim unter Bernward. «Die Schrift» spielte in Religion und Kultus eine hervorragende Rolle. Das geschriebene Wort verbürgte die Überlieferung, es war das «Wort Gottes», und Christus selbst wurde häufig mit einem Buch in der Hand dargestellt. Abgesehen davon, daß die Schrift, die damals nur wenige lesen konnten, eine ganz andere Hochschätzung erfuhr als heute, mag das religiöse Gewicht, das ihr zugelegt wurde, noch etwas mit dem Wesen der jüdischen Religion zu tun haben. Dort war das Bild verboten, nur das Wort galt. So war es auch bis zur ottonischen Zeit nicht üblich, etwas anderes auf einem Altar niederzulegen als Hostienbehälter, Kelch und die Bibel oder ein Evangeliar.

In diese Schriften zogen nun aber die Bilder ein. Die Kunst des Ornamentalen in der prachtvollen Betonung der Anfangsbuchstaben verband sich mit dem rein Bildnerischen; sei es, daß die Initialen durch Figuren bereichert wurden oder daß die Miniatur zusätzlich Einzug hielt. Leuchtende Farben, wetteifernd mit kunstvoll aufgetragenem Gold, zauberten unerhörten Glanz auf die mit Buchstaben beschriebenen Seiten.

Von den Handschriften, die Bernward in eigenen Schreibstuben anfertigen ließ, zeigt das sogenannte *Kleine Bernwards-Evangeliar* noch keine bildlichen Miniaturen, aber schöne Initialen am Beginn der einzelnen Evangelien, besonders beim Einleitungsblatt des Johannes-Evangeliums: «IN PRINCIPIO . . .» In zarter Strichzeichung sind später die einzelnen Evangelistenfiguren darunter gesetzt worden. Dieses Evangelium wird wegen seiner Schriftart in die vor-bernwardische Zeit gesetzt, man nimmt also an, daß Bernward es bereits vorgefunden hat, es dann aber in einen kostbaren Einband fassen ließ. Der Buchdeckel trägt ein byzantinisches Elfenbeinrelief: Christus am Kreuz zwischen Maria und Johannes. Die Umrandung aus Bergkristallen und kleinen Miniaturen soll späteren Datums sein. Original ist auf jeden Fall der Rückendeckel, der Bernwards Monogramm in Braunfirnis auf vergoldetem Kupfer inmitten einer Pflanzenranke zeigt.

Das Evangeliar von 1011, auch *«Guntbald-Evangeliar»* genannt, ist durch einen Texteintrag des Diakons Guntbald ausgewiesen, der das Jahr 1011, König Heinrich II., Bischof Bernward und sich selbst, als Schreiber, erwähnt. Bernward hat mit eigener Hand in dieses wie in das sogenannte Kostbare Evangeliar die schon erwähnten Zeilen eingetragen: «Hunc ego Bernwardus codicem conscribere feci...» Hier zieren bereits fünf Miniaturen den Text: ein Christus in der Glorie, vom Viergetier und anbetenden Engeln kreisförmig umgeben, und die vier Evangelisten jeweils vor ihrem Text.

Bernwards *Sakramentar* scheint von der gleichen Hand geschrieben und im Jahre 1014 vollendet zu sein. So jedenfalls sagt es ein Eintrag (Anno dominice incarnationis MXIII sub Bernwardo pontifice Guntbaldos diaconus hujus libri scriptor claruit), der aber in diesem Falle als späterer Vermerk eingestuft wird. Ebenfalls eine spätere Hand soll es gewesen sein, die «in fünf lateinischen Strophen die Bemerkung eingetragen hat, daß Bischof Bernward dieses Sakramentar der St.-Michaelis-Kirche stiftete» (Algermissen). Neben herrlichen Ziertiteln, welche die Handschrift bereichern, steht vor dem Anfangsgebet des Meßkanons «Te igitur» eine ganzseitige Miniatur, welche Christus am Kreuz zwischen Maria und Johannes zeigt. Das T, wo es als Anfangsbuchstabe eines bedeutenden Textes auftrat, hat man häufig in Verbindung zum Kreuz gebracht. Auch der Stil dieser Miniatur scheint auf Guntbald als Schreiber hinzuweisen.

Die Bibelhandschrift und das Rätsel ihrer Miniatur

Bernwards Bibelhandschrift stellt in ihrer Vollständigkeit eine Seltenheit in dieser Zeit dar. Sie ist mit Schmuckinitialen ausgestattet und mit einer einzigen großen Miniatur versehen. Was diese zeigen will, sieht man deutlich; wie das Gezeigte aber zu verstehen ist, weiß man heute nicht mehr. Ein großes goldenes Kreuz beherrscht die Miniatur. Unten ist ein Ständer angedeutet, dessen Fuß jedoch hinter dem Vorhang eines Paravents verschwindet, so daß er eher schwebt als steht. Die Enden des Kreuzes sind verbreitert und rosettengeziert. Den Kreuzpunkt schmückt eine besonders große Rosette, und goldene, blättertreibende Ranken geben im «Vierpaß» der Mitte nochmals Gewicht – als habe sich die Dornenkrone Christi verwandelt und beginne, neu zu treiben.

Das Ganze stellt eine offene Konche mit säulengetragenem Dach dar, die sich wie auf der Höhe eines Turmes befindet, von einer Mauerwand geländerartig geschützt.

Die Szene, die am Fuße des Kreuzes sichtbar wird, könnte man für eine Verkündigung halten, denn Maria hört mit geöffneten Händen die Botschaft an, die ihr ein gegenüberstehender Jüngling gibt. Durch den Paravent ist sie zum Teil verdeckt.

Der Jüngling hält ein Pergament hoch, auf dem in lateinischer Fassung geschrieben steht: «Am Anfang schuf Gott Himmel und Erde.»[9] Es ist also keine Verkündigung, sondern eine Unterrichts-Szene. Maria wird eingeführt in die Geheimnisse der Genesis, wie sie durch Moses aufgeschrieben sind.

Auffallend ist, daß das im oberen Teil so symmetrisch gehaltene Bild links keine Entsprechung zu den zwei grünen Himmelszonen hat, die sich oben und rechts in das Purpur der Konche hineinschieben. Über Maria ragt eine göttliche Hand aus dem Kreissegment hervor. Links ist offenbar für diese Himmelszone keine Veranlassung gegeben. Das zeigt, wie das Ganze bei aller Ornamentalität doch auch in der oberen Hälfte sehr lebendig aufgefaßt ist.

Miniatur der Bibelhandschrift ▷

Hinter beiden Gestalten ist – ähnlich einer Leibesglorie – je eine goldene Konche sichtbar. Vielleicht soll es auch ein Durchbruch sein, eine Tür, die während dieser Unterweisung ins Geistige offensteht. Die Auren um die Häupter heben sich von diesem Gold farbig ab. Die linke ist blau und kleiner als die größere grüne Aura um Maria.

Der Versuch, die Szene zu deuten, indem man den Jüngling für den heiligen Hieronymus und die so lebendig bewegte Frau für die Symbolfigur der Ecclesia hält, dürfte kaum jemanden überzeugen. Ebenso wird es einem schwerfallen, in dem Jüngling Moses zu erblicken, wie auch schon vorgeschlagen wurde.

Sollte bei dieser Miniatur wirklich beabsichtigt sein, Neues und Altes Testament gegenüberzustellen, dann müßte entweder die angebliche Ecclesia von der Symbolfigur der Synagoge belehrt werden, oder es müßte ein erkennbarer Moses (mit Attribut der Moseshörner z. B.) der Unterweisende sein.

Für eine Symbolfigur brauchte es auch den hellblauen, an einer Stange befestigten Vorhang nicht, der andeutet, daß sich Maria in ihrem Gemach, in ihrer persönlichen Kammer befindet, und der sie – ihre Keuschheit betonend – dem Lehrer nur zum Teil sichtbar sein läßt. Die heilige Frau dieser Miniatur wird im Alten Testament unterwiesen, das mit der Weltschöpfung beginnt – der Leser, der dieses Buch in die Hand nimmt, wird mit ihr sozusagen identisch. Diese Unterrichtung über das alte Testament erfolgt, anders als im alten Judentum, bereits unter dem Zeichen des Kreuzes.

Um abzutasten, in welcher Richtung ein Hintergrund für diese Szene gesucht werden könnte, bewegen wir uns jetzt fragend in verschiedene Richtungen.

Aus der byzantinischen Kunst ist ein Motiv bekannt, das die jugendliche Maria innerhalb der Ummauerung des Tempels erhöht sitzend unter einem säulengetragenen Kuppeldach zeigt. Ihr fliegt ein Engel zu. Solche Darstellungen gehen auf die apokryphen Marien-Erzählungen zurück, die berichten, schon die junge Maria habe im Tempel asketisch und heiligmäßig gelebt; Engel hätten sie besucht und auf ihre Mission vorbereitet.

Die bekannten Beispiele in den Fresken von Studenica und den Mosaiken der Chora-Kirche in Instanbul (Karye Cami) stammen aber aus dem Beginn des 14. Jahrhunderts, sind also viel später entstanden als die Miniatur Bernwards. Auch ist ihr Bildtypus so anders, daß es Bernward von daher nicht übernommen haben könnte. Gleichwohl kann eine apokryphe Überlieferung seinem Bildinhalt zugrunde liegen.

Hier allerdings ist kein Engel, sondern ein Jüngling, der durch die Aura deutlich als Heiliger im christlichen Sinne bezeichnet ist, dargestellt. Sollte er als Tempelpriester gelten können, der Maria über Weltschöpfung und Sündenfall unterrichtet, da sie sich ja – wie die Apokryphen erzählen – geweigert hat, ihre Jungfräulichkeit aufzugeben und sich vermählen zu lassen? Wird ihr hier zum Bewußtsein gebracht, daß sie den erwarteten Heilsereignissen so zu dienen hat, daß die Sündenschuld der Eva ausgetilgt wird? Denn das war auch bei Bernward ein immer wiederkehrender Zusammenhang: die durch Maria aufgehobene Schuld der Eva. – Trotzdem wird man zögern anzunehmen, solch ein Jüngling unterrichte als Tempelpriester die Maria. Außerdem wurde den alten Tempelpriestern niemals eine Aura zugeteilt.

Ein Gedanke, den man zurückzudrängen geneigt ist, weil sich zunächst damit kein Sinn verbinden lassen will, stellt sich hartnäckig immer wieder ein: Dieser Jüngling sieht aus wie Johannes! Dieses Paar unter dem Kreuz, bei dem der Jünger immer jünglingshaft gegeben wird, ist uns doch so bekannt! Bei der Kreuzigung stehen sie allerdings seitenvertauscht, aber hier ist ja keine Kreuzigung. Könnte irgendein Sinn darin liegen, hier Johannes als Unterweisenden anzunehmen?

«Am Anfang schuf Gott Himmel und Erde... Und Gott sprach, es werde Licht», so tönt es bei Moses. Nun hat aber das Neue Testament auch einen Schöpfungsmythos, und der klingt ganz anders: «Im Urbeginne war das Wort..., und durch das Wort ist alles geworden.»

In dieser Diskrepanz, die zwischen den beiden Schöpfungsmythen der Bibel besteht, liegen zweifellos tiefe Geheimnisse verborgen. Die Schriften christlichen Wissens, die aus der Frühzeit der Kirche bezeugt sind und die nur in geheimer Sukzession weitergegeben wurden, mögen sich damit befaßt haben. Aber auch noch zu Bernwards Zeit und noch einige Jahrhunderte später war man sich bewußt, daß man lernen mußte, die doppelte Schöpfungsgeschichte zusammenzusehen. Eine Spur solcher Versuche will man heute in dem «Annolied» erkennen, über das noch zu sprechen sein wird. Es ist ein Preislied auf Bischof Anno von Köln, der 1024 – also zwei Jahre nach dem Tode Bernwards – geboren wurde. Wann das Lied genau entstand, weiß man nicht, vielleicht im 11., vielleicht auch im 12. Jahrhundert. In ihm wird die Weltentstehung mit den Worten erzählt:

In der werilde aneginne
Dü liht war unte stimme

Also beides, das Licht und das Wort, war im Anbeginn.

Sehen wir wieder auf unsere Miniatur; was sagt sie? «Am Anfang schuf Gott Himmel und Erde.» Und wenn jetzt die Frage im Betrachter entstünde: «Welcher Gott?» Dann würde die Miniatur antworten: «Der Gott vom Kreuz! Lerne verstehen, daß Christus der Schöpfer ist!» Was Moses noch nicht enthüllen konnte, enthüllt Johannes. «Und Gott sprach» – aber das Sprechen, das Wort Gottes, war selbst ein Gott, war der Logos.

Rudolf Steiner spricht über diese komplizierte Materie in einigen Vorträgen vom Mai und Juni 1921[10] und sagt, die Kirchenväter vor dem 4. Jahrhundert verstanden, daß der Vatergott das Prinzip der Dreifaltigkeit ist, das die Vorstufen der Erdentwicklung geschaffen hat. Aber «dasjenige, was Erde ist, dasjenige, was man sieht als Erde, das rührt nicht vom Vatergott her und nicht von den Naturgeistern, das rührt von dem Sohne, von dem Logos her, den der Vater hat aus sich hervorgehen lassen, damit der Logos die Erde schaffe. Und das Johannes-Evangelium ist aufgerichtet, ein großes, bedeutsames Monument, um anzudeuten ..., der Sohn ist der Schöpfer der Erde. Das sollte das Johannes-Evangelium sagen. Das war im Grunde genommen dasjenige, wofür die Kirchenväter der ersten christlichen Jahrhunderte gekämpft haben ... Solche Tatsachen beachten ja die Menschen heute nicht, daß im Johannes-Evangelium klar ausgesprochen ist: der Logos ist das Schöpferische, nicht der Vatergott.»

Im 4. Jahrhundert gibt es einen Bruch. Die menschliche Intelligenz regt sich jetzt derart, daß durch sie – nicht durch Eingebung, Gefühl, instinktives Wissen und dergleichen – alles erfaßt werden will. Aber durch sie kann eben so manches *nicht* mehr erfaßt werden, und so geht auch das Verständnis gerade des Johannesprologs verloren, und es rückt aus bestimmten Gründen der Vatergott an die Stelle des Logos.

Johannes Scotus Erigena, der im 9. Jahrhundert die Schriften des Dionysius Areopagita ins Lateinische übertrug, hat manches von dem alten Wissen wieder aufleben lassen, hat aber auch vieles selbst schon nicht mehr verstanden. Trotzdem muß damals gerade in der hier angedeuteten Richtung noch mancherlei lebendig gewesen oder auch wieder neu bekannt geworden sein, denn wir finden ja in der bildenden Kunst noch einige Jahrhunderte lang den Schöpfergott als Christus dargestellt. Unzählige Beispiele wären dafür zu geben.[11] Es gehört auch die Bernwards-Tür dazu, denn auch dort ist es eigentlich kein Gottvater, sondern der mit einer Kreuzesaura gezeichnete Christus, der den Menschen erschafft.

Wenn es nun auch bei dieser Miniatur darum ginge, darauf hinzuweisen: Am Anfang schuf Gott Himmel und Erde – dieser Mosesbericht ist bereits Verkündigung der Wirksamkeit dessen, der dann am Kreuz seine Liebe zur Menschheit besiegelt hat? Erkenne – auch das ist Christus! Die Hand, die über Maria aus der Wolke erscheint, aber gar nicht auf sie, sondern auf den Jüngling mit der erhobenen Schrift hinstrahlt, wird dann als die Hand des Logos zu verstehen sein.

Man sieht dann auch, wie sinnvoll es war, eine solche Miniatur an den Anfang der Gesamt-Bibel – also der Zusammenfassung von Altem und Neuem Testament – zu stellen. «In principio creavit Deus coelum et terram» und «In principio erat Verbum» stehen sich dann nicht unvereinbar gegenüber.

Man muß ja auch bedenken, daß die Missionierung aufgrund des Neuen Testaments erfolgte. Die *neue* Lehre sollten die Völker des Ostens und Nordens annehmen. Weltschöpfungsmythen brauchte man keinem Volke zu bringen, die gab es in allen Religionen. Die Begegnung mit dem Christentum erfolgte durch die vier Evangelien, und erst über diesen Umweg konnte in Germanen und Slawen das Interesse für die alte jüdische Geschichte und die Moses-Genesis erweckt werden. Wer also, wie in diesem Falle, das Alte Testament zu lesen begann, las es unter den ihm bereits bekannten Tatsachen des Neuen Testamentes. Er kannte den Johannes-Prolog und konnte in Verwirrung durch die Moses-Genesis geraten. An solche Leser mag diese Miniatur sich besonders gewendet haben. Sie erfahren: Hier schon beginnt die Geschichte des Christus!

Lange noch haben die Miniaturen des Mittelalters das Auftauchen Gottes, der später als Jehovah oder als Vatergott verstanden wurde, als Christus dargestellt. Sei es, daß er den einen oder anderen Propheten inspirierte, sei es, daß er Jacob über der Himmelsleiter oder Moses im brennenden Dornbusch erschien: es ist der Kreuzaura-gezeichnete jugendliche Christus.

Etwa hundert Jahre nach Bernwards Tod ging aus dem Kloster St. Michael zu Hildesheim ein Missale hervor, das aus dem gleichen Geiste geboren ist: Sapientia, die göttliche Weisheit (griechisch: Sophia), trägt Christus in einem Halbbogen über sich und hat auf ihrem Skapulier die Worte stehen: «Mit ihm habe ich die Welt erschaffen.»

Warum aber können wir die Frau auf dieser Miniatur als Maria anspre-

RIA QVE SOT VOBE
VVARDO TRINA POTESTAS

chen? Maria steht als Verkörperung der reinsten Seelenkraft, deren höchste Keuschheit hier angedeutet wird, indem sie sich hinter einem Paravent verbirgt; nur die Seele in dieser Verfassung wird die Geheimnisse der Bibel begreifen! Nimm also, du Leser, dir das Urbild der Jungfräulichkeit zum Vorbild, mache deine Seele zur Wohnstatt der Reinheit, wenn du jetzt an das Studium der Heiligen Schrift herangehst!

Das Große oder Kostbare Evangeliar

Das Widmungsbild

Bernwards Hauptwerk auf dem Gebiet der Buchmalerei ist das sogenannte Große oder Kostbare Evangeliar. Sein äußerer Buchdeckel zeigt wiederum eine byzantinische Elfenbeintafel, hier die Deesis: Christus zwischen Maria und Johannes dem Täufer.[12] Mag Bernward solche Elfenbeinschätze von der Kaiserin Theophanu oder Otto III. erhalten oder vielleicht auch selbst erstanden haben – sie sind wie eine gewollt aufgenommene und in Ehren gehaltene Kontinuität, während der Stil der Miniaturen im Buch sich aus der byzantinischen Beeinflußung zu lösen sucht. Auch hier hat Bernward, ebenso wie in dem kleinen Evangeliar, mit eigener Hand die Worte eingetragen: «Hunc ego ...»

Von seinem Widmungsbilde, das man ihm auch als Künstler selbst zuschreibt (nach Thangmars Lebensbeschreibung hat ja Bernward selbst gemalt), war schon die Rede. Vor den Stufen des Altars steht der junge Bischof im kostbaren Ornat. Patene und Kelch sind auf goldener Platte auf dem Altartisch aufgestellt. Ein Kreuz steht nicht darauf. Auch die fünf Leuchter stehen unten vor dem Altarblock, aber nicht auf ihm. Nur das

◁ *Vorderer Buchdeckel des Großen Evangeliars*

Großes Evangeliar, Bernward am Altar und die Mutter Gottes ▷

HOC EVANGELII DEVOTA MENTE LIBELLUM
VIRGINITATIS AMOR PSTAT TIBI SCA MARIA
ORNATUS TANTI VESTITU PONTIFICALI
PRESUL BERNVVARDUS VIX SOLO NOMINE DIGNUS

Buch wird Bernward noch dazulegen. Die schon erwähnten Widmungsworte stehen im Goldrand um das Bild: «Dieses Evangelium widmet dir... o, heilige Maria, Bernward...»

Die gegenüberliegende Buchseite zeigt unter drei Rundbögen die thronende Gottesmutter. Ihre Füße ruhen auf grünen Pflanzenzonen. Auch hier ist die Symmetrie nicht vollständig, denn die linke Säule ist durch eine blaue Türöffnung verdeckt, in welcher ein Kreuzstab aufgerichtet steht. Maria und das zentral auf ihrem Schoße thronende Kind strecken ihre Hand in Richtung der anderen Blattseite aus: sie nehmen wahr und nehmen an, was Bernward ihnen darbringt. Entsprechend steht die Tür nach dieser Seite offen.

Die doppelpaarigen Flügel der Engel sind klein und umgeben eng anliegend ihre Hauptesglorie. Es mögen Gabriel und Michael gemeint sein. In die drei Goldbögen über den Säulen sind Marienhymnen eingeschrieben, die sie als Stern des Meeres, als dem heiligen Geist geöffneter Tempel und als Gottespforte preisen. In zwei kleinen Brustbildern sehen wir zwei Frauen, von denen die linke als Maria und die rechte als Eva bezeichnet ist. Hier wird nochmals bildlich, was der umgeschriebene Text sagt – Vergleich der Maria mit Eva! Durch die erste wurde die Pforte des Paradieses verschlossen, durch die zweite wieder eröffnet. Man nimmt an, daß dieses Evangelium um das Jahr 1015 entstand. Das war das zweihundertste Gründungsjahr der Diözese Hildesheim, welche im ganzen der Maria als Schutzpatronin unterstellt ist.

Werfen wir noch einmal einen Blick auf den jungen Priester am Altar, der die einzige zeitgenössische Darstellung Bernwards wäre. Möglicherweise haben wir sein Abbild aber doch noch auf einer anderen Miniatur. Dieser Gedanke kann einem jedenfalls kommen, wenn man das *Evangeliar Ottos III.* betrachtet. Es zeigt – auch auf einer Doppelseite – den Jüngling Otto als thronenden Kaiser, dem (auf dem linken Blatt) die Nationen huldigen. Unmittelbar neben dem Herrscherstuhl des Kaisers stehen rechts zwei weltliche Fürsten mit Schwert und Speer und links zwei Geistliche im Ornat mit Buch. Der weißhaarige Kleriker im Vordergrund, der als einziger mit seiner Hand das Thronkissen berührt, dürfte Willigis sein, der Erzbischof von Mainz, der zugleich Erzkanzler des Reiches war. Der Priester dahinter, der, verhältnismäßig noch jung, dennoch so nah am Thron ist, könnte Bernward sein. Wenn auch nicht an ausgesprochene

Evangeliar Ottos III. Der Jüngling Otto als thronender Kaiser ▷

Porträts gedacht werden kann, so liegt doch mindestens im Typ eine gewisse Ähnlichkeit zwischen Bernward auf dem Widmungsbilde und dem jungen Kleriker hier auf dem Kaiserbilde vor.

Dieses Thronbild Ottos ist, wie gesagt, die rechte Hälfte eines ebenfalls doppelseitigen Bildzusammenhangs. An der Stelle, an der bei Bernwards Evangeliar der Thron Mariens steht, ist hier der Kaiser erhöht. Auf dem linken Bild – auf dem bei Bernward der Bischof sein Buch als Huldigungsgabe ausstreckt – heben hier vier Frauen in huldigend geneigter Stellung kostbare Gaben in Richtung des Kaisers: die Nationen seines Reiches. Als erste steht Roma, ihr folgt Gallia, dann Germania und Sclavinia (das Slawentum).

Man sieht an diesem Vergleich, wie nahe der Kaiser an die Stelle des Göttlichen herangerückt, wie sehr er als dessen Repräsentanz verstanden werden sollte. Dieses Evangeliar entstand auf der Reichenau. Erfunden worden ist dieser Huldigungstyp dort aber nicht. Man kennt ein Einzelblatt aus einem Fragment von der Hand des sogenannten Gregormeisters aus Trier, entstanden um 983, das vermutlich Otto II. darstellt. Seine Throngeste ist ähnlich. Neben ihm stehen vier Frauen, deren goldene Herrschaftskugeln kleiner sind als die des Kaisers: Germania und Francia, Allemania und Italia.

Interessant an dem Doppelbild für Otto III. ist, daß Germanien – obwohl das Stammland der Ottonen – erst an dritter Stelle steht. Interessant ist ferner, daß Gallien nicht wie die drei anderen mit Schätzen, sondern mit einer Friedenspalme naht – mit den karolingischen und kapetingischen Thronaspiranten gab es oft Krieg.

Wie schon Pater Frowin Osländer* (Maria Laach) bemerkte, ist es eine Eigenart der Doppelseite im Bernward-Evangeliar, daß die Bilder trotz ihrer Bezogenheit aufeinander auch für sich stehen können. Das Marienbild kann für sich betrachtet werden, ebenfalls das Widmungsbild. Der Geistliche wird sein goldenes Buch auf den Altartisch niederlegen; daß dies zugleich eine Huldigung an Maria ist, erfährt man erst, wenn man die zweite Tafel dazu sieht. Diese Mehrschichtigkeit, das Ineinanderklingen verschiedener Bedeutungsebenen, ohne im geringsten in symbolische Überladenheit auszuarten, ist ein Stilmittel, das nur große Meister beherrschen. Im Otto-Evangeliar könnte man die Doppelseiten nicht trennen, weil man dann nicht wüßte, vor wem sich die vier Frauen verneigen.

* In «Bernward und Godehard von Hildesheim».

Osländer gehört zu den wenigen, welche die Einzigartigkeit der Bernward-Miniaturen und ihre Sonderstellung bemerkt haben. Für ihn zeichnet sich der *Kostbare Kodex* «sowohl in seinem ikonographischen wie formalen Gehalt vor der gesamten zeitgenössischen Buchmalerei der Jahrtausendwende aus». Er stellt fest, daß bei aller Deutlichkeit in bezug auf sinnliche Wirklichkeit «ein flächenhafter, der sichtbaren Form geflissentlich ausweichender Stil» überwiegt. «Und in diesem Bezug möchte das Werk in der gesamten Kunstgeschichte einzigartig sein. ... Darüber hinaus vermitteln die bernwardinischen Miniaturen *Inhalte,* die es in keiner anderen Malerei weder in dieser Zeit noch des übrigen ersten Jahrtausends gibt.» In dem Widmungs-Doppelbild würde, so meint er, «eine im ganzen Bereich der Malerei des 1. Jahrtausends nicht zu findende Bilder- und Gedankenwelt dargestellt».

Uns will scheinen, daß solche Merkzeichen sich an anderen Bildern des Bernward noch viel eindrucksvoller erläutern lassen.

Das Abendmahl

Fassen wir das Abendmahls-Bild ins Auge, das dem Lukas Evangelium hinzugefügt ist. Es handelt sich um die obere Hälfte des Blattes; darunter ist die Belohnung des Judas dargestellt. (Alle Miniaturen sind übereinanderliegende Doppelszenen.) Vor purpurnem Hintergrund, der von einem blau-weißen Netzwerk überzogen ist, steht die längliche weiß gedeckte Tafel. Wir sehen keine Tafel*runde,* wie sie auf mancher zeitgenössischen Miniatur erscheint, wir sehen aber Christus auch nicht in Bildmitte an der länglichen Tafel sitzen. Links, am Kopf des Tisches, sitzt er erhöht zwischen dem Lieblingsjünger und dem Verräter, zwischen dem, der ihn am besten versteht, und dem, der ihn am stärksten mißversteht. In dieser Dreiergruppe ballt sich die Dramatik des Augenblicks zusammen.

Johannes neigt sich zu Christus hin. Seine Aura dringt in dessen Aura ein – er versteht das Geschehen aus seiner Nähe zu Christus, lauscht dem Herrn die Erklärung des rätselhaften Momentes ab. Und der Herr legt den Arm um ihn.

Alle Jünger sind weiß gekleidet, nur Judas trägt ein graues Gewand und ein bräunliches Tuch über dem Arm. Er hat keine Aura. Sein Kopf ist

Luc. XXII, 19 ff. v.3,

«nackt»; er ist herausgefallen aus dem Geisteszusammenhang, der alle Jünger umschließt.

Zwischen den Dreien am Kopfende und der übrigen Jüngerschar ist eine Pause gesetzt, eine Zäsur, die durch das hängende goldene Schild (eigentlich Zeremonialkrone) noch unterstrichen wird. Was die beiden neben Christus wortlos begreifen – der eine aus dem Mysterium der Liebe, der andere aus dem Mysterium des Bösen –, dem sehen sich die anderen Jünger ratlos gegenüber. Petrus als ihr Anführer läßt es durch Gestik und Mimik deutlich erkennen.

Wie ist jeweils mit wenigen Strichen eine Charakterisierung gegeben, die bis in die körperliche Haltung richtig ist! Petrus mit dem vorgestreckten Hals und den fragenden Händen, und daneben der Jüngling, der sich zurückneigt und sich dabei ein klein wenig in die Brust wirft – man hört ihn geradezu sprechen.

Und auch das ist anders als sonst üblich: die Jünger, allen voran Petrus, blicken nicht ins Antlitz Christi, sondern auf die rätselhafte *Handlung*. In einer Miniatur aus Fulda um 970 und ebenso im Perikopenbuch Heinrichs II. um 1007 (um nur zwei zeitgenössische Beispiele zu nennen) hängen alle Jünger mit beinahe starren Blicken aus weit geöffneten Augen nur am Antlitz Christi. Sie sitzen aufgereiht nebeneinander, Gesten sind kaum sichtbar; ein gegenseitiges Zuwenden gibt es nicht. Christus hat belehrend die Hand erhoben, wie es auch später auf den meisten Abendmahls-Miniaturen zu sehen ist: er erklärt und deutet den Jüngern die Handlung, während sie geschieht. Nichts davon hier! Dieser jugendliche Christus belehrt nicht, aber er sprüht von geistiger Aktivität. Und dieser Ausdruck wird durch ein einmaliges Mittel erreicht, das man in Werken anderer Schulen vergeblich suchen würde: der starke Blickstrahl seiner großen dunklen Augen, durch die Parallelität von drei Linien charakterisiert (zwei parallele Linien fassen das Auge ein, darüber sitzt als gerader Strich die Braue), setzt sich im waagerechten Kreuzstrahl der Aura fort. Dieses symbolische Zeichen wird hier zum Träger einer unmittelbar ausstrahlenden mächtigen Bewußtheit. Die zügige Geradheit der Augenpartie läßt nichts Melancholisches aufkommen, nichts Weiches, Sinnendes oder gar Trauerndes, wie es gerundete Augenformen leicht haben können; auch nichts Unbestimmtes und Schwimmendes.

Im Perikopenbuch Heinrichs II. ist die Gestalt des Christus stark

◁ *Großes Evangeliar, Lukasevangelium, Abendmahl und Belohnung des Judas*

überlängt und erreicht dadurch eine übernatürliche Hoheit. Hoch ragt dort sein Haupt über die aurenlosen Häupter der Jünger.

Bei Bernward ist der Christus eine Gestalt in natürlicher Proportion, zwar etwas größer, aber keineswegs in die Länge gezogen. Seine Haltung ist locker, ohne besondere Ambition. Seine Handlung fließt zielvoll aus seinem Wesen.

Die Jünger werden von dem Künstler kühn in eine Gruppe zusammengerafft. Er gibt sich damit zufrieden, nur einige Antlitze zu vollem Ausdruck zu bringen und deutet die anderen Köpfe nur an. Der Unbeholfenheit der Aufreihung, die oft künstlerisch so hilflos wirkt, entgeht er dadurch, und auch durch seinen gliedernden, gestaltenden Griff, der mit Hauptmotiv, Pause und begleitendem Motiv die Wirkung sicher zu setzen weiß. Derselbe Geist, der die Anzeichen einer neuen Architektur zu gliedern und zu komponieren verstand, wird hier deutlich.

Aus allem springt hervor, daß ein Sinn für Schönheit am Werke ist, der sich durchaus an den Beispielen vorhergehender Kunstepochen gebildet hat, dessen kräftig sprudelnde junge Quelle aber nicht mehr in melancholischen oder von einem strengen Überernst geprägten Traditionen liegt. In diesem bartlosen jungen Christus – vielleicht darf man das im Hinblick auf die Schenkung an St. Michael sagen – sprüht ein michaelisches Feuer. Er sieht Judas nicht an, er fixiert das Böse nicht. Er hebt auch keinen strengen Finger, ist nicht belehrend, macht auch nicht traurig oder erfüllt uns durch einen allzu herben Ernst mit Vorwurfsgefühlen. Er läßt jeden frei – sein überragendes Bewußtsein strahlt nur aus. Seine Liebe umfaßt den, der ihm nahen will, und läßt den anderen seine Tat vollbringen, bereit, ihre Konsequenzen auf sich zu nehmen. Menschenbruder und zugleich Vorbild! Vorbild auch im Aufruf zu geistiger Wachheit. Vergleicht man ihn mit den anderen Gestalten, so sieht man: Wir schlafen doch alle! Selbst die Jünger schlafen, träumen bestenfalls, begreifen mitten in der Tragödie noch nichts von ihr. Kurz danach, am Ölberg, wird er es ihnen wiederholt sagen: *«Wachet!»* – aber sie können es nicht. Man sieht schon hier, daß sie es nicht können werden.

Johannes, abgesondert von den anderen, befindet sich in einer Situation, die auf diese Weise nie auf anderen Werken zu sehen ist. Er erlebt Christus zwischen sich und Judas: den Verräter als Pendant seiner selbst. Einweihung in das Rätsel des Bösen, das so nah am Göttlichen sein – oder erscheinen – kann! In welche Daseinstiefen führt ihn dieser Moment? Er besteht ihn durch die geistsprühende Kraft des Christus über sich. Und dennoch einsam. Alle anderen bleiben jetzt hinter ihm zurück. Liegt darin auch Prophetie? Wird, wenn die Auseinandersetzung mit dem Bösen an ihren Höhepunkt gelangt, auch die Zeit des Johannes gekommen sein, die den Judas aufzuwiegen hat?

Muß nicht Johannes dem Rätsel des Bösen näher sein als die anderen? Nur ein einziges aller Tierkreiszeichen wird in doppeltem Aspekt gesehen: als Adler und als Skorpion! In dieses Zeichen «teilen» sich Johannes und Judas. Die gleichen Kräfte im Menschen können sich zum höchsten Flug wie zum tiefsten Sturze wenden. Der Jünger, den «der Herr lieb hat», der heimfindet zu Christus wie keiner sonst, und der Verräter, der sich ganz verirrt, sie sind zwei Seiten desselben Wesens.

Auf der Miniatur setzt sich die Figur des Johannes geradezu im Judas fort – einem Judas, bei dem durch Gewandung und Ausdruck eine Charakterisierung des Dunklen, des Bösen gegeben ist. Auch das kennt die zeitgenössische Buchmalerei noch nicht. Judas wird zwar meist ohne Aura, aber sonst in Gewand und Antlitz den anderen Jüngern gleich dargestellt.

Die Kreuzigung

Als nächste Miniatur, ebenfalls dem Lukasevangelium zugehörig, folgt die Kreuzigung. Dem nachfolgenden Markusevangelium ist die Auferstehung beigegeben, und dem Johannestext zwar auch eine Kreuzigung, aber gemeinsam mit dem leeren Grab, und dann vor allem die Himmelfahrt. Diese Auswahl entspricht einer alten Überlieferung, welche das Viergetier mit dem Leben Christi so in Zusammenhang bringt, daß gesagt wird: *Mensch* wurde der Herr durch seine Geburt (Matthäus) – *Opferstier* durch seinen Tod (Lukas) – *Löwe* durch seine Auferstehung (Markus) und *Adler* durch die Himmelfahrt (Johannes).[13] An diesen Gedanken hält sich auch Bernward, ergänzt aber die Texte noch durch weitere Miniaturen.

Seine Kreuzigung zu Lukas zeigt einen jugendlichen Christus, der in amethystfarbenem, ärmellosem Gewand mehr vor dem Kreuz steht als an ihm hängt. Maria und Johannes stehen links und rechts von ihm. Alle Hauptesauren sind blau; die Szene ruht auf Goldgrund. Sie ist in einen Kreisbogen gefaßt und schwebt wie abgelöst von allen irdischen Gegebenheiten als in sich ruhendes Ereignis.

Von unten blicken Gäa und Oceanus empor, aus deren Mündern das Wasser- und das Erdelement hervorgehen.[14] Sonne und Mond in den oberen Ecken blasen ihre Fackeln aus. Finsternis senkt sich in ihre Hauptesauren – beide Gestirne verdunkeln sich. Das Christusereignis ist in die Weltenmitte gestellt.

Eine Inschrift sagt: «Redemptio mundi – Miseratio Christi». (Erlösung der Welt durch das Erbarmen Christi.) Die «Welt» ist *unsere* Welt; unten durch Erde und Wasser, oben in unserem Sonnen- und Mondensystem abgegrenzt. Kosmisch groß ist das gesehen. Und zugleich werden wir darauf aufmerksam gemacht, daß der Text, zu dem die Miniatur steht, alles so schildert, wie es Lukas kraft seiner Stiereinweihung darstellen konnte. Der Stier liest selbst in einem Buch. Über seiner Hörnerschale wächst dabei das Bild des Gekreuzigten auf.

Seltene Weihnachtsdarstellungen – zu Matthäus und Johannes

Unwillkürlich wenden sich von diesem Bild die Gedanken zur Weihnachtsdarstellung im Johannestext hin. Im Johannestext? Dort gibt es sie doch gar nicht! Dieses Ereignis wird bei Matthäus und besonders bei Lukas geschildert. «Es begab sich aber zu der Zeit...» Dort erfahren wir von der mühsamen Reise zur Schätzung nach Bethlehem, vom vergeblichen Herberge-Suchen, bis sich ein Stall findet, erfahren von den Hirten auf dem Felde und der Glorie in den Höhen. Aber bei Lukas läßt Bernward sich die Gelegenheit zu solcher Weihnachtsdarstellung entgehen. Er schildert dafür ausführlich die Geburtsgeschichte Johannes des Täufers, in welche die Jesusgeburt durch die Heimsuchung nur ein wenig hereinscheint.

Auf dem Einbanddeckel dieses Buches befindet sich – so sahen wir – eine Elfenbeinplatte mit der Darstellung von Christus zwischen Maria und dem Täufer. Es scheint, daß Bernward die Elfenbeinplatten auf seinen heiligen Büchern durchaus nicht nur deshalb verwendete, weil er sie eben (geschenkt bekommen?) hatte. Vielmehr scheint ihm die Dreiheit Christus, Maria und Johannes der Evangelist, so bei dem Kleinen Evangeliar, und Christus, Maria und Johannes der Täufer, so bei dem Großen

◁ *Großes Evangeliar, Lukasevangelium, Kreuzigung*

Evangeliar, wichtig zu sein. Er scheint eine besondere Beziehung zu dem Johanneswesen zu haben.

Die zweite Schilderung der Jesusgeburt steht im Matthäusevangelium – oder vielmehr die erste, wenn man die Reihenfolge der Bücher des Neuen Testamentes berücksichtigt. Und es ist durchaus sinnvoll, daß *diese* Jesusgeburt zuerst erzählt wird. Von Nazareth und Volkszählung ist dabei keine Rede, dafür von dem Besuch der drei Weisen in einem Hause in Bethlehem. Daß auch sonst nichts zusammenstimmt, weder der Stammbaum noch die nachfolgenden Ereignisse, darüber soll hier nicht gehandelt werden. Es sei nur bemerkt, daß man bei Rudolf Steiner in vielen Ausführungen den Aufschluß bekommt, daß es sich tatsächlich um zwei verschiedene Knaben gehandelt hat, wobei der bei Matthäus geschilderte Jesus etwas früher geboren wurde. Sie lebten beide bis etwa zum zwölften Jahre. Danach lebte nur noch ein Jesus, was mit der Szene des Zwölfjährigen im Tempel angedeutet ist.[15]

Wie so manche alten Überlieferungen wissen, ist der bei Matthäus geschilderte Jesus die von den Magiern erwartete Wiedergeburt des Ur-Zarathustra, dessen Inkarnation die Sternkundigen aus den Himmelszeichen ablesen konnten. In diesem Jesus lebt der weiseste und größte Mensch, der zur Vorbereitung der eigentlichen Christuseinwohnung herabsteigt.

Diese Jesusgeburt des Matthäus schildert Bernward in einer Doppelszene. Oben liegt mehr auf als in einem steinernen Bett, einer Art antiker Kline, der neugeborene Knabe. Seine Augen sind geschlossen. Er ist hineingeboren in ein Haus mit kunstvollen Wandmustern und zwei großen Toren, die von Hufeisenbögen überwölbt werden. Man hat den Eindruck, daß hier gesucht worden ist, eine orientalische Örtlichkeit anzudeuten. Ochs und Esel blicken durch Öffnungen in den Seitenwänden. Diese Tiere werden ja in keinem der Evangelien genannt. Sie treten als geheimnisvolle Symboltiere in der Malerei auf, und mit ihrer Erklärung hat man immer Mühe gehabt. Meist weist man hin auf den Propheten Jesaias im Alten Testament, bei dem im Kapitel 1,3 die Worte stehen: «Ein Ochs kennet seinen Besitzer und ein Esel die Krippe seines Herrn, aber Israel kennet es nicht und mein Volk vernimmt es nicht.» Andere Deutungen sind noch weiter hergeholt, etwa daß Menschen und Engel, oder Cherubim und Seraphim, Juden und Babylonier usw. unter ihnen

Großes Evangeliar, Matthäusevangelium, Geburt Jesu ▷

Matth. II, 1 ff.

verstanden werden sollten, oder daß der Ochs für jene stehe, die dem Joch des Gesetzes unterworfen seien und der Esel für solche, welche durch die Sünde des Götzendienstes belastet werden. (Theodoret und Gregor von Nyssa.) Ochs und Esel bedeuten also nicht «Stall»; diese Beziehung hat sich erst später herausgebildet.

In diesen vornehmen Raum senkt sich der Himmel ein. Wir sehen drei Engel, zwischen denen auf blauem Grund weiße Sterne leuchten. Über ihnen aber steht in eigener Goldaura ein großer achtstrahliger Stern. Eine breite Lichtbahn fließt zu dem Kind nieder. Das ist eine Geburt, die von der Aufmerksamkeit des Himmels begleitet wird und der ein Geistesstrom unmittelbar nachfolgt; ein Weiser, ein heiliger Mensch ist erschienen. Seine besondere Bestimmung für diese Inkarnation leuchtet im Kreuzstrahl seiner Aura auf.

Den drei Engeln im oberen Feld entsprechen unten die Gestalten der Magier, die ihre Blicke zu dieser Geburt emporrichten und ihre Geschenke hinaufheben. So liegt das Kind von Engeln entlassen, von Weisen empfangen, zwischen Stier und Esel – ein dreifacher Dreiklang. Unmittelbar nach der Huldigung der Magier wird dieser Jesus nach Ägypten geflüchtet. Ägypten, dessen große Kultur in der kosmischen Stierzeit entstand! Und der Esel wird ihn dahin tragen.

Bei den Engeln sehen wir die uns schon bekannte Art, die Flügel um die Aura zu legen – wie es auf dem Marienbilde und bei dem Markusstier auch auffallen konnte.

Maria und Joseph fehlen. Wichtig ist, daß dieses Kind mit dem Willen des Himmels ins Erdenhaus inkarniert wurde, und das erkennen die Magier. Der Reichtum ihres Sternenwissens bringt sich bildlich in den sternbesäten Stolen zum Ausdruck.[16]

Das Johannesevangelium aber gibt überhaupt keine Geburtsschilderung, die man auf einen Erdenort beziehen könnte. Es hebt mit dem gewaltigen Prolog an: «Im Urbeginne war das Wort, und das Wort war bei Gott, und ein Gott war das Wort. Aus ihm ist alles entstanden, und nichts ist entstanden, außer durch das Wort.» Und dann geht dieser Erzschritt des Logosbekenntnisses, dieser Hymnus zu Ehren des schöpferischen Urwortes in die Verkündigung über: «Das Wort ward Fleisch und hat unter uns gewohnet.»

Der Stil dieses Prologs ist nicht bildhaft und bietet keine Vorlage für

Großes Evangeliar, Johannesevangelium, Geburt Jesu ▷

VITA

Hirten- oder Königsanbetung. Und so ist auch keine Darstellung der Jesusgeburt zum Johannestext bekannt, außer bei Bernward. Ob er es malen ließ oder selbt gemalt hat, auf jeden Fall – er wollte es so. «Denn nach einer auf der letzten Buchseite stehenden Eintragung geht das Bild auf Bischof Bernward selber zurück.»* Bernward löst die Schwierigkeit, die eine solche Umsetzung bieten mußte, und schafft eine seiner schönsten Miniaturen. Das Charakteristische der Johannesaussage prägt er dem Leser durch das Bild noch tiefer ein. Wer waren die Leser? In erster Linie die Priester und Mönche seiner Michaelsabtei. Aber die Bilder mögen wechselnd auch für die Gläubigen aufgeschlagen worden sein.

Auch dieses Geburtsbild ist in zwei übereinander liegende Felder geteilt. Aber hier ist das obere Bild ganz Himmel, weit vor unseren Augen geöffnete Logossphäre. Wir erblicken den Christus thronend, gekrönt, auf Goldgrund. Die höchsten Hierarchien sind klein neben ihm. In Rot und Gold leuchten mit je drei Flügelpaaren die Seraphime. Nicht mehr liegen kurze stumpfe Flügel um die Auren, sondern hoch hinauf schwingen ihre in Verehrung gekreuzten Flügelspitzen. Die Sphäre des Logos hat sich an die Grenze zur irdischen Welt herabgesenkt. Ein dreifacher Zackenrand trägt sie wie in großen Rhythmen herab.

Hier warten keine Magier. Hier wartet die Erde. Das Wassertier des Okeanus läßt seinen Sehnsuchtsruf erschallen. Und Gäa oder Terra? Ihr entsprießen wieder die Pflanzen; dazu hier das Menschengeschlecht. Es mögen Adam und Eva gemeint sein, die sie in ihrem Schoß umfaßt, denn eines nimmt den Apfel aus dem Maul der Schlange, die sich in den Baum verwunden hat, das andere faßt die Schlange am Schwanz.

Der Christus in seiner runden, klingenden Sphärenwelt – oberhalb der Grenze, welche die gegliederten, waagerechten Felder des irdischen Terrains abschließt – hält auf seinem Schoß das Buch VITA, das Buch des Lebens. Mit der Rechten umfaßt er eine blaue Sphäre, in der sich das *Lamm* zeigt. Sein Kopf ist von roter Aura leuchtend umzeichnet, darin der helle Kreuzstrahl. Es streckt ein Vorderbein aus und berührt das Buch.

Der himmlisch konzipierte Vorgang der Heilsgeschichte ruht hier – vorgedacht und vorgewollt und vorvollzogen – wie im Urbilde über der Welt. Das Lamm wird sterben, und es wird dadurch das Buch des Lebens wieder öffnen. Im Lamm wird sein der Logos; der Weltenschöpferlogos wird zugleich groß bleiben und doch in das Lamm eingehen.

* Frowin Osländer in Algermissen.

Was so als göttlich gesetztes Urbild geistig vorhanden ist, beginnt nun durch diese Geburt herunterzudringen. Sie liegt unmittelbar unter dem kosmischen Logos. Seine Einstrahlung beginnt. Es ist nicht das Matthäuskind. Dessen Beziehung zur göttlichen Welt war uns schon dargestellt worden. Dort war der Himmel klein, der Geborene lag raumumzirkt mit im oberen Felde; deutlich war, daß er der von den Magiern Erwartete ist.

Diese Geburt hier meint das andere Kind, dessen Bericht uns Lukas gibt, dessen Stammbaum bis zu Adam im Paradies zurückgeführt wird. Jetzt wissen wir, warum Bernward zum Lukasevangelium keine Geburtsgeschichte malen ließ – weil er sie hier schildern will, unter dem Johannesaspekt. Weil er sie zusammensieht mit dem kosmischen Hintergrund, der hier eröffnet wird.

Der *Rückendeckel* des Kostbaren Evangeliars zeigt eine Silberplatte mit einer stehenden Madonna, die rechts das Kind und links eine Palme trägt. Die Gestalten sind ungewöhnlich lang, die Köpfe sehr klein. Sie steht zwischen sechs Rosetten, in welche die Anfangsbuchstaben von «Ora Pro Me Virgo» eingestreut sind. Auf dem silbernen Deckelrand steht in großen Goldbuchstaben, die Worte etwas verkürzend, die Inschrift:

> Hoc opus eximium Bernwardi praesulis arte
> factum cerne Deus Mater et alma tua.
> Dieses vorzügliche Werk, das Bernwards Kunst geschaffen hat,
> mögst du, o Gott, anschaun mitsamt deiner gütigen Mutter.[17]

Seine eigene Hand nicht nur in der Buchmalerei, sondern auch auf den anderen Kunstgebieten schaffend am Werke zu sehen, dazu berechtigt die Lebensbeschreibung Thangmars, also des Lehrers von Bernward, der auch später sein Reisebegleiter nach Rom war. Thangmar sagt ausdrücklich, daß Bernward sein großes künstlerisches Können praktisch in allen Zweigen der bildenden Kunst offenbarte – in der Malerei, der Bildhauerkunst, dem Erzguß, der Kunst Edelsteine zu fassen «und was sich sonst nur Feines in dergleichen Künsten ausdenken ließ . . . Es gab keine Kunstfertigkeit, in der er sich nicht versuchte».

Es erwächst daraus das Bild des unermüdlich schaffenden, vom Drang nach künstlerischer Gestaltung erfüllten Menschen, in dem ganz offenbar ein großer Impuls wirkte. Seine Begabung war dabei so vielseitiger Art, daß sie der Feinheit der Miniatur ebenso gerecht werden konnte wie den

HOC OPV·EXIMIV
BERNVVARDI·PSVLIS·ARTE
FACTV·CERNEDS
MATER ET ALMA TVA +

monumentalen und körperliche Kraft erfordernden Künsten. Dies ist im Hinblick auf seine Persönlichkeit aufschlußreich und läßt die vielseitige Durchbildung auch seiner Seelenkräfte erkennen, die des Feinen und Zarten ebenso mächtig sind wie des Monumentalen.

◁ *Rückendeckel des Großen Evangeliars*

FRÜHE WERKE DER GROSS- UND KLEINPLASTIK

Das Ringelheimer Kreuz

Es bleibt immer vor Augen zu halten, daß der Gesamtumfang von Bernwards Schaffen heute nicht mehr überblickbar ist, aber es haben sich wenigstens auf den verschiedensten Gebieten Beispiele erhalten.

Erst 1946 entdeckte man eine große Holzschnitzarbeit wieder, die als Ringelheimer Kreuz bekannt ist. Da es mit einer dicken und modellierten Kreideschicht überzogen war, blieben das Alter und der Wert der Arbeit verborgen. Sie wurde 1946 näher untersucht, als man das Kreuz zu einem besonderen Gottesdienst aus der Kirche nahm und ins Freie trug. Bei dieser Gelegenheit wurde klar, daß man die Übertünchung entfernen sollte. Und man entdeckte «ein auserlesenes Werk bernwardinischer Kunst». Mit einigen späteren Ergänzungen muß man sich dabei allerdings abfinden, denn weder das Haupthaar noch neun der Finger sind original.

In den Kopf des Kruzifixes ist auf der Rückseite ein kleines Loch eingebohrt. Darin liegen Reliquien und einige Steinchen vom Grabe Christi. Die Steinchen sind in einen Pergamentstreifen mit entsprechender Beschriftung eingewickelt. Auf der Rückseite des Streifens steht Bernwards Namenszug in üblicher Verkürzung: b + ep (Bernwardus episcopus).

Damals war die Kunst noch nicht um der Kunst willen da. Sie war Dienerin des Heiligen; zumindest erhöhten Reliquien den Wert eines Kunstwerkes, wie andererseits die Reliquien, die zum Ansehen kaum geeignet waren – oft sehr klein und unscheinbar – durch kunstvolle

Das Ringelheimer Kreuz ▷

Behälter gewannen. Auch das berühmte Gerokreuz im Kölner Dom trägt im Hinterhaupt eine Kreuzsplitterreliquie und sogar noch eine geweihte Hostie. Dieses Kölner Gerokreuz und das Ringelheimer Kreuz sind die frühesten Großplastiken eines Kruzifixus, die man kennt. Zwar dürfen entsprechende Werke in der karolingischen und sogar merowingischen Zeit, da in verschiedenen Schriften bezeugt, angenommen werden; sie haben sich aber nicht erhalten.

Wenn es sich bei dem Kölner Kreuz wirklich um die Stiftung des Erzbischofs Gero handelt, die in der Chronik des Thietmar von Merseburg erwähnt ist, dann ist diese Arbeit um 970 entstanden – kann also ungefähr dreißig Jahre früher als das Ringelheimer Kreuz angesetzt werden. Für dieses hat man folgende Überlegungen angestellt:

Bernwards jüngste Schwester Judith war in Ringelheim Äbtissin. Sie starb im März des Jahres 1000. Als Bernward im Frühjahr 1001 von seiner Romreise zurückkam, hatte er allerlei Reliquien mitgebracht; die Steinchen vom Grab Christi mögen dazu gehören. So mag das Kruzifix eine Stiftung Bernwards zu Ehren seiner verstorbenen Schwester sein.

Daß die Hände nicht mehr original sind, kann man sehr bedauern, wenn man zum Vergleich das kleine Silberkreuz (20,7 cm hoch) aus Bernwards Werkstatt betrachtet. Wie sprechend und ausdrucksvoll sind dort die leicht nach innen gebogenen Hände! Als setze Christus in seinem Opfertod zu einer Umarmung der Welt an, woran ihn äußerlich nur die Nägel hindern. Nicht nur Hingebung – *Liebe* liegt darin.

Der große Lindenholzkruzifixus von Ringelheim (Höhe 1,62 m) ist in seiner ganzen Haltung von anderer Art. Rein kunstgeschichtlich gesehen steht er noch auf einer Schwelle, die das Gerokreuz bereits überschritten hat. Alle vorher bekannten Kreuzigungsdarstellungen in Malerei oder Kleinrelief haben etwas von jener Art, die uns am deutlichsten an der Tür von Santa Sabina in Rom entgegentritt. Diese Reliefarbeit an der holzgeschnitzten Tür, die auf 431 angesetzt wird, ist überhaupt die früheste Kreuzigung, die wir kennen. Dort stehen Christus und die Schächer auf dem Boden, lediglich mit den Armen die Kreuzhaltung andeutend. Spätere Arbeiten zeigen dann das Kreuz, aber Christus hängt nicht daran, sondern steht daran oder davor, und von physischer Marter ist er nicht gezeichnet.

Bernwards Ringelheimer Christus hat noch viel von dieser geistigen

◁ *Ringelheimer Kreuz, Detail*

IHS NAZAREN
REX IUDEORV

Überlegenheit, welche die Leiden der Welt an sich wirken läßt, aber von ihnen nicht überwältigt wird. Es ist mehr die innere Haltung des Gekreuzigten dargestellt als seine äußere gequälte Erscheinung. Der Körper ist ruhig. Im Haupt faßt sich aller Ausdruck – aber in großer Beherrschtheit – zusammen. Es ist nicht der jugendliche Christus der Miniaturen, sondern ein Mann mit kurzem Kinnbart, zwischen dreißig und vierzig Jahre alt. Der geriefelte Bart ist original, die Haare werden dem einst entsprochen haben.

Denkt man sich Bernward dieses Antlitz schaffend, so mag man etwas von seinem eigenen Wesen dabei spüren. Wendung und Neigung des Hauptes lassen es nur wenig den oberen Kreuzbalken als Hintergrund verlassen. Das Haupt sinkt nicht auf die Schulter. Es hält sich wie nach innen lauschend und aus dem Zentrum dieses Eigenseins zugleich alle Schmerzen in Würde bewältigend. Es ist noch kein Verstorbener, vielmehr ein Christus in der unmittelbaren Grenzerfahrung zwischen Leben und Tod.

Das silberne Kruzifix

Das silberne Kruzifix dagegen zeigt mit geschlossenen Augenlidern und herabfallendem Kopf einen Körper, an dem der Tod nun sein Werk vollendet. Um so ergreifender die umfangende Geste der Hände, aus der das Leben noch nicht gewichen ist und die als Zeichen bleibt. Auf der Rückseite trägt es Bernwards Inschrift und ein Verzeichnis der auch in diesem kleinen Kreuz eingeschlossenen Reliquien. Im Schnittpunkt der Balken ist das Lamm mit Kreuznimbus eingraviert. Dieser kleine, aber hervorragende Silberguß, der noch lange inspirierend gewirkt hat, war teilweise vergoldet. «Trotz der kleinen Maße des Werkes wohnt der

◁ *Das silberne Kruzifix*

Gestalt des Gekreuzigten eine starke innere Monumentalität inne ... das Kreuz steht am Anfang der reichen Reihe gegossener romanischer Altarkruzifixe.»*

Golgatha an der Bernwardstür

Im Ausdruck *zwischen* beiden kann man den Kopf des Gekreuzigten an der bronzenen Bernwardstür empfinden (s. S. 143). Hier gibt die stilistische Einheit von Haupt- und Barthaar für den Ringelheimer Kruzifixus eine Vorstellungshilfe. Es handelt sich um eine ganze Kreuzigungsszene – ein Relief also, bei dem aber die Köpfe ins Vollplastische herausgehoben sind. Diese Szene sagt genau das, was man am Ausdruck des Antlitzes als zwischen dem noch Lebenden (Ringelheim) und dem Verstorbenen (Silberkreuz) stehend empfinden kann. Es wird nämlich sowohl das Heraufreichen des Schwammes dargestellt, was nur bei dem Lebenden einen Sinn hat, wie der Lanzenstich, der erst nach dem Tode erfolgte. Es werden also zwei Handlungen sinnbildlich zusammengezogen: der Schwamm steht für das Leiden, der Lanzenstich für seinen Tod.[18]

Bei dieser Kreuzigung an der Bernwardstür fällt die bewußte Trennung auf, die an beiden Händen zwischen drei und zwei Fingern gemacht wird.[19]

Wir, die wir die Fülle späterer Plastiken kennen, ermessen nicht, was für eine Wirkung solche neuen künstlerischen Schritte damals auf die Menschen gehabt haben. Man kann das Ringelheimer Kreuz in seiner schmerz-

* Backes/Dölling, Die Geburt Europas.

◁ *Silbernes Kruzifix, Detail*

losen Haltung noch von byzantinisch-antiker Tradition beeinflußt sehen, aber das ausdrucksmächtige Haupt, das alles still in sich verarbeitet, wird man ohne Vorbild finden. Alles, was ihm ähnelt, sind spätere Werke, die voll in der Romanik stehen. «Zwar bleibt der Kruzifixus an Geschlossenheit der Gestaltung und im anatomischen Detail hinter dem Gerokreuz zurück, doch übertrifft er dieses in der wuchtigen Gesamterscheinung und weist damit entschieden in die Richtung der kommenden Monumentalität romanischer Großkreuze.»*

Die Goldene Madonna

In der *Goldenen Madonna,* die für den Dom geschaffen wurde, wirken Holzplastik und Goldschmiedekunst zusammen. Die Sitzstatue der Maria mit dem Kind ist 56,5 cm hoch; sie wurde aus Lindenholz gearbeitet und dann mit einem Gewand aus feinem Goldmetall bekleidet, das – von den Ärmeln abgesehen – eng am Körper anliegt. Ausgesprochen weibliche Formen (Betonung der Brust) haben diese frühen Madonnen nicht, und das wird in der Romanik auch weitgehend so bleiben. Die Falten des Gewandes verlaufen zart; die ganze Gestalt wirkt lieblich und erhaben zugleich. Antlitze, Hände und Füße, die vom Metall freigelassen sind, wurden leider im Barock nach damaligem Geschmack erneuert und sind als Originale verloren. Man hat sie jetzt auf eine schöne und zurückhaltende Weise neu ergänzt.

Um das Jahr 1000 entstanden die ersten freiplastischen Madonnendarstellungen überhaupt. Die Erstlinge dieser Gattung sind die Goldene Madonna von Essen und die von Hildesheim. Später, um 1070, wird dann

* Kubach/Elbern, Das frühmittelalterliche Imperium.

Die Goldene Madonna ▷

in Paderborn die Imad-Madonna geschaffen werden, deren Goldüberzug nicht mehr vorhanden ist.

Wahrscheinlich ist die Essener Madonna die früheste. Man vermutet, daß sie von Äbtissin Mathilde in Auftrag gegeben wurde, die von 973–1011 wirkte. Bei dieser Statue tritt das Holz nirgendwo in Erscheinung, Mutter und Kind sind vollständig mit Gold überkleidet. Die eingelegten weit aufgerissenen Emailaugen wirken erschreckend. «Ein Mittelding zwischen Kultgegenstand und Skulptur erhebt sich vor uns, das in der Wirkung irgendwie einem ‹Götzenbild› gleicht. Dabei ist die Formung im einzelnen keineswegs starr.»*

Wie das bei Bernward gelöst war, wissen wir nicht. Da er aber das Antlitz in Holz beließ, wird diese idolhafte Starre vermieden worden sein. Wie auch immer, diese beiden Madonnen eröffnen den Gestaltenreigen kommender Madonnenplastiken, in ihnen «klingt eine erste Ahnung an die kommende romanische Großplastik an.»**

Das Kind der Essener Madonna liegt halb sitzend quer über dem Schoß der Mutter und ist von dem Betrachter im Profil zu sehen. Auch die Imad-Madonna hält ihr Kind – allerdings aufrecht sitzend – so auf dem Schoß, daß der Betrachter es von der Seite sieht. Bernward dagegen hat seiner Statue den gleichen Typus gegeben, den auch seine Madonna des Widmungsbildes zeigt – den alten Typus des in der Mitte des Schoßes sitzenden Kindes, dem die Mutter zum Thronsessel dient. Die Gruppe ist dem Betrachter frontal zugewandt. Vor dieser Statue haben im Mittelalter die Lehensträger und Ministerialen des Hildesheimer Bischofs ihren Treueid abgelegt.

Von dieser Plastik, die gleichzeitig zur Goldschmiedekunst gehört, gehen wir zu dem großen Gebiet der eigentlichen Goldschmiede- und Metallarbeiten Bernwards über, das sich von der winzigsten Feinarbeit bis zu einmaliger monumentaler Größe spannt: vom Goldfiligran auf dem Bernwardskreuz bis zur mächtigen Bronzetür. Zahllose Kelche, Leuchter und Patenenteller, die er für seine Kirchen herstellen ließ, sind bezeugt, aber nur weniges ist erhalten. Der große Radleuchter im Dom ist möglicherweise die später umgearbeitete und als Heziloleuchter bekannte Lichtkrone, welche ein Abbild der Himmelsstadt des Apokalyptikers darstellt. Den Silberkruzifixus haben wir schon besprochen.

* Willibald Sauerländer in: Skulptur des Mittelalters.
** Kubach/Elbern, Das frühmittelalterliche Imperium.

SCHAFFEN IN EDELMETALL UND EDELSTEINEN

Das Bernwardskreuz

Bernwards Leistung auf dem Gebiet der Goldschmiedekunst setzt mit dem *Großen Bernwardskreuz* ein, das ein kunstgeschichtlicher Begriff geworden ist.

Der Meinungen darüber sind viele und wie in allen solchen Fällen auch divergierende, vor allem darüber, ob das Kreuz in der heutigen Form noch ganz ursprünglich oder nur zum Teil ursprünglich ist. Die Rückseite mit ihren Gravuren sei jedenfalls nicht mehr original. «Ursprünglich waren auf der Rückseite auch einzelne Goldplatten angebracht, die aber durch das häufige Angreifen so abgeschliffen waren, daß an manchen Stellen das Holz hervortrat.» (Algermissen)

Das Kreuz (Höhe 48 cm) ist mehrmals repariert und restauriert und 1787 neu vergoldet worden. Damals war das Holz des Querarms durchgebrochen und mußte erneuert werden. Alle Steine wurden jedoch genauso wieder angebracht, wie sie gewesen waren, dennoch «ist der Schwund vieler Perlen und Steine mit ihren Fassungen zu beklagen, wie die noch vorhandenen Ösen beweisen». (Algermissen)

Unter Berücksichtigung dieser Einschränkungen wird man die Vorderseite als original betrachten können. Im Schnittpunkt der Kreuzarme liegen unter einem großen Bergkristall vier winzige Splitter kreuzförmig auf rotem Samt: die Partikel, die von Christi Leidensholz stammen sollen! Thangmar berichtet, wie Bernward an diesem «von Gold und Edelsteinen strahlenden Kreuz» beschäftigt war. «Nun versuchte er, aus drei Teilen dieses Holzes einen vierten herauszuschneiden, um die einzelnen Teile nach vier Richtungen zu verteilen.» Bernward wollte also den Kreuzsplitter selbst in Kreuzform legen. Es fehlte ihm dazu der vierte dieser winzigen Balken. Die drei Teile waren «so klein und zierlich, daß eine Teilung auf keine Weise möglich erschien». Während Bernward mit diesen Splitterchen in der Hand nachsann, lag plötzlich ein vierter Span in seiner Hand. «Wie man glauben muß, durch Engelhand herbeigetragen», schreibt Thangmar.

Unter den Kristallen an den Enden des Querbalkens lagen Reliquien von Heiligen auf gelber Seide. Sie waren zu Staub zerfallen, als man das Kreuz restaurierte. Durch den obersten Kristall sieht man auf ein darunter eingeschlossenes winziges Silberkreuz mit dem Heilandsleib daran: eine Miniaturgußarbeit aus Bernwards Werkstätten, die an einem Kettchen hängt.

Die vier ovalen Bergkristalle mit jeweils einem Verecks«umgang» wirken stark und geben dem Kreuz eine besondere Note. Perlenschnüre, welche die Quadrate eingefaßt haben, sind noch hinzuzudenken.

In den Proportionsverhältnissen, der Anzahl der Steine und ihrer Anordnung vermutet man vielerlei Symbolik. Es ist selbstverständlich, daß Bernward nicht irgendwie «Zierat» auf das Kreuz gehäuft hat, sondern die Steine im gestaltenden Schaffen aus eben dem geistigen Hintergrund sinnvoll setzte, der überall bei seinen Werken spürbar ist.

Die Tradition im Kloster St. Michael kennt nur dieses Kreuz als identisch mit demjenigen, von dem Thangmar berichtet. Die Wissenschaft, die nicht auf Tradition bauen will, sucht immer wieder neue Wege, um Beweise zu finden. Zu diesem Zweck hat man einige Kreuze wie das von Aachen, Essen und Minden mit dem Bernwardskreuz verglichen und glaubt dabei zu bemerken, daß einige Kleinigkeiten daran anders sind, als sie von beruflich-fachmännischer Goldschmiedehand ausgeführt worden wären; was auch auf Bernwards eigenhändige Herstellung weisen würde. Wichtiger noch scheint uns die künstlerische Aussage zu sein, wobei es nicht darauf ankommt, ob jedes Filigran selbst gelegt, jeder Handgriff bei der Arbeit von ihm selbst getan worden ist.

Diese genau proportionierten Vierecksfelder, dieses Zusammenspiel von Eckigem und Rundendem – man spürt schon hier die Hand, aus der die Würfelkapitelle hervorgehen werden, spürt den gestaltenden Geist, der sich zu architektonischer Meisterleistung erheben wird. Die sechs inneren

Das Große Bernwardskreuz ▷

Felder ergeben genau die Abwicklung des Würfels, haben also schon Bezug auf Kubus und Raumgestalt.

Vergleicht man mit zeitgenössischen Kreuzen, so fällt einem dieser gliedernde Griff noch stärker ins Auge. Am sogenannten Lotharkreuz (Aachen, Münsterschatz) sind die Kreuzarme mit Längsreihen von Steinen bedeckt. Ebenso sind beim sogenannten Reichskreuz Steine und Perlen zügig auf den Balken entlanggeführt. Beim Essener Mathildenkreuz mit Emailarbeiten ist die Steinsetzung ein wenig ornamental gestaltet durch jeweils vier dazwischengesetzte Perlen in Rhombenform. Nirgendwo ist diese Viereckgliederung, dieser genaue Proportionenschritt zu sehen, der einen hier schon daran denken lassen kann, wie in der Michaelskirche das Quadrat der Vierung zum Maß des ganzen Baues erhoben wird, und wie die Pfeiler des neuen Stützenwechsels diesen Quadrateschritt dreimal im Langschiff markieren. Außerdem wird Bernward über der Vierung nicht gleich die Apsisrundung ansetzen, sondern erst nochmals das Vierungsquadrat wiederholen. Die ausgeschiedene Vierung, die dann zum Maß aller Dinge in seiner Kirche wird, ist hier die Stelle, wo die Späne des Golgathakreuzes liegen.

So scheint die Hand des Meisters bereits hier wie in nuce Proportionsgeheimnisse abzutasten, und das Bernwardskreuz scheint nicht nur äußerlich der Keimpunkt von allem zu sein.

Für die Kreuzpartikel wurde das Kleinod geschaffen. Für dieses Kleinod wurde die Kreuzkapelle errichtet. Zum Dienst in dieser Kapelle gründete Bernward eine Klostergemeinschaft; für diese Klostergemeinschaft wurde die Michaelskirche erbaut. Wie ein Same, der aufgeht und den von Anfang bis Ende *eine* innere Strebenskraft durchzieht, wie ein Baum, der sich entfaltet, kann man den Weg vom Bernwardskreuz zur großen Michaelsburg, zum templum angelicum sehen.

Das Kreuz wurde einst als wahres Heiltum erlebt. Auf dem Altar der Kapelle stand es für alle sichtbar. Bei besonders feierlichen Prozessionen wurde es auf einer Stange, umgeben von brennenden Kerzen, vorausgetragen; es wurde aber auch zu Kranken gebracht, und viele Wunder und Heilungen sollen von ihm ausgegangen sein.

Die Idee eines solchen Reliquienkreuzes stammt nicht von Bernward. Neu ist, daß es in Niedersachsen entstehen konnte, welches an der christlichen Kunstschöpfung bis dahin noch kaum beteiligt war; und neu, wie bei allem, was Bernward anfaßte, jene Kraft, die wir als Ausdruck des jungen mitteleuropäischen Impulses bezeichnen können.[20]

In den vorchristlichen Mysterien des Nordens hütete man, wie von Rudolf Steiner dargestellt wird, speziell die Mysterien des Goldes und des Edelsteins. Diese Schätze, so war die alte Gesinnung, gehören dem Übersinnlichen an und sollen ihm allein dargebracht werden. Zieht man sie in irdisches Besitzenwollen herein, so bringen sie Unheil. In der Mythenbildung des Nibelungenliedes spricht sich diese Weisheit aus. Es ist der nicht richtige Umgang mit dem Nibelungenschatz, der alle Verhängnisse auslöst. Am Zauber des Goldes, der zum Fluch geworden ist, geht die Welt der Nibelungen zugrunde. «Was sagt das Nibelungenlied? Was enthält es für eine große Lehre? – Opfert das Gold den Toten! Laßt es im übersinnlichen Reich, denn im sinnlichen stiftet es Unheil. – Das war die Lehre, die dem Christentum vorangegangen ist in nordischen Ländern. Das hat man in Rom verstanden, als die große Synthesis stattfand zwischen dem, was römisch war im 9. Jahrhundert und dem nördlicher gelegenen Europäischen.»[21]

Das Papsttum stellte dem Impuls, der ihm aus den nordischen Völkern entgegenkam, den mahnenden Ruf entgegen: «Faßt das Gold in das, wofür das *Kreuz* das Zeichen ist!»

Bernwards Wirken kann geradezu als exemplarisch für diese Situation stehen. Er schuf sein erstes Juwel in Kreuzform für die Kreuzpartikel. Seine Gesinnung, sein Bewußtsein erweisen sich als vom Willen durchzogen, Gold und Edelstein der zur Tragik führenden Entwicklung zu entreißen und mit dem christlichen Impuls zu verbinden. Was er als Kunst in Hildesheim begründet hat, bezeichnet Rudolf Steiner als «urphänomenal bedeutsam. Aber es breitete sich aus».[22]

Daß man Bernward nach seinem Tode zum Schutzheiligen der Goldschmiede machte, erscheint jetzt als eine Geste von weitreichender Bedeutung.

Eine Ahnung von der religiösen Stimmung und tiefen Versenkung, in der Bernward an dem Kreuz gearbeitet hat, gibt uns die Überlieferung Thangmars: Wie der junge Bischof mit den Spänen von Christi Kreuz in der Hand in tiefem Sinnen sitzt, und wie dann plötzlich der vierte Span in seinem Handteller liegt.

Wie immer das Wunder zustandegekommen sein mag – vielleicht hat Bernward in der Gelöstheit tiefer Meditation einer der winzigen Späne doch noch zu teilen vermocht –, es macht uns diese Szene deutlich, wie sehr die Arbeit mit der Versenkung in das Golgathageschehen verbunden war. Die Stimmung, die um Bernward webt, löst in Thangmar die

Imagination aus, ein Engel habe Bernward diesen Span gebracht; und jahrhundertelang haben ernsthafte Menschen sich nicht gescheut, das Wunder in dieser Form zu malen.

Auch der Künstler des Altars von Nordstemmen bezieht sich noch im 16. Jahrhundert darauf. Sein Engel bringt hier gleich den ganzen vierten Balken des Kreuzes und macht damit deutlich, worum es sich handelt.

Reise in geheimer Sukzession

An dieser Stelle sei nun ein Blick auf die Reise geworfen, die Bernward im Jahre 1007 nach dem Flandernfeldzug, auf den er Kaiser Heinrich begleitet hatte – Bernward war als Bischof auch Reichsfürst –, nach Tours und St. Denis bei Paris unternahm. Ihren Grund kennt man nicht.

Daß es jenem Mönch oder Abt, der die Thangmar-Vita ergänzte oder weiterführte (sog. Pseudoeinschiebsel), nahelag, diese Reise als Bußfahrt Bernwards zu verstehen, ist begreiflich. Es soll auch gar nicht ausgeschlossen werden, daß Bernward mancherlei Gründe gehabt haben mag, gerade diese beiden Stätten aufzusuchen. Es ist schon mehrfach deutlich geworden, daß für Bernward die Schriften des Dionysios Areopagita sehr wichtig gewesen sind. In der Überlieferung gab es ursprünglich zwei Heilige mit dem Namen Dionys, die dann aber zu einer Gestalt verschmolzen sind. Der eine wurde durch die Rede des Paulus auf dem Areopag zu Athen zum Christentum bekehrt, und Schriften, die aus seiner Tradition stammen, haben vor allem durch ihre Hierarchienlehre stark auf das Mittelalter eingewirkt. Der andere war ein Märtyrer des 3. Jahrhunderts, der auch Bischof von Paris gewesen ist. Seit mindestens dem 7. Jahrhundert genossen das Grab und die Kirche St. Denis – als die

◁ *Altar von Nordstemmen. Bernward erhält den vierten Kreuzbalken* vermeintliche Stätte des Areopagiten – hohe Verehrung und die Kirche war die Bestattungskirche der fränkischen Könige.[23]

Der heilige Martin war der Schutzherr des Frankenreiches. Aus zahllosen späteren Darstellungen ist die Szene bekannt, wie Martin – noch als römischer Soldat – seinen Mantel teilt, um die Hälfte einem Bettler zu geben. Er wurde später Bischof von Tours und gründete ein Kloster. Martin starb 397. Sein Kloster wurde im 9. Jahrhundert weitberühmt und mochte für Bernward, der selbst Klostergründer war, in mancher Hinsicht als Vorbild gegolten haben.

Nun wenden wir unseren inneren Blick aber in eine ganz andere Richtung! Es ist eigentlich sehr merkwürdig, daß Bernward bei seiner Heiligsprechung zum Schutzpatron der Goldschmiede erkoren wurde – denn einen solchen gab es ja schon! Der heilige Eligius war schon zu Bernwards Zeiten, und blieb auch weiterhin der Heilige der Schmiede (besonders der Hufschmiede) und der Goldschmiede.[24]

Auf vielen Bildern ist Eligius als Goldschmied dargestellt, sehr viel häufiger als Bernward.

Die Wirksamkeit des Eligius fällt in die letzte Glanzzeit der Merowingerkönige. Mit ihnen war zum ersten Male ein germanisches Geschlecht zur führenden Macht im Abendlande geworden. Mit Chlodio trat es 430 in die Geschichte ein; unter Chlodwig I. (481–511) wurde das fränkische Reich mächtig. Nach dem Tode Dagoberts im Jahre 639 aber ging die Regentschaft mehr und mehr an die karolingischen Hausmeier über.

Eligius soll in Limoges geboren worden sein, dort lernte er wohl das Schmiedehandwerk und auch die Goldschmiedekunst. Er kam ins Frankenland, als Chlothar II. sich einen Thronsessel schaffen lassen wollte, aber mit den einheimischen Goldschmieden nicht zufrieden war. Des Eligius Entwurf begeisterte den König, und er erhielt den Auftrag. Nicht weniger fand der fertige Thron des Königs Beifall, aber Eligius hatte vom Gold und von den Edelsteinen noch so viel übrig behalten, daß er davon insgeheim einen zweiten Sessel schuf, den er gleichfalls dem König übergab. Chlothar sah daran, daß er nicht nur den besten, sondern auch den ehrlichsten Goldschmied gefunden hatte, der keine Unze Gold und keinen edlen Stein für sich behielt. Er gab Eligius nicht nur viele Aufträge, sondern erhob ihn auch zum Münzmeister und zu seinem eigenen Ratgeber. Eligius beschenkte die Armen, kaufte Gefangene frei, gründete Armenhäuser und wurde für sich selbst immer bescheidener.

Nach dem Tode Dagoberts im Jahre 639 wurde er zum Bischof von

Tours gewählt und wurde so einer der Nachfolger des heiligen Martin. Wohl in dieser Zeit verzierte er das Grab des Heiligen mit seiner vielgerühmten Goldschmiedekunst.

Ein anderer Höhepunkt seines Schaffens, noch unter Dagobert entstanden, war das Grab des St. Denis in Paris. Die Legende berichtet, König Dagobert sei auf der Jagd von einem Hirsch an diese Stelle geführt worden. Ein Traum veranlaßte ihn, dort zu graben. Man fand die Särge der Heiligen Dionys, Rustico und Eleutherio. Eligius fertigte für sie Sarkophage aus Gold und Silber an, und der König stiftete eine Kapelle für ihre Beisetzung. Das Mausoleum für Dionysios bekam ein marmornes Dach (das Ganze war vermutlich ein Ziborium), das von Eligius mit Gold und Edelsteinen geschmückt wurde. Außerdem wurde in St. Denis ein besonders großes, nämlich sechs Fuß hohes «Kreuz des heiligen Eligius» hinter dem Altar aufgestellt. Im Laufe der Jahrhunderte kamen noch andere vorzügliche Goldarbeiten als Schenkungen der Könige hinzu.

Bernward besuchte mit Tours und St. Denis gerade die beiden Orte, an denen die bedeutendsten Werke des Goldschmiedebischofs zu sehen waren!

Zwischen ihm und Eligius gibt es auffallende Parallelen: Eligius dient als Goldschmied und Ratgeber dem vorletzten und dem letzten Merowinger und wird dann Bischof – Bernward kommt an den Hof des vorletzten und letzten Ottonen und wird Bischof.

An Eligius tritt in hervorragender Weise zutage, daß er von jeder Habsucht frei dem *dunklen* Zauber des Goldes nicht verfällt. Bernward mag sich im stillen, ohne das nach außen zu wenden, in die Sukzession des Eligius gestellt haben. Bei seiner Heiligsprechung wird er dann auch äußerlich an dessen Seite gerückt.

Die «himmlische Stadt»

Im Mittelalter, sich steigernd etwa vom Jahre 1000 an, ergreift die künstlerische Verarbeitung des Goldes die Menschen in Europa wie ein großer Impuls. Unzählige Kostbarkeiten füllen noch heute die Schatzkammern von Kirchen und Klöstern. Alles an diesen Werken ging durch die menschliche Hand, und alle Schaffenden fühlten sich eingebettet in einen religiösen Hintergrund. Ihre Tätigkeit war Mitarbeit am Bau der «himmlischen Stadt». Wir nennen heute unsere Zeit vor der Jahrtausendwende nicht selten eine apokalyptische. Auf die Apokalypse sah man auch damals hin, aber in einem weit geistigeren Sinne. Wenn man will, so könnte man Johannes den Apokalyptiker als einen Schutzheiligen für die Kleinodienkünstler in Anspruch nehmen, denn er schildert das neue Jerusalem als aus Gold und Edelsteinen aufgebaut.

«Und ich sah einen neuen Himmel und eine neue Erde ... Und ich, Johannes, sah die heilige Stadt, das neue Jerusalem, von Gott aus dem Himmel herabfahren ... und ihr Licht war gleich dem alleredelsten Stein, einem hellen Jaspis. Und hatte große und hohe Mauern ... Und die Gründe der Mauern und der Stadt waren geschmückt mit allerlei Edelsteinen. Der erste Grund war ein Jaspis, der andere ein Saphir, der dritte ein Chalcedonier, der vierte ein Smaragd. Der fünfte ein Sardonich, der sechste ein Sardis, der siebente ein Chrysolith, der achte ein Beryll, der neunte ein Topasier, der zehnte ein Chrysopras, der elfte ein Hyacinth, der zwölfte ein Amethyst. Und die zwölf Tore waren zwölf Perlen, und ein jegliches Tor war von einer Perle, und die Gassen der Stadt waren lauter Gold ... der Herr, der allmächtige Gott ist ihr Tempel, und das Lamm. Und die Stadt bedarf keiner Sonne, noch des Mondes, daß sie ihr scheinen, denn die Herrlichkeit Gottes erleuchtet sie, und ihre Leuchte ist das Lamm.» (Offenbarung Johannis, 21. Kapitel).

Was Johannes hier schildert, ist Schauung. Der Ursprung dieses Bildes ist nicht in seiner Phantasie zu suchen, sondern, wie er mehrmals betont, dieses Bild der himmlischen Stadt kommt von Gott.

Im Mittelalter war es nicht ungewöhnlich, daß in begrenztem Sinne auch anderen Menschen ähnliche Schauungen zuteil wurden. Von vielen

Heiligen wird dies erzählt. Eine Schauung ist auch von Bischof Anno überliefert. Sie wird in jenem «Anno-Lied» berichtet, das nicht nur das Leben dieses Bischofs von Köln (1024–1075) und seine Verdienste darstellt, sondern in großen Zügen von der Schöpfung an die Weltgeschichte durcheilt. Sein Verfasser ist unbekannt; die Datierungsansätze schwanken zwischen 1080 und dem 12. Jahrhundert. Der Autor muß ein gelehrter Mann gewesen sein, der gleichwohl nicht in Lateinisch schrieb. Es ist die früheste große Dichtung in deutscher Sprache (mittelfränkischer Dialekt), in ihr tritt auch der Begriff «deutsch» als zusammenfassender Volks- und Raumbegriff zum ersten Male auf. In diesem Lied wird also von Anno erzählt:

> Des Nachts dann träumte er einmal,
> Daß er träte in einen fürstlichen Saal,
> Zu einem Gestühl gar wunderbar,
> Wie es des Himmels würdig war.
>
> Da schien es ihm in seinem Gesicht,
> Als wär alles mit Gold behangen dicht;
> Es leuchtet rings von Edelgestein,
>
> Gesang und Frohsinn belebte die Reih'n
> Der Bischöfe, die in großer Zahl,
> Wie die Sterne glänzend, saßen im Saal.
>
> Der eine von ihnen war Bardo geheißen.
> Sankt Heribert schien wie ein Goldschrein zu gleißen;
> manch andere Heilige saßen daneben,
> Sie hatten alle beseeltes Leben.
>
> Da stand auch ein Ehrenstuhl, der noch leer;
> Sankt Anno drob war erfreuet sehr,
> Denn zu seiner Ehre bestimmt er ihn sah:
> Nun preist er Gott, daß es so geschah.
>
> O, wie gern hätt er jetzt schon sich drauf gesetzt.
> Wie gern am Betasten des Stuhls sich ergötzt!
> Doch das wollten die Fürsten nicht gestatten,
> Da am Kleid einen Fleck bemerkt sie hatten.*

* Übersetzung und alle Zitate zum Anno-Lied entnommen «Monumenta Annonis», Katalog der Ausstellung Köln 1975.

Anno wird bedeutet, daß ihm Christus diese Schau gezeigt hat, damit er auf Erden den Flecken tilge. Anno kehrt ungern aus diesem Traum zur Erde zurück. Er versteht, was unter dem Flecken gemeint ist, und verzeiht den Kölnern, auf die er Ärger und Haß geworfen hatte. Durch schwere Krankheit und große Schmerzen wird er dann weiter gereinigt.

Die Ehrenstühle im Himmel sind in dieser Schau mit Gold behangen und mit Edelsteinen geschmückt. Köstlich klingt der Satz von den Edelsteinen in der alten Sprache: «Di viuli tiurin steini liuthin dar ubiral.» Die vielen teuren (kostbaren) Steine leuchteten da überall.

Anton Legner spricht von dem «schönen Vergleich von Gottes und des Goldschmieds Werk» im Anno-Lied, und Johannes Rathofer schreibt: «Wie Hiob wird er einem letzten Läuterungsprozeß durch den ‹Goldschmied› Gott unterworfen.» Auch der Schreiber der Godehard-Vita in Hildesheim hat, wie wir schon hörten, bei Bernwards Tod den Vergleich gebraucht, daß er durch sein letztes Leiden «wie Gold durch Feuer» geläutert worden war.

Man sieht an alldem, wie ein «alchemistisches» Gefühl die Menschen durchzieht, das in dem Wort «Läuterung» gipfelt. Wie edles Metall herausgeläutert werden muß aus dunkleren irdischen Stoffen, so die menschliche Seele, ihr ewiger Wert, aus den Schlacken der irdischen Natur.

Und so braucht man auch die «himmlische Stadt» nicht als ein Ziel in fernster Zukunft anzusehen, denn alle menschliche Läuterung, alles Emporheben gleichsam von der Unternatur zur Übernatur ist bereits ein Bauen an diesem neuen geistigen Wohnort der Menschheit, in welchen nur das hineingelangen kann, was wie reines Gold und Edelsteine seine Lichtverwandtschaft nicht verleugnet.

Auch für die Kaiserkrone der Ottonen hat die himmlische Stadt des Apokalyptikers offenbar als Vorbild gedient. Man fand den Schlüssel für ihren Zierat im 4. Kapitel der Offenbarung.

Mindestens so stark wie zur Apokalypse war die Bezogenheit der nordischen Stämme zum *Evangelium* des Johannes. Der Prolog scheint ihnen als das Gewaltigste und Zentralste des Neuen Testaments erschienen zu sein. Jahrhundertelang legten die deutschen Könige ihre Schwurfinger auf das erste Blatt des Johannesevangeliums, wenn sie den Königseid leisteten.[25]

Von Bernward ist überliefert, daß er für den Dom aus Gold und Silber eine riesige Lichterkrone arbeiten ließ, die als Gleichnis der Ewigen Stadt gestaltet war. Ihr Kranz war die Mauer mit zwölf Toren, zweiundsiebzig Kerzen (die 72 Jünger Christi) wurden aufgesteckt. Auch war der Mauerring in 24 mal 6 gleich 144 Palmettenfelder gegliedert, entsprechend dem Maß in der Apokalypse, das mit 144 Ellen angegeben wird.

Die Lichterkrone in St. Michael soll im ganzen bescheidener und aus Messing gewesen sein, doch ließ er in ihre Mitte ein großes braunrötliches Gefäß aus Porphyr hängen, das als einer der Krüge galt, worin der Heiland zu Kana Wasser in Wein verwandelt hatte.

Die Bernwardsleuchter

Die beiden Leuchter wurden – so vermutet man – zwischen 995 und 1000 für Bernwards erste Gründung, die Kreuzkapelle, zu kultischem Gebrauch gearbeitet. Auf den ersten Blick erscheinen sie gleich, bald aber findet man feine Unterschiede; das hat dazu geführt, daß man sie als einen «guten» und einen «bösen», einfacher als einen rechten und einen linken Leuchter bezeichnet. Wir betrachten zunächst den guten oder rechten Leuchter.

Die Leuchtersäule steigt von einem Dreifuß auf und trägt oben die mit feinem Blattmuster verzierte Lichtschale, in der sich der metallene Dorn befindet, der die Kerze halten soll. Von drei Knäufen teilt der mittlere den Stamm in eine obere und eine untere Hälfte.

Der Leuchterfuß ruht auf drei Tatzen, darüber breitet sich eine Zone ineinander geschlungener Ranken und Tierleiber aus. Auf drei geflügelten Tieren, deren Doppelköpfe ähnlich wie Widder- oder Schafsköpfe sind, sitzen drei nackte Männer: ein Jüngling, ein Mann mittleren Alters und ein bärtiger Greis.

Der ganze Leuchterstamm ist von Rankenwerk und Traubengehängen überzogen. Darin klettern in der unteren Hälfte zwei Jünglinge empor.

Über dem unteren Knauf umrunden zwei Löwen die Säule. Sie sind ins Gerank derart einbezogen, daß sie die Köpfe nach rückwärts wenden und mit geöffnetem Maul eine beerenreiche Traube aufnehmen, während sich dem einen dabei eine Ranke um den Hals schlingt.

Etwa in der Mitte der oberen Hälfte sitzen zwei Adler, beide in gleicher Höhe. Auch sie wenden die Köpfe zurück und fassen mit geöffneten Schnäbeln nach Trauben. Auch um ihren Hals legt sich dabei eine Rankenschlinge.

Die Knäufe sind insofern verschieden, als sich bei dem unteren aus dem Geranke klare schöne Kreuzformen bilden; der mittlere macht eher den Eindruck, als sei er von einer Art Runenmuster überzogen, während bei dem oberen Knauf drei Antlitze oder Masken aus großem Blattwerk heraustreten. Sie sind winzig, kaum die Ausmaße eines kleinen Fingernagels, und doch voller Ausdruckskraft. Die Schale über ihnen wird – jeweils versetzt zu den Köpfen – von drei salamanderartigen Tieren gehalten, die den Rand in ihren geöffneten Mäulern tragen.

Deutlich ist das Zusammenspiel von Zweiheit und Dreiheit. Doppelheit liegt schon darin, daß es ein Leuchter*paar* ist. Der Stamm gliedert sich in eine obere und eine untere Hälfte. Auch Fuß und Lichtschale kann man als Entsprechungen ansehen: wendet sich das Schalenartige nach unten, zur Erde hin, so hat es mit bestimmten Kräften und Gefahren zu tun und gestaltet sich anders, als wenn es sich nach oben als Lichtträger öffnet. Zwei Löwen, zwei Menschen und zwei Adler befinden sich im Gerank des Schaftes. Nur die Tiere laben sich an Trauben, in der Nähe der kletternden Menschen sieht man keine.

Als Dreiheit treten die drei Männer mit ihren Reittieren und dem sonstigen Tierhaften dieser Region auf, und oben die Salamander, die zwischen senkrechter und waagerechter Zone vermitteln. Die drei Knäufe gliedern als waagerechte Ringe den senkrechten Stamm.

Die einzige Eins ist der große metallene Dorn, der glänzend als ein schmaler Kegel aufsteigt und das Ganze bekrönt! Dort oben wird alles dann in eine ganz andere Region umschlagen: in die des Lichtes und der Wärme.

Nimmt man einen solchen Leuchter in die Hand (ich konnte es mit einem Originalabguß tun), so spürt man, wie wunderbar handgerecht er gearbeitet ist. Die vielfältige, aber weiche, abgerundete Formung des eng

◁ *Die Bernwardsleuchter*

Fuß des «bösen» Leuchters

am Stamm anliegenden Reliefs sensibilisiert die Handfläche und gibt ihr einen sicheren Griff. Der mittlere Knauf stützt und verhindert ein Abrutschen. Der obere Teil des Leuchterstammes verjüngt sich leicht und liegt nicht so gut in der Hand.

Die Männer am Leuchterfuß halten die Tiere, auf deren Rücken sie sitzen, am Genick. Von hinten her schlägt ein zweites Doppeltier dem

◁ *Fuß des «guten» Leuchters, Detail*

Manne seine Flügel seitlich unter die Beine, was ihm Halt gibt. Dabei faßt es, ähnlich wie eine Schlange, die sich in den Schwanz beißt, seine eigenen Tatzen mit den zwei Mäulern.

Die Reittiere selbst wenden ihre zwei Köpfe jeweils zur Seite und treffen sich mit dem Kopf des Nebentieres. Zwischen den Reitern verschlingen sich Ranken und Blätter und bilden so den Sockel. Am beschrifteten untersten Rand treibt dreimal ein Tierkopf mit breitgezogenem, geschlossenem Maul heraus.

Der Weg nach oben

Die tierische Welt der Sockelzone zeigt nicht den Charakter irdischer, sichtbarer Welt, sondern ist eher Gleichnis einer Innenwelt, die aber vom Menschen beherrscht wird und ihn trägt. Die drei nackten Männer sind nicht mit den Tieren verknäuelt noch werden sie gefressen oder sonstwie behelligt, wie man das bei romanischen Darstellungen bald so reichlich finden wird. Sie haben die Tiere unter sich und wenden die Häupter nach oben. Die Astralwelt der Begierden und ungezügelten «tierischen» Anwandlungen überwuchert den Menschen nicht.

Ist der Mensch durch die Zone der Löwen durchgegangen, so bewegt er sich nun frei, ohne den Anhang dunkler Kräfte, im ätherischen Bereiche der lebensbaumartigen Leuchterstämme aufwärts. Es steht ihm allerdings im mittleren Knauf mit seinen geheimnisvollen Runen ein Hindernis entgegen, von dem man nicht weiß, wie er es überwinden wird. Danach käme er in die Zone der Adler.

Nehmen wir an, daß mit dem Löwen die Mutkräfte in ihm mobilisiert worden sind – die Kräfte des Herzens also, wo der Mut seinen Sitz hat. Das geschah, nachdem ihm gelungen ist, die Welt unterer Triebe zumindest im Zaume zu halten. Über sich hat er in den Vögeln die Kräfte des Hauptes, die am freiesten von der Körperwelt sind. Wäre er dort angelangt, so stünde ihm jetzt das Abenteuer der Überwindung des dritten Knaufes mit seinen Antlitzen als weitere Stufe entgegen.

Er würde jetzt aus der natürlichen Dreigliederung seines Wesens hinausgeraten, sozusagen über seinen Kopf hinauswachsen und in eine neue Zone kommen, die man auch leibfrei nennen kann. Er hat es jetzt nicht mehr mit der Überwindung von Widerständen zu tun, die aus dem

Körperlichen aufsteigen, dafür offenbaren sich nun rein geistige Schwellenerlebnisse.

Vermag er da hindurch zu dringen und darüber hinaus lebendige Kräfte frei zu setzen, wie sie sich hier über den Köpfen als harmonisches Blattwerk an der Lichtschale zeigen, so wird er sich auf geheimnisvolle Weise an den Salamanderkräften emporranken können, um zu jener Eins zu gelangen, zu jener Spitze seiner Individualität, die sich bereits im Übersinnlichen befindet und die Egokräfte des niederen Ich überwunden hat. Dann und damit darf er Träger von Licht- und Wärmekräften werden, die zur Ehre der Gottheit aufflammen. So wie er am Sockel die Tierkräfte zum Tragen bändigen mußte, so muß er Salamanderkräfte zum Aufstieg nutzen. Was sind Salamander? Wesen, die im Feuer leben können, in der Läuterung, ohne zu sterben.

Reichenauer Lektionar, Initialenkletterer

Eine wenn auch sehr viel einfachere Parallele kann man in der Buchmalerei finden: ein Reichenauer Lektionar aus dem 10. Jahrhundert zeigt einen Jüngling, der an einer schönen Initiale, und zwar dem Buchstaben I, emporklettert, den Blick nach oben gerichtet. Aufstieg des Menschen zu sich selber, zu seiner wahren Individualität! (Die differenzierte Fülle der Aussagen über die Schwierigkeiten eines solchen Weges fehlt freilich hier.)

Die Unterschiede, die sich bei dem «bösen» Leuchter zeigen, sind im wesentlichen: Die Männer auf den Tieren am Leuchterfuß blicken nicht nach oben, sondern seitwärts. Sie sind nicht in drei Lebensalter gegliedert, sondern es sind zwei glatte Gesichter und einer mit einem langen, spitzen Bart. Am Knauf bilden sich keine Kreuzformen. Die löwenartigen Tiere nehmen hier keine Trauben, wohl aber oben die Adler. Die Köpfe, die aus dem oberen Knauf dringen, sind runder und gegenüber den ruhigen länglichen Antlitzen des «guten» Leuchters sehr verändert: mit geöffneten Mündern und eingebohrten Nasenlöchern wirken sie so erschrocken wie erschreckend, so furchtüberwältigt wie furchtausstrahlend. Die am Stamm Kletternden sind strebend nach oben gerichtet, während sie auf dem «bösen» zur Seite blicken. Einer scheint eine Axt zu erheben. Bedroht er den Weinstock?[26]

Was Löwe und Adler anbelangt, die hier – und in dieser Reihenfolge – auftreten, so könnte man noch etwas Weiteres hinzudenken. Wie erwähnt, teilte man nach einer gewissen Regel, an die sich auch Bernward bei seinem großen Evangeliar gehalten hat, dem Markus die Auferstehung und dem Johannes die Himmelfahrt zu: Christus wurde Mensch durch seine Geburt, Opferstier durch seinen Tod, *Löwe durch die Auferstehung, Adler durch die Himmelfahrt!* Sollte auch dies hier mitklingen, so sagte uns der Vorgang zum einen: Nur durch die Auferstehungskraft Christi gelingt ein solcher aufstrebender Weg, er muß in seiner Nachfolge gegangen werden – und zum anderen: der Weg zwischen Löwe und Adler ist ein leibfreier oder «nachtodlicher», er bewegt sich in der Sphäre, die nach dem Grabe kommt – er ist ein spiritueller, eben ein Einweihungsweg.

Ist man so weit gelangt, so kann man die Leuchter mit der Frage anblicken: Wird auch hier vorchristlich-nordisches Mysterienwesen in das Christentum übergeführt? Wird hier gesagt: Was im Heidnischen erlöschen muß, kann nur durch das Christentum neu angezündet werden?

Damit würde die Doppelheit der Leuchter und ebenso ihre weitgehende Übereinstimmung verständlich, denn das Streben nach höherer Erkenntnis gab es zu allen Zeiten, und seine erste Voraussetzung ist immer die gleiche: Bezähmung der niederen Triebe, Reinigung des Astralischen, ehe man in die Zweige des Lebensbaumes aufsteigen darf. Der eine Weg setzt hier mit dem Zeichen des Kreuzes an, das auf dem unteren Knauf erscheint, der andere Weg hat dieses Vorzeichen nicht, und die Männer blicken weg. Auch aus den heidnischen Mysterien heraus hat man sich gemüht, aber die zur Seite blickenden Männer geben den Eindruck: das wird in Zukunft vergeblich sein. So aufgefaßt rücken die Leuchter in die Nähe des Kreuzabnahmereliefs an den Externsteinen.[27]

Bisher versuchte Deutungen sind sehr unsicher und vage. Man ist sich bewußt, daß sie spekulativen Charakter haben – das heißt, man versucht sich zu denken, was sich Bernward gedacht haben kann, aber seine Ausgangspunkte bleiben einem dabei doch völlig ungewiß.

«Die Deutung der Leuchter ist in manchen Grundzügen nicht schwer, sie wird aber schwer, sobald man beginnt, über eine gewisse Grundidee hinauszuschreiten», schreibt Algermissen. Er geht einmal mit kirchlich-biblischen Gedankengängen heran, zum anderen mit solchen aus der germanischen Mythologie. Ein überzeugender Zusammenhang ergibt sich in beiden Fällen nicht. Dabei ist ihm aber klar, daß Wesenberg recht hat, wenn er schreibt: «Das Ineinanderverwobensein und Aufeinanderbezogensein aller Darstellungen in formaler wie geistiger Hinsicht ist einer der charakteristischen Züge der bernwardinischen Kunst überhaupt. Die Darstellungen an den beiden Leuchtern stehen ohne Zweifel – wie die beiden Türen im Dom – in These und Antithese zueinander. Sie unterscheiden sich darin von fast allen anderen Leuchtern, bei denen Löwen, Drachen, Fabeltiere und ähnliches lediglich der Befriedigung eines Schmuckbedürfnisses dienen.» Elbern stellt fest: «Eine überzeugende sinnbildliche Deutung der Leuchterzierate, die über eine allgemeine Lichtsymbolik hinausginge, ist bisher nicht gefunden.»*

Wenn der Leuchterfuß mit seinen «Drachen», der seiner ganzen Art nach so gar nicht römisch oder byzantinisch ist, da und dort Veranlassung gab, an germanische Göttervorstellungen anzuschließen, so bleibt das alles doch im Abstrakten, solange man den Begriff vorchristlicher Mysterien nicht mit Leben erfüllen kann. Erst dann wird einem der Sinn eines solchen «Aufstieges» konkret erfaßbar, und man mag fühlen, daß Bernward nicht nur äußerlich mit der Grenze lebte, hinter der sich rebellische Heidenvölker immer wieder regten, sondern daß es ihm darum ging, auch den noch heidnischen Geistesschülern die Christuswirksamkeit zu erschließen.

Wesenberg merkt den Leuchtern These und Antithese an und setzt das in Vergleich zu den Türen, über die noch zu sprechen sein wird. Die Türen zeigen einmal die Menschenerschaffung bis zum Brudermord nach dem Alten Testament, und in der anderen Hälfte die Neuerschaffung des Menschen durch die Heilsereignisse von der Verkündigung bis zur Auferstehung. Antithese also insofern, als man einmal in die Welt vorchristlich-jüdischer Mythologie eintaucht, die einen Abstieg darstellt, und einmal vom Aufstieg durch das Heilsgeschehen erfährt.

Dementsprechend wäre bei den Leuchtern als Antithese nicht die jüdische, sondern die germanische vorchristliche Geisteswelt neben die christliche gesetzt, was ebenfalls einem Abstieg und einem Aufstieg entspricht. Entnimmt man allerdings der Mythologie nur so allgemein Gedanken von Weltesche, Drachen, Donar usw., dann ergibt sich daraus keine Erklärung für die Doppelheit mit ihrer andererseits so großen Gleichartigkeit der Aufstiegswege. Nur wenn man bedenkt, daß das Streben zu höheren Welten als geregelter Schulungsweg in allen großen Kulturen bekannt war und die grundsätzlichen Kriterien sich dabei immer gleich bleiben, kann man die Sprache der Leuchter etwa so verstehen:

* «Dom und Domschatz in Hildesheim», Langewiesche, Königstein.

Die Zeit der vorchristlichen Einweihungspraktiken ist vorüber. Sie führen zu keinem Erfolg mehr. Jene heidnischen Seelen, denen Mysterienschulung bekannt und heilig ist, mögen erfahren, daß gerade die höhere Geistesschulung jetzt das Aufstreben zum Christuslicht nötig macht. Ihr eigenes höheres Ich muß sich entzünden am Christusimpuls, dort darf es aufleuchten wie die Kerze beim Altargeschehen.

These und Antithese liegen hier darin, daß bei dem einen Leuchter der Weg unter dem Vorzeichen des Kreuzes aufgenommen wird, während man bei dem anderen Leuchter noch glaubt, ohne den christlichen Weinstock und den Aufblick zum Christuslicht auszukommen.

Daß der linke Leuchter – auch das hat man bemerkt – aber keine Verdammung ausdrückt, stimmt mit diesen Gedanken überein. Die Feinfühligkeit des großen Geisteskenners möchte seine Brüder auf den rechten Weg weisen, aber mit Geduld und ohne Drohung. Er kann darauf vertrauen, daß die wahren Geistsucher selbst die Götterdämmerung ihrer alten Welt werden erkennen müssen.

Es ist nicht anzunehmen, daß Bernward eine l'art pour l'art-Kunst betrieben und Werke geschaffen hat, die zu den Problemen seiner Gegenwart, seinem bischöflichen Wirken und ihrer Aufgabe im Kult keine Beziehung hatten. Daß er dabei in Bereiche der Esoterik vorstößt, läßt beinahe jedes seiner Werke empfinden.

Es ist auch nicht anzunehmen, daß Bernward mit solchen – sagen wir «Gedankengängen» allein stand; was nicht heißt, daß seine Größe und Tiefe ihn nicht dennoch zu einem Einsamen gemacht haben wird. Der Abt Goderamnus, den er selbst seiner Klostergemeinschaft vorgesetzt hat, der sein Helfer in der Bauführung der Michaelskirche wird, von dem er sich kurz vor seinem Tode als Mönch aufnehmen läßt, um auf diese Weise in St. Michael bestattet zu werden, und dem er schließlich sein Geheimbuch vererbt, mag ihm bis zu einem gewissen Grade ein Gefährte oder Schüler gewesen sein.

Geheimnisvolle Inschrift

Aber in noch anderer Beziehung ist Bernwards Leuchterschöpfung erstaunlich und rätselvoll. Nicht nur die geistige Konzeption und der künstlerische Entwurf ist als Besonderheit zu werten, sondern auch das

Vorhaben selbst, ein so schwieriges Modell in der Gußtechnik überhaupt zu bewältigen. Es lag Bernward offenbar daran, hier die Grenzen des Möglichen immer weiter hinauszuschieben.

Die Leuchter sind, trotz ihres komplizierten Formenspiels mit all seinen Unterschneidungen, aus einem Stück gegossen! Noch im 19. Jahrhundert, als ein Goldschmied einen Nachguß versuchte, «war ihm das nicht anders möglich, als daß er jeden Leuchter in fünf Teile zersägte und die Teile wieder zusammenfügte. Auch spätere Nachgüsse sind mit den technisch vollendeten Originalen Bernwards kaum zu vergleichen». (Algermissen)

Die Höhe und das Gewicht variieren leicht. Der «gute» oder auch rechte Leuchter ist 42 cm hoch, der andere nur 41 cm. Die Leuchter sind schwer, da sie eben nicht über einem Holzkern hergestellt wurden, wie das damals üblich war, sondern Vollguß sind. Der rechte ist, obgleich ein wenig höher, doch leichter mit 1575 Gramm; der linke dagegen wiegt 1625 Gramm.

Es gibt aber noch ein drittes Moment, das hier eine Rolle spielt – das ist die verwendete Metallmasse selbst, ihre Substanz oder Legierung. Auf allen drei Gebieten ist von Bernward offenbar Fortschrittliches erreicht worden. Das zeigt, daß er nicht nur ein «Schöngeist» war, der einen guten Entwurf möglichst glücklich durchgeführt sehen wollte, sondern daß er durch und durch ein Metallgießer war, für den Material, Technik, künstlerischer Ausdruck und geistiger Gehalt ein Ganzes bildeten.

An beiden Lichttellern beginnt eine Inschrift, die sich am Fuß oberhalb der Löwentatzen fortsetzt:

> «Bernwardus Presul Candelabrum Hoc Puerum Suum Primo
> Huius Artis Flore
> Non Auro Non Argento Et Tamen Ut Cernis Conflare
> Jubebat.»
> «Bischof Bernward hat diesen Leuchter durch seinen Gehilfen
> in der ersten Blüte dieser Kunst herstellen lassen,
> nicht aus Gold, nicht aus Silber, und doch so, wie du ihn hier
> siehst.»

Diese Inschrift gibt nun seit fast 1000 Jahren Rätsel auf. Als Legierung hat man herausgefunden: 97,23% Silber, dazu 2,77% Kupfer und Eisen, um die nötige Härte zu erzeugen. Darüber lag ein starker Goldüberzug, so daß die Leuchter wie aus Gold hergestellt erschienen. «Nicht aus Gold, nicht aus Silber» weiß man sich daher nicht zu deuten. Die Vermutungen gehen jedenfalls alle dahin, daß Bernward hier auch technisch etwas erfunden hat, was es bis dahin nicht gab. Die Gußtechnik als solche kann es nicht sein, sie war schon bekannt. Vielleicht ist damals eine Vergoldung über einer Silberlegierung noch nicht möglich gewesen, auch mag für solch komplizierte Gußarbeiten, jedenfalls im Norden, eine «erste Blüte» zu konstatieren gewesen sein. Völlig löst sich damit sein rätselhaftes Wort noch nicht. So ist auch schon der Gedanke aufgetaucht, es könne Bernward bei seinen alchemistischen Studien gelungen sein, ein Metall in ein höheres zu verwandeln.[28]

Es stehen sich hier zwei Fakten gegenüber, die absolut unvereinbar scheinen. Der Betrachter, ja selbst der genau Untersuchende, nimmt wahr, daß der Leuchter aus Silber besteht (die wenigen Prozent Härtezusätze sind üblich und fallen nicht ins Gewicht) und daß er vollständig mit Gold überzogen ist (von dem sich Reste noch heute in den Vertiefungen befinden).

Bernward aber, von dem der Entwurf, vielleicht auch das Modell stammt und der den Guß durch einen hochqualifizierten Gehilfen ausführen läßt, graviert in eben diesen vergoldeten Silberleuchter ein: «Das ist nicht aus Gold und nicht aus Silber.» Die Fortsetzung des Satzes: «und doch so, wie du es hier siehst», zeigt, daß er genau weiß, daß derjenige, der den Leuchter in der Hand hat, das Metall für Gold und Silber halten muß.

Da bleiben eigentlich nur zwei Möglichkeiten – entweder ist Bernward ein Scharlatan, der sich wichtig machen will (was anzunehmen noch niemandem eingefallen ist), oder dieses Metall ist tatsächlich nicht Gold und Silber gewesen, als Bernward es zur Hand nahm. Das würde heißen, daß er auf den Grund jener Möglichkeiten gestoßen wäre, die man dem rund siebenhundert Jahre später geborenen Grafen St. Germain so vielfältig nachgesagt hat – die Kunst der Materieverwandlung. Nach mancherlei Überlieferungen konnte St. Germain ein weniger edles Metall in pures Gold und weniger edle Steine in hochkarätige Edelsteine umwandeln.

Rudolf Steiner betont in bezug auf St. Germain, daß der richtige (es sind unter seinem Namen allerlei Scharlatane aufgetreten) kein Scharlatan war, sondern der Hüter des Geheimnisses vom Ehernen Meer und des großen Meisterwortes auf dem goldenen Dreieck (worüber noch zu sprechen ist).

Wer maßgeblich auf jener Linie liegt, die seit Hieram die Metallverwandlung zur Aufgabe hat, der mochte auf dem Wege der sogenannten Alchemie zu solchen Gesetzen durchgestoßen sein. Jedenfalls legt Bernwards geheimnisvolle Inschrift, die er mit den Leuchtern und ihrem Metall selbst verband, solche Gedanken nahe.

«. . . wenn man auf die Menschen des damaligen Zeitalters blickt [gemeint ist hier das 13., 14. und 15. Jahrhundert und früher], die sich mit Wissenschaft beschäftigen: Wissenschaft von der Natur war im besten Sinne des Wortes Alchemie. Was heute ein Naturforscher ist, war damals ein Alchemist. Man muß nur allen Aberglauben und Schwindel besonders von dem Worte Alchemie fernhalten, um zu dem innerlichen, rein geistigen Sinn des Wesens der Alchemie zu kommen. Diese Menschen waren sich darüber klar – worauf schon ein späteres Zeitalter wieder kommen wird, heute sind diese Dinge nur sehr verborgen –, daß die äußere Erscheinungsform zum Beispiel eines Metalles nicht ein so festes Gefüge ist, als daß sie nicht in ein anderes übergehen könnte. Nur sahen sie den Übergang als geistgetragen an, als Wirkung des Geistes in die Natur hinein. Sie waren imstande, jene alchemistischen Vorgänge zu veranlassen, die einen heutigen Naturforscher in großes Erstaunen versetzen würden, wenn man sie ihm wieder vor Augen führen könnte. Aber diese Vorgänge waren veranlaßt durch das Handhaben geistiger Kräfte. Daß im materiellen Dasein wirklich geistige Kräfte walten, war auch etwas, was mit dem Wissen dieser früheren Zeit zusammenhing.*

Nach dem Tode Bernwards waren die Leuchter verschwunden. Als er nach 172 Jahren heilig gesprochen wurde und man seinen Sarg öffnete, um Gebeine als Reliquien zu entnehmen, sah man zum größten Erstaunen, daß links und rechts neben der Gestalt des toten Bischofs diese Leuchter lagen.

Hatte Abt Goderamnus – der für die Bestattung doch wohl zuständig war, nachdem Bernward kurz vor seinem Tode vor ihm das Mönchsgelübde abgelegt hatte – diese Leuchter in bestimmter Absicht von der Oberfläche verschwinden lassen? Hatte er damit gerechnet, daß nach mehr als hundert Jahren Bernward heilig gesprochen werden würde, und wollte er dann in diesen Leuchtern ein Zeichen mitgeben?

Oder hatte Bernward selbst gewünscht, daß so verfahren werde, nachdem er vielleicht gesehen hat, daß die Zeit nicht reif war und noch immer unverständiger werden würde?

Nachdem die Leuchter 1194 wieder ans Tageslicht gekommen waren,

* R. Steiner «Das Karma des Materialismus», Vortrag 18. Sept. 1917, GA 176.

haben sie mancherlei Schicksale erfahren. Zunächst nahm man sie wieder in kultischen Gebrauch. Während und nach der Reformation waren sie, wie so viele andere metallene Kultgegenstände, in Gefahr, zertrümmert und eingeschmolzen zu werden.

Das Schicksal spielte anders. Und dabei hat die geheimnisvolle Inschrift mitgeholfen. In der unruhigen Zeit der Reformation wurde Herzog Ernst von Bayern (geb. 17.12. 1554) sehr jung mit hohen kirchlichen Würden bedacht. Er wurde auch zum Bischof von Hildesheim gewählt, zog aber bald nach Lüttich und von da nach Köln, welche Bistümer ihn ebenfalls gewählt hatten. In der kurzen Zeit seines Aufenthaltes in Hildesheim erregten vor allem die Leuchter sein Interesse. Er erbat sie von Abt und Konvent St. Michael, um sie in Lüttich nach ihrer Metallzusammensetzung untersuchen zu lassen. (In Lüttich war, wie später noch zu besprechen ist, schon zu Bernwards Zeit eine Gußhütte gegründet worden, mit welcher Bernward in Kontakt stand.)

Als Herzog Ernst die fürstbischöfliche Residenz in Köln bezog, nahm er die Leuchter auch dorthin mit. Die Äbte von Hildesheim baten in Köln mehrfach um deren Rückgabe. «Aber man ließ von dort aus erst den Dreißigjährigen Krieg zu Ende gehen – und zwar mit Recht –, ehe im Jahre 1652 die Leuchter von Köln zurückgegeben wurden. Daß in den 71 Jahren, in denen die Bernwardleuchter in Lüttich und Köln festgehalten wurden, ihre rätselhafte Inschrift geklärt wurde, ist nicht bekannt.» (Algermissen)

DER GROSSE ERZGUSS

Die Bernwardstür

Eine Steigerung ohnegleichen, zunächst einmal nur von der technischen Idee und ihrer Durchführung her gesehen, ist dann die große Bronzetür, bekannt geworden unter dem Namen «Bernwardstür».

Bronzetüren, die Bernward gesehen haben kann, gab es damals in Aachen und Mainz. Nur ist an ihnen nicht viel zu sehen, weil sie ohne Schmuck sind, außer (in Aachen) zwei antiken Löwenköpfen, welche die Griffringe halten.

Bernward plante und führte durch zwei mächtige Türflügel, von oben bis unten mit Reliefszenen bedeckt, wobei das Relief teilweise in Vollplastik übergeht, weil er die Köpfe der Figuren und zum Teil auch die Oberkörper aus der Fläche herausbiegt.

Bernward hatte gerade im Metallguß – naiv ausgedrückt – eine ungeheure Probierlust. Es wäre doch gar nicht nötig gewesen, die Figuren von der Grundfläche derart abzuheben, daß sie teilweise vollplastisch sind! Von jeder klassischen Tradition entfernt er sich dabei meilenweit und schafft einen Zwischenstil. Lebendigkeit und Ausdruckskraft wird dadurch aber gesteigert, und die epischfließende Erzählung des flächengebundenen Reliefs wird dramatisch aufgeladen.

War das Unterfangen, christlichen Inhalt in Metallguß einzuprägen, an sich schon neu, so geriet Bernwards Vorhaben zu einem Werk ohne Parallele dadurch, daß er jeden Flügel an einem Stück gießen ließ! Was schon bei den Leuchtern schwierig gewesen sein muß, nimmt er sich nun für eine Tür vor, bei der jeder Flügel 4,72 m hoch und 1,20 m breit ist (heute sind die Flügel nur noch 1,12 m breit) und 40 Zentner wiegt.

Die Feinarbeit der Figurenfülle und dabei die Bewältigung solchen Gewichts wird viele Einzelerfindungen nötig gemacht haben, um überhaupt hantieren zu können. Gewiß muß Bernward sich eine hoch leistungsfähige Gußwerkstatt aufgebaut haben, aber auch die besten Gießer hatten dergleichen noch nie gemacht! Bernward befeuerte sie, spornte sie an und wußte jedes Hindernis zu überwinden.

Wie groß das Unternehmen war, läßt sich allein schon daran erkennen, daß seine Idee zwar reiche Nachfolge gefunden hat – lang ist die Kette herrlicher Metalltüren, die diesem «Ahnenpaar» folgt –, aber niemals mehr hat jemand es unternommen, eine Relieftür in einem Guß herzustellen. Man goß die Szenen als einzelne Platten und nagelte sie auf eine Holztür auf.

Bernward dagegen suchte die monumentale Einheit von Idee, künstlerischer Formung und Werkstoff. Das war für seine Nachfolger zu hoch gegriffen. Hier haben wir eines jener Beispiele, wo das Große am Anfange steht und nicht am Ende! Solche inaugurierenden Anfänge tragen das Ziel stärker und reiner in sich, als alle Einzelausarbeitungen, welche die Idee dann auffächern und entfalten werden, es je können. Und hiermit haben wir ein Wort gewonnen, das auf Bernward wie auf wenige paßt – er ist Inaugurator! Er gehört in jene kleine Gemeinschaft von Menschengeistern, die, über die Jahrhunderte verstreut, Neues aus dem Unsichtbaren holen und es als Anstoß und Aufgabe für Gegenwart und Zukunft setzen.

Einer seiner Nachfolger, vermutlich Bischof Godehard, der ihm unmittelbar folgte, ließ quer über die Tür auf der etwas verbreiterten Mittelleiste, welche die oberen vier Bilder von den unteren vier trennt, eine Inschrift eingraben:

«Anno Dominice Incarnationis MXV Bernwardus Episcopus Dive Memorie Has Valvas Fusiles In Faciem Angelici Templi Ob Monumentum Sui Fecit Suspendi.» Das wird übersetzt:

«Im Jahre des Herrn 1015 ließ Bischof Bernward, seligen Angedenkens, diese gegossenen Türflügel an der Fassade des Engelstempels zu seinem Gedächtnis aufhängen.»

Diese Inschrift hat die Forschung mehr verwirrt als gefördert. Er ließ sie «aufhängen»? Daraus folgerte man, die Flügel seien – und zwar gar nicht nebeneinander, sondern an verschiedenen Stellen der Michaelskirche – außen aufgehängt worden. Der gesunde Menschenverstand anderer Kunstbetrachter folgte dem nur zögernd, weil ja eindeutig zu sehen ist, daß die Flügel eng aufeinander bezogen und als ein Ganzes komponiert worden sind. Auch ist Aufhängen für eine Tür nicht gerade üblich. Außerdem, und das ist inzwischen klar geworden, gab es zu dieser Zeit noch gar keine Michaelskirche, an welcher die Flügel hätten aufgehängt werden können. Im Jahre 1015 weihte Bernward die fertige Krypta ein, und erst im Jahre seines Todes 1022 den ganzen Bau, der zu dieser Zeit aber auch noch nicht völlig fertig war.

Bleibt die Frage, ob «in faciem» – also eigentlich im Angesichte oder, wie man denkt, «an der Fassade» – gemeint sein könnte als Eingang dieser Krypta im Westen.

Nach neueren Ermittlungen hat die Krypta aber keinen Eingang gehabt, und schon gar nicht läßt sich ein so großer und hoher Eingang nach dem ganzen Baubefund denken.

Wenn man hier nicht weiterkommt, drängt sich eine andere Frage auf: Welcher Bau ist der «Engelstempel»? «In Faciem Angelici Templi» – ist es wirklich die Michaelskirche, die eher auch Michaelsburg genannt worden ist, oder ist es der Dom? Der damalige Dom besaß ein Westwerk, jenen hochgezogenen, breiten Bauteil (meistens von zwei Treppentürmen flankiert), der eine Eingangshalle zu ebener Erde und darüber Räume aufnahm, die sich zum Kircheninnern logenartig öffneten. Dort saßen hochgestellte Personen; man nimmt an, daß das Westwerk als eine Art Kaiserloge entstanden ist. Der früheste uns dieserart bekannte Bau ist die Klosterkirche von Corvey (822); gerade in der ottonischen Zeit, aber auch in der anschließenden Romanik sind viele Kirchen mit Westwerken gebaut worden, auch die Stiftskirche Gandersheim zeigt noch heute ein eindrucksvolles Westwerk.

In diesen Westwerken war es üblich, den obersten, über den «Logen» gelegenen Raum als Kapelle für Michael anzulegen.

Nach der fast völligen Zerstörung, welche 1945 noch kurz vor Ende des Krieges den Dom heimgesucht hat, nutzte man die Gelegenheit, um vor dem Neuaufbau bzw. der Restaurierung Grabungen durchzuführen. Dabei wurde «ein Zentralwestwerk mit einer Durchgangskrypta über vier Stützen auf quadratischer Grundfläche gesichert. Zwischen den Treppenzylindern der Westtürme konnte wie in Corvey ein risalitartig vorspringender Thronerker nachgewiesen werden ... Unter diesem Erker war der gegebene Ort für die Prunktür. Das Obergeschoß des Westturmes war dem hl. Erzengel Michael und allen Engeln geweiht und hieß allgemein Engelchor ... Daß diese Kapellen im Obergeschoß der Westwerke als liturgische und architektonische Selbständigkeit anzusehen waren und sowohl mit ecclesia als auch mit templum bezeichnet wurden, ist quellenmäßig zu belegen.» *

Algermissen ist dieser Meinung nicht. Für ihn kann «Engelstempel» nur auf St. Michael bezogen sein, und er führt an, daß Wolfher, der zeitgenössische Schreiber der Vita von Bischof Godehard, sagt: «Godehard legte unseren Dom in seinem Westwerk, der dort durch eine Kryptenanlage verdunkelt war, frei und stellte dort die von Bernward gegossenen Türflügel aufs schönste zusammen.» (Das bezieht sich also auf die Zeit nach Bernward.)

Die Frage nach dem Platz, für den Bernward diese Tür in fast achtjähriger Arbeit hergestellt hat, ist nicht mit Sicherheit zu beantworten. Nur eines kann man dem ganzen Charakter der Arbeit nach sagen: Es sind echte Türflügel, und sie gehören zusammen! Es ist ganz ausgeschlossen, daß diese zentnerschweren Gebilde hergestellt wurden, um dann an einer Mauer «aufgehängt» zu werden, daß sie also zum Schein wie Türen gearbeitet wären, aber als Bildwände gemeint sein sollten. Dann hätte man sich Löwenköpfe mit Türringen und die angegossenen Zapfen zum Einhängen sparen können.

Denkbar wäre lediglich, daß Bernward die Türen, die ja früher fertig waren als der Bau von St. Michael, nun nicht in der Werkstatt herumstehen lassen wollte, sondern sie provisorisch irgendwo anbringen ließ, wo sie für die Gläubigen bereits sichtbar sein konnten.

Sollten sie hingegen für den Dom gedacht gewesen sein, so ist das Programm, das Bernward entwarf, um es den Blicken der unzähligen Besucher des Domes gleich beim Eintritt vor Augen zu führen, um so kühner und bedeutungsvoller.

Im Jahre 1015 feierte die Diözese Hildesheim ihr zweihundertjähriges Bestehen. Daß Bernward die Tür, nachdem sie nun fertig war, gerade zu diesem festlichen Zeitpunkt sichtbar gemacht hat, liegt nahe. Wie gesagt, St. Michael war noch im Bau. Möglicherweise war aber die Südwand, die sich dem Besucher, der den Hügel erklimmt, sozusagen als «Fassade» präsentiert, doch soweit gediehen, daß man die Türen dort «aufhängen» konnte.

Die Inschrift sagt allerdings nicht, Bernward habe die Tür zur Diözesanfeier aufgehängt, sondern er habe es «zu seinem Gedächtnis» getan. Eine

* So Gisela Nowak 1981 in der Zeitschrift «Die Diözese Hildesheim in Vergangenheit und Gegenwart».

sehr merkwürdige Aussage, welche unter Umständen der ganzen Inschrift etwas von ihrer Glaubwürdigkeit nimmt. Ein lebender, tätiger Bischof, der gerade eine große Kirche baut und sonst schon vieles geschaffen hat, das zu seinem Gedächtnis sprechen könnte, soll an der Kirche, die im ganzen und in den Details sein Werk ist, noch ausgerechnet diese Tür «zu seinem Gedächtnis» aufhängen?

Über die Bernwardstüren ist viel Schönes geschrieben worden. Die in der Darstellung liegenden Rätsel werden aber erst neuerdings auf eine Weise angegangen, die es wagt, dem großen Bischof «anzulasten», daß er sich offenbar in apokryphen Schriften besser ausgekannt hat – und ganz offen darauf Bezug nahm –, als der römischen Kirche lieb war. Jedenfalls in den folgenden Jahrhunderten hat sie energische Riegel vorzuschieben versucht. Es ist ihr nie ganz gelungen, und als «Legenden», oft verwässert und entschärft, ist manches apokryphe Bruchstück bis zur Renaissance in der bildenden Kunst erhalten geblieben.

Damals muß diese Literatur noch viel umfangreicher gewesen sein. So schwer verständlich und widersprüchlich diese Apokryphen oft auch sind, so verhüllt ihre quellende Bilderwelt doch eines nur wenig: das spirituelle Licht, die geistige Herkunft vor allem auch des Christus! Auch wenn der Verstand nicht mitkommt, atmet man im Umgang mit vielen dieser Schriften doch etwas von einer Spiritualität, die von paradiesischer Jugendlichkeit ist. Sie erfrischt die Seelen und führt sie zugleich an schwerste Welträtsel heran, die der erdzugewandte Verstand bald aus dem Blick verlieren wird.

Bernward begibt sich nicht in bildwuchernde Legendenhaftigkeit. Was er herausgreift, zeigt, daß es ihm um bestimmte Kernpunkte ging, die er für so wichtig hielt, daß er sie nicht nur mit diesem oder jenem besprochen und vielleicht auch in seinem Geheimbuch niedergelegt hat – sondern daß er sie in Erz gießen ließ, dauerhaft für Jahrtausende. Wie lange man noch verstanden hat, was er meinte – wer weiß das? Daß man es heute wieder verstehen kann, dürfte einen wichtigen Punkt markieren.

Aber wir wollen zunächst das Allgemeine betrachten. Natürlich sucht die Forschung Quellen und Bezüge, welche Bernward auf seine Idee gebracht oder ihm als Vorlagen für seine Szenen gedient haben könnten. Allerdings macht die so sichtbare Originalität besonders des linken Türflügels derart Eindruck, daß über alle Ableitungen hinweg immer wieder zugegeben wird, Bernwards Werk lasse sich doch nicht aus den gesuchten Anregungen wirklich erfassen.

Selbstverständlich stand Bernward in seiner Zeit. Es konnte ihm auch gar nicht daran gelegen sein, neben und außerhalb dessen, was die Zeit hergab, zu wirken. Wie er architektonisch die unsicheren Tendenzen klärte, zusammenraffte und ein neues Ganzes schuf, so führte er auch sonst in der bildenden Kunst veranlagte Linien weiter.

Daß der Umgang mit Metall dabei an hervorragender Stelle seines Interesses stand, ist deutlich. Es mutet auch nicht wie Zufall, sondern wie eine geschichtliche Planung an, daß just zu seiner Zeit das Kupfer- und Silberbergwerk am nahen Rammelsberg bei Goslar reiche Ausbeute hergab; sonst wäre sicher vieles nicht möglich gewesen. Denn die Zeiten waren schwer, unruhig und flossen von üppigem Reichtum jedenfalls in diesen Gebieten nicht über. Bernward selbst stammte offenbar aus einem sehr vermögenden Geschlecht und setzte seine eigenen Mittel ein, um in Architektur und Kunst zu schaffen, was ihm möglich war.

Für den Metallguß scheint damals in Europa die Zeit reif gewesen zu sein. Daß es Karl dem Großen gelungen war, einen aus antiker Tradition geschulten Gießer an seinen Hof zu holen, der ihm Bronzegitter und -türen für seine Pfalzkapelle goß, war lange eine Besonderheit geblieben; erst zu Bernwards Zeit tritt dieser Impuls an verschiedenen Stellen neu auf und wird von ihm zu einzigartigem Höhepunkt geführt.

Erzbischof Willigis von Mainz, mit dem Bernward den unglücklichen Gandersheimer Streit ausfechten mußte, war nach Inschrift auf seiner Mainzer Tür der erste, der wieder einen Gießer zur Verfügung hatte, der ihm die Tür fertigen konnte. Aber es war zunächst wie bei Karl dem Großen die Wiederaufnahme eines antiken Handwerks, dessen Ergebnisse nun zwar für die Verschönerung einer Kirche verwendet werden, aber als solche nicht durchchristet sind. Bernward beschließt, aus christlichem Geiste heraus den Metallguß zu erneuern.

Nach Thangmars Überlieferung hatte er bereits während seiner Ausbildung in der Hildesheimer Domschule erste Kenntnisse in Metallbearbeitung und Erzguß erwerben können. Schon seine Vorgänger auf dem Bischofsstuhl hatten im Rahmen ihrer Möglichkeiten edle Steine und Metalle erworben, um daraus Kultgerät fertigen zu lassen. Hierbei wird es sich freilich um kleinere Arbeiten gehandelt haben.

Man weiß sehr wenig darüber, wo und wieviele Werkstätten damals bestanden, die sich dem Metallguß für Kultgerät widmeten. Vermutlich war eine solche Werkstatt in Trier und mit Sicherheit eine in Lüttich in Betrieb. Die letztere stellte unter Bischof Notker für den Dom von Lüttich einen Radleuchter und ein Chorpult her. Bernward stand mit Notker in Kontakt und hat ihn auch mehrmals besucht. Er wird jede Gelegenheit genutzt haben, um sich auf diesem Gebiet zu informieren und technisch weiterzubilden.

Neben der Tür – abgesehen von den vielen nicht weniger kunstvollen, aber kleineren Arbeiten, wie den schon besprochenen Leuchtern und Kreuzen, den bezeugten, aber nicht mehr erhaltenen Pokalen, Lichträdern und anderem Kultgerät – führte er als Großguß noch die *Metallsäule* durch, die als Bernwardssäule bekannt ist und die hier noch besprochen werden wird.

Unmittelbar nach Bernward schwillt dieser Impuls mächtig an, wachsen die Gießereien aus dem Boden, werden Türen, Taufbecken und vieles andere mit dem Schmuck christlicher Reliefs geschaffen.

So ist um die Mitte des gleichen 11. Jahrhunderts die Bronzetür von *Augsburg* entstanden. Von der Bernwardstür steht sie stilistisch sehr weit ab. Die aufgenagelten Platten sind ziemlich klein, die Reliefs sehr flach. Meist hebt sich mit zarten Umrissen nur eine Figur vom sonst unbearbeiteten Metallfeld ab.

Gegen Ende des gleichen Jahrhunderts schuf in *Verona* ein unbekannter Meister für die Tür von San Zeno urtümliche Gestalten, die er zum Teil auf flechtbandartige Ornamentik setzte. Auch er hob die meisten Köpfe vollrund aus der Fläche, dazu betonte er manche Geste auf diese Weise, indem er zum Beispiel den schwertschwingenden Arm des Vertreibungsengels oder die geschwänzte Geißel, mit der Christus gepeitscht wird, herausragen läßt. Ein klares Programm ist nur teilweise zu erkennen. Das liegt auch daran, daß die 24 einzeln aufgesetzten Platten relativ leicht abgerissen werden konnten. Diese Tore lockten «zu allen Zeiten die Diebe an, und nicht ein einziges ist ganz unbeschädigt auf unsere Zeit gekommen».*

Mitte des 12. Jahrhunderts stellt eine Gießerei in *Magdeburg* die Platten für eine Bronzetür her, die an der Sophienkathedrale von *Nowgorod* eingesetzt wird. Auch hier heben sich teilweise Köpfe und andere Partien vollplastisch heraus. Ein Meister Bonanus arbeitet um 1180 eine Bronzetür für den Dom von *Pisa* mit zwanzig Feldern zum Neuen Testament.

So wären noch viele Werke zu nennen bis hin zu einem neuen Höhepunkt: den Türen am Baptisterium von *Florenz*. Die erste, von Andrea

* Franz Winzinger «Das Tor von San Zeno in Verona».

Pisano geschaffen, wird 1336 fertig. Um 1400 schreibt die Stadt einen Wettbewerb für eine weitere Tür aus, der von *Ghiberti* gewonnen wird. Einundzwanzig Jahre arbeitet er mit seiner Werkstatt an 20 Feldern zum Neuen Testament und 8 Feldern mit Evangelisten und Kirchenvätern. Er bekommt auch die dritte und letzte Tür in Auftrag. Die zehn großen Felder zum Alten Testament werden mit ihrer Umrahmung 1452 fertig. Die Bewunderung ist so groß, daß die Pforte den Namen «Paradiesestür» bekommt.

Zwar sind alle diese Türen stilistisch und technisch keine unmittelbare Nachfolge des Hildesheimer Portals, aber sie sind es insofern, als nun überall die Bilderbibel des Christentums dem Erz eingeprägt wird. Je weiter wir in der Zeit vorschreiten, um so weniger Rätsel beinhalten die Themen, und um so mehr wird der seelisch-geistige Expressionismus zu Anschauungsbildern nach Maßgabe der äußeren Welt umgewandelt.

Ghibertis Kunst – zum Beispiel des Reliefaufbaues mit seinen verschiedenen Zonen von Vorder- und Hintergrund – ist im Vergleich zu Hildesheim einerseits ein großer Fortschritt.

Andererseits zeigt dieser Vergleich, wie hier ein Weg begangen wurde, der aus einem geistigen Hintergrund immer mehr in den Vordergrund der irdischen Welt drängte. Das damit Gewonnene kennen wir. Das Verlorene wieder zu suchen, aus welchem bei Bernward jede Geste hervorwächst, ist ein Weg zu Quellen, deren auch unsere so dürr gewordene Lebenslandschaft bedarf.

Das Bild-Programm

Einen Überblick über die Gesamtgestaltung der Türflügel zu nehmen, ist leicht. Das liegt nicht nur an dem einzigartig klaren und aufeinander bezogenen Programm der beiden Hälften, sondern auch an den ungestörten großen Rechtecksflächen, die jeweils einer Szene zur Verfügung stehen. Die gegossenen Platten späterer Türen sind nicht nur kleiner – und deshalb sitzen bei jedem Flügel zwei nebeneinander, wie in Nowgorod und Pisa, oder gar drei wie in San Zeno –, sondern sie sind auch noch gesondert eingerahmt, entweder sehr kompakt mit hervortretenden Wülsten (Nowgorod und San Zeno) oder breitflächig und mit Blüten geschmückt (Pisa). Dadurch wird die Fläche für die Szenen noch kleiner, und sie sind vor allem stark voneinander abgegrenzt. Der Blick muß sich von Einzelheit zu Einzelheit tasten, während sich die Hildesheimer Tür in lapidarer Übersichtlichkeit darbietet. Der große Fluß der Darstellungen ist ganz aufs Wesentliche beschränkt und wird durch Umrahmungen nicht zerstückelt. Es werden auch keine Zusätze gemacht wie an den meisten anderen Türen (Heilige, Bischöfe, Tugenden usw.). Bernward will nicht zuviel und nicht vielerlei, sondern was er will, ist in der ihm eigenen Großzügigkeit und Sicherheit durchgeführt.

Die Handlung beginnt beim linken Flügel oben mit der *Erschaffung Adams*. Es folgt darunter die *Zueinanderführung von Adam und Eva* durch Gott. Dieser Gott ist, wie schon erwähnt wurde, ein mit Kreuzaura gezeichneter Christus. Es liegt also der Prolog des Johannesevangeliums ebenso zugrunde wie die Mosesschilderung. Es ist beides zusammen gesehen; das wird sich in Plastik und Malerei noch einige Jahrhunderte fortsetzen.

Es folgt der *Sündenfall,* danach die Frage des Schöpfers an Adam und Eva, warum sie sein Gebot übertreten haben. Bis hierher verläuft das Geschehen noch sozusagen inmitten des Paradieses.

Nach der Querleiste (durch welche die Rahmen ein großes, ernstes Kreuz bilden, was durch die später eingeprägte Schrift aber abgeschwächt wird) folgt die *Austreibung aus dem Paradies* durch den Engel mit dem Schwert.

Beim nächsten Bilde *bearbeitet Adam die Erde,* wobei er (nach apokryphen Schriften) von Michael belehrt und unterwiesen wird. Eva sitzt abseits auf einem kleinen Hügel und hält ein Kind an der Brust.

In dieses Feld und sein Pendant auf der anderen Seite ragt die einzige Anleihe an der Antike herein, nämlich ein Löwenkopf als Halter der Türringe. Er hat sich freilich zu einem recht eigenwilligen Ungeheuer verwandelt, das zähnefletschend dem in die Kirche Eintretenden die Griffe bietet.

Das *Opfer von Kain und Abel* folgt danach; die Hand Jehovas wendet sich Abel zu.

Zuletzt der *Brudermord,* der sich rechts abspielt. Links steht Kain noch einmal. Er steht sich gewissermaßen selbst spiegelbildlich gegenüber. Einmal mit erhobener, und nach der Tat mit gesenkter Keule. Nun ist er auf die linke Seite hinübergerückt, zu der sich die Hand Jehovas wendet. Er steht dort, wo vorher Abel stand, und jetzt nimmt die Hand Gottes Kenntnis von ihm, was sie vorher nicht tat.

Dieser einsame Kain, der den Mantel bis zum Kinn hinauf um sich zusammenzieht, der sich in sich selbst festigt und zu dem Göttlichen aufsieht, hat eine ganz andere Haltung als Adam nach dem Sündenfall, der ängstlich, geduckt und zerknirscht ist.

Um diesen Kain waltet ein tragisches Geschick, aber er zerbricht nicht daran. Er nimmt aufrecht das Verdikt entgegen, das ihn als Folge seiner Tat trifft. Künstlerisch gesehen ist er eine der eindrucksvollsten Figuren. Eine Meisterleistung in der herben, verinnerlichten Dramatik dieses ungeheuren Augenblicks. Und kompositionell, wie manche Betrachter schon bemerkten, bildet die einsame Figur unten links ein Pendant zur Einzelfigur oben rechts bei der Erschaffung Adams.

Eine Reihe von Fragen, die bei der Betrachtung auftreten müssen, werden noch ausführlich zu behandeln sein, zunächst aber wenden wir uns dem rechten Türflügel zu.

Hier steigt die Handlung von unten nach oben. Nachdem sich die Folgen des Sündenfalls ausgewirkt haben – was einen Abstieg auslöste, bei dem der Mensch sich tiefer in die vergängliche Welt verstrickte als von der Gottheit vorgesehen war –, beginnt nun ein neuer Aufstieg. Christus, der Logos, wird seine Schöpfung durch eigenes Opfer retten. Wenn man zuvor und daneben den Logos als Schöpfergott ins Auge faßt, bekommt die Heilsgeschichte einen Klang, an den wir heute kaum mehr gewöhnt sind.

Die erste untere Szene eröffnet gewissermaßen das Tor zu dem weiteren Gang der Dinge. Auffällig ist bei dieser *Verkündigung* die große freie Fläche zwischen Maria und dem Engel. Sie ist von einem Torbogen überwölbt, unter dem sich nichts ereignet. Maria und der Engel vermeiden es, in die freie Mitte zu treten. Maria zieht die Hand an sich heran, und der Engel hat die Schwungfedern seines Innenflügels zurückgenommen, obgleich doch Platz genug wäre, ihn auszubreiten. Kein Zweifel, die freie Fläche ist gewollt. Sie fordert den Betrachter auf, durch das nun endlich geöffnete Tor in die Wahrnehmung der Heilsgeschichte einzutreten.

Während auf der linken Seite die Pflanzen vorherrschen (mit Ausnahme der Paradiesespforte, die das Hinaustreten ins Irdische markiert), ist die rechte Seite ohne Pflanzen (mit Ausnahme des letzten Bildes), dafür von Architektur geprägt – dem Werk des Menschen.

Die *Geburtsszene* spielt sich – ohne Hirten – in reicher städtischer Umgebung ab. Hinzugefügt ist die aus den Apokryphen bekannte Szene der als Hebamme herbeigeholten Salomé, die an Marias Jungfrauschaft nicht glaubte und deren Hand verdorrte. Sie weist hier ihre gelähmte Linke verzweifelt der Maria vor, und diese gibt ihr den Rat, das Kind zu berühren. Dadurch wird sie wieder geheilt. Das Kind liegt ähnlich der Matthäusminiatur oben allein, und Ochs und Esel blicken durch einen Architekturbogen. Joseph verfolgt die Ereignisse auf einer Art Thronsessel, den Kopf in die Hand gestützt.

Die nächste Szene zeigt den Besuch der *drei Könige,* die vom Stern bis zu Maria geleitet werden. In rhythmischem Bogenschwung begleitet sie zugleich die Architektur bis zu ihrem Ziel. Der Stern sitzt als Fünfstern (Pentagramm), was sehr selten ist, mit zwei Kreisen im Inneren, über der Knickstelle des Mauerschwunges vor der Mariengruppe. Diese ist ganz besonders stark vom Hintergrunde abgelöst und neigt sich vollplastisch weit heraus. Maria und ihr Kind sind ernst. Der Knabe hält ein Buch auf dem Schoß. Beide blicken den Königen entgegen.

Deutlich ist die Korrespondenz mit der Nebenszene, wo auf einem Hügel im Freien Eva mit ihrem Kind sitzt. Hinter ihr ist zwischen zwei Bäumen ein Tuch als Windschutz gespannt.

Danach folgt die *Darstellung im Tempel.* Auch hier ist die Korrespondenz mit der Nebenszene deutlich: einmal die Architektur der Paradiesespforte, die sich hinter dem Menschen schließen wird, und im anderen Bild der offene Tempel mit dem sichtbaren Altar, auf dessen Giebelspitze bereits das Kreuz sichtbar ist.

Von diesen vier unteren Szenen aus der Kindheit Jesu sind zwei – nämlich die erste und die vierte – nach dem Lukasevangelium gestaltet, und zwei – die zweite und dritte – nach Matthäus. Die Lukasszenen korrespondieren mit den ausgesprochenen Sündenfallszenen Vertreibung und Brudermord, die Matthäusszenen mit Zwischengeschehnissen.

Nach der Mittelleiste beginnt in den oberen vier Feldern das eigentliche Christusleben, und zwar in seinen entscheidenden Phasen von Tod und Überwindung des Todes. Diese vier Christusszenen liegen neben den Paradiesesbildern. Christus als Schöpfer dort, der den Menschen aus dem Paradies austreiben muß – und in der Rolle des Geschöpfes hier, der die Folgen des Sündenfalles nun selbst auf sich nimmt. Er wird *Herodes vorgeführt,* der sich durch ein tierähnliches Teufelswesen beraten läßt, das ihm ins Ohr flüstert.

Der Finger des göttlichen Richters auf der linken Seite ist jetzt verkehrt in den verurteilend ausgestreckten Finger des weltlichen Richters, in dessen Macht sich Christus gibt. Welch ein Drama in diesen zwei nebeneinander liegenden Szenen!

Die *Kreuzigungstafel* ist als einzige symmetrisch auf einen Mittelpunkt zugeordnet. Christi Opfertod, zentrales Schicksalsmotiv der Menschheit! Hier ist keine Architektur und auch keine Pflanzenwelt. Beides faßt sich im Kreuz zusammen, das sowohl Pflanze wie Menschenwerk ist.

Dieses Kreuz mit seinen lebendigen Astansätzen füllt jetzt die Mitte aus, die auf dem Sündenfallsbild ohnmächtig war: jener Baum, der zu schwach und von den Intentionen der Versucherkräfte bewegt war. Erstaunlich ist, daß nicht nur Johannes, sondern auch Maria hier ein Buch trägt.

Über die Teilung der Finger Christi haben wir schon gesprochen (s. Anmerkung 19).

Engel am Grabe. Drei trauernde Frauen, die mit Salbengefäßen kommen, finden vor der tempelartigen Grabkapelle, deren Giebel wiederum das Kreuz trägt, den Engel, der sie belehrt, daß der Herr auferstanden ist. Wieder ist sein Innenflügel eingezogen und gibt die Handgeste frei. Jetzt ist das nicht auffällig, weil der Zwischenraum zu den Frauen knapp ist.

Zur verschiedenartigen Darstellungsweise von Engelsflügeln soll hier ganz allgemein gesagt sein: es gibt im wesentlichen drei Arten. Die eine entfaltet den Außenflügel und nimmt den inneren zurück (wie mehrfach auch in der Bamberger Apokalypse um 1020 zu sehen), die andere Art hingegen benutzt den ausgestreckten Flügel, um die Geste der Hand noch zu verstärken (wie bei der Verkündigung auf dem Sakramentar aus Fulda um 970), und die dritte Art, die später immer üblicher wird, behandelt die Flügel neutral, lediglich als Kennzeichen und Wesenszubehör eines Engels, ohne jede Gestenfunktion. Das heißt, in den ersten beiden Arten, die man wohl als die älteren bezeichnen kann, beherrscht der Engel nicht nur Hand- und Fußgesten, sein Bewußtsein ist vielmehr erweitert und ausgedehnt bis in die Flügelspitzen. Das rückt ihn in die Nähe außerchristlicher, vorzugsweise indischer Götterdarstellungen, die das erweiterte Bewußtsein dadurch ausdrücken, daß der Gott viele Armpaare hat, deren Bewegung er regeln kann.

Wenn Engel höherer Stufen vier- oder gar sechsflüglig sind, so bedeutet das demgemäß nicht nur ein Rangabzeichen, sondern auch und vor allem eine noch weiter entfaltbare Bewußtseinskraft.

Auf der Bernwardstür wird der Modus benutzt, den Flügel dort zurückzustauen, wo die Hand die Rede ausdrückt. Das sehen wir auf der linken Seite auch bei dem austreibenden Michael, dessen Flügelpaar schärfer und eckiger ausgebildet ist als die weich gerundeten Flügel Gabriels beim Verkündigungsbilde.

Die oberste Tafel läßt uns den *Auferstandenen* erblicken. Maria Magdalena liegt zu seinen Füßen und nimmt seine Weisung entgegen, ihr Erlebnis den Jüngern zu berichten und wohl auch, daß er auffahren werde zum Vater und deshalb noch nicht anzurühren und nicht festzuhalten sei. Die Verwandlung des Erdenblutes der Trauben in Christi Blut, der nun Herr der Erde geworden ist, ist vollbracht. Auf Trauben tragenden Pflanzen sitzen zwei Adler. Sie und ein durchbrochener Bogen zeigen die Aufstiegskraft, durch welche hier der Tod besiegt und das Himmlische neu errungen wird.

Hinter Maria Magdalena befindet sich ein Baum, der in Höhe des Christusantlitzes eine Art Traube über sie neigt. Auf gleicher Höhe sitzt ein Pfau in den Zweigen, der zu ihr herunterblickt. Das ist eine Metapher, die in diesem Zusammenhang unbekannt ist. Man weiß nur, daß der Pfau den frühen Christen als Symbol der Ewigkeit bekannt war (so in einigen Katakomben), weil man sein Fleisch für unverweslich hielt, auch galt er als Symbol der Auferstehung, weil er seine Federn abwirft und wieder erhält. Zugleich drückte er die an Christus sich erlabende Seele aus (nach Augustinus, De civitate Dei). Bedeutungen also, die zu dieser Szene durchaus passend sind. Nehmen wir den Pfau als Symbol der Auferstehung und die Adler als Symbol der Himmelfahrt, so haben wir in dieser Szene beides zusammengezogen. Das eine ist bereits geschehen, und das zweite wird sich noch ereignen. Der Kreuzstab und die Architektur trennen und verbinden beide Aspekte. Die schräge Haltung des Christus verweist auf einen weiteren Weg, der in die Höhe führt.

Im Pendant, der ersten Tafel der linken Seite, neigt sich Christus, um den Menschen zu schaffen; er beugt sich zu ihm herab. Durch den Engel, der aus der linken Ecke herabfliegt, wird deutlich, daß eine übersinnliche Wesenswelt – aus welcher er gekommen ist – bereits existiert.

Auf der rechten Tafel ruft und zieht der Auferstandene den Menschen zu sich empor: Ein voll durchkomponierter Handlungsbogen, der aus dem Übersinnlichen kommt und im Übersinnlichen verschwindet! Die Geschichte der Menschheit ist wie herausgestülpt aus einem großen Zusammenhange, ist ein Weg ins Irdische hinein und aus dem Irdischen wieder hinaus in die Regionen der Ursprungskräfte.

Der Stil der linken Seite mit den Szenen des Alten Testaments ist ursprünglicher und direkter als derjenige der rechten Seite. Adam und Eva müssen in den ersten Szenen nackt dargestellt werden. Das sieht im Sinne des klassischen Ideals gar nicht besonders gekonnt aus, und besonders schön sind Adam und Eva auch nicht. Es ist deutlich, daß eine neue Aussageform gesucht wurde, frei von römischer und byzantinischer Beeinflussung. Das Nicht-so-Schöne wird dabei in Kauf genommen, gestrebt wird aber nach lebendiger Ausdruckskraft. Gewissermaßen urbildlich sehen wir hier, wie die Hüllen des Überkommenen gleich alten Kleidern abgesprengt werden.

Bei den Szenen des rechten Flügels treffen wir nicht nur grundsätzlich auf bekleidete Gestalten, es ist auch im ganzen eine weniger aufregende Erzählweise. Keine Geste sitzt mehr so frei im Raum wie bei der zweiten und dritten Szene links oder wirkt so stark und sprechend wie die Armüberkreuzungen im vierten Bilde. Daß Adam den rechten Arm unter dem linken durchsteckt, um auf Eva zu zeigen, diese dagegen mit dem freien, offenen Arm sehr deutlich-demonstrativ auf den Versucher weist, gibt eine starke Charakteristik. Und kompositionell wird dadurch der Richtungsstrom, der vom ausgestreckten Finger Christi ausgeht, durch Eva aufgefangen und zum Drachen hinuntergeleitet. Überhaupt ist das Kompositorische, oder sagen wir besser das Inbeziehungsetzen der Gestaltungselemente, so sicher und phantasievoll, als lebe da verwandelt eine Schulung auf, die einst den Umgang mit Runen gelehrt hat, die in jedem Strich bedeutungsgesättigt waren. Betrachten wir den linken Flügel genauer.

Der linke Türflügel

Jede Tafel (mit Ausnahme der letzten) zeigt Pflanzen. Sie sind keine Dekoration, und sie sollen auch nicht nur «Garten» symbolisieren. Sie sind vielmehr Gestenträger, durch welche sich die innere Seite der Geschehnisse nach außen offenbart. Die wunderbare Pflanzenform der ersten Tafel, diese Amphora aus Lebenskräften, dieser Lebens«baum», neben dem die Erschaffung Adams geschieht, entsteht als ein herzartiges Gebilde, indem rechter und linker Trieb sich verbinden. Was dem göttlichen Willen mit der Verbindung von Adam und Eva «vorschwebt», offenbart sich in der herrlich harmonischen Bildeform des Baumes. Damit ist zugleich die nächste Szene intoniert, in welcher der göttliche Wille die Zusammenführung vollzieht.

Während Adam in der ersten Szene noch wie leblos über der Bodenlinie schwebt – als würde er, eben erst erschaffen, der Erde übergeben und auf sie niedergelegt –, kommt er jetzt frei, mit ausgestreckten Armen, auf Eva zu. Eva dagegen wirkt zaghafter, setzt kaum einen Fuß vor den anderen und wird von Gott wie geschoben. Zwei symmetrische Baumgebilde rahmen die Szene, in welcher die Zweiheit verbunden werden soll.

In der dritten Szene sind Adam und Eva nun mit den Bäumen des Gartens allein gelassen. Der Schöpfer hat sich zurückgezogen. Statt dessen schleicht sich in die Pflanzenwelt etwas ein, was im Tierischen seinen Ausdruck sucht, ohne wirklich Tier zu sein – Astralität bricht versucherisch in das Unschuldig-Ätherische ein. Den rechten Baum umschlingt wie ein lebendig gewordener Ast die Schlange. Der linke hat sich vom Stamm aus geteilt. In Höhe von Adams Kopf hockt in diesem Baum ein Drache mit gewundenem Schwanz. Er hält sich im Hintergrund und belauert den Vorgang, begierig zu wissen, ob die Verführungskräfte der Schlange verfangen.

Ein doppeltes Böses! Eva *und* Adam haben hier ein böses Prinzip hinter sich, und diese unterscheiden sich stark. Der Frau entspricht mehr die Schlange, dem Manne mehr das Drachenwesen, welches der geheime Drahtzieher zu sein scheint.

Der Baum in der Mitte drückt mit den Gebärden seiner großen Blätter jene Welt unsichtbarer geistiger Intentionen aus, die hier walten. Das auf Eva gerichtete Blatt scheint ihr zu suggerieren, wie sie handeln soll. Wie eine Hand mit ausgestrecktem Zeigefinger scheint es ihr das einzugeben, was sich darunter als ihre Tat vollzieht. Und die gebieterisch zu Adam ausgestreckte Blattgeste formt seine geöffnete Hand vor, die bereit ist, anzunehmen. Das große Blatt an der Spitze zeigt wie ein Programm die nun einsetzende Entwicklung der Involution. Im unteren Blatt, sinkend und wie von Trauer durchzogen, zeichnet sich der Sturz ins Irdische – und damit auch in die Geschlechtlichkeit – vor.

Adam steht ein wenig höher, aber leicht zurückgeneigt, im Handlungsgeschehen eher passiv. In Höhe seines Ohres der Drache, der seine Beschwörungen flüstern mag, daß sie in Adam hineinrinnen und ihn seinen Arm ausstrecken machen. Adam – beeinflußt von einem Bösen in Höhe seines Hauptes.

Eva dagegen ist im Zwiespalt und in der Doppelheit von Nehmen und Geben dargestellt. Die Beine gehen nach rechts, sich überkreuzend. Sie steht nicht mit freiem Schritt. Es ist, als ob sich ein Bein hinter dem anderen verbergen möchte. Ein Zweifel liegt da in der unteren Partie, während der Arm den Apfel frei weitergibt, wobei sich die Armgeste wie eine Fortsetzung der Schlange bildet. Ihr Kopf ist gewendet und etwas vorgeschoben. Ihr Blick begleitet die Handlung, so daß ihre Figur oben nach links, unten nach rechts gerichtet ist, während Adam bis in die Beine herunter sehr schlicht und aufnehmend dasteht.

Die Schlange, die sich mit einem Apfel im Maul zu Eva hinreckt, zielt in die Gegend ihres Herzens. Eva wird nicht vom Kopf her beeinflußt, sie wird im Gefühlsgebiet verführt, während sich hinter Adam in dieser Zone die geometrisch klare offene Blüte zeigt.

Das Rätsel des doppelten Bösen vertieft sich im nächsten Bilde. Jetzt ist der Logos erschienen und befragt Adam, warum er sein Gebot übertreten und vom Baum der Erkenntnis Früchte genommen hat. Adam schiebt seine Rechte verstohlen unter dem Arm durch und zeigt auf Eva: sie habe ihn verführt. Seine Verklemmtheit in der hochnotpeinlichen Situation zwischen Gott und der Eva könnte nicht besser zum Ausdruck kommen.

Eva hingegen blickt den göttlichen Frager an und zeigt auf den, der *sie* in die Versuchung geführt hat. Aber das ist nicht die Schlange, sondern das ist der Drache, wie er hinter Adam im Geäst gesessen hat! Er versucht sich jetzt zwischen den Beinen der Eva zu verstecken, und er speit mit zurückgewendetem Kopf Feuer gegen sie, als sie ihn verrät. Dieser Urheber mag offensichtlich die Aufmerksamkeit Gottes nicht gern auf sich gelenkt sehen.

Der kahle Baum mit den zwei Blütenständen, die wie fortfliehen möchten, zeigt die innere Nacktheit und Not der beiden Menschen. Hinter Christus ist jetzt zum ersten Male eine Ranke wie eine Mauer aufgewachsen. Das Paradies ist schon verloren, nur der Baum des Lebens steht den Menschen von rechts noch bei – aber unruhig geformt, wie von der Szene erregt und aus jeder Symmetrie gebracht; eine schöne harmonische Dreiblattform neigt sich aus der rechten Ecke wie beruhigend darüber.

Dann ist, auf dem nächsten Bilde, das Menschenpaar auch jenseits von ihm. Die Dreiblattform hat sich geöffnet und windet sich mit Stengeln und Blättern: wie in Schmerz und Verzweiflung den Menschen nachstrebend. Der Baum darunter ist ein trauriges Überbleibsel der «Amphora» aus dem ersten Bilde. Der Engel mit dem Schwert treibt die Menschen aus dem Paradies.

Wie gebeugt ist der kleine Baum in der Mitte! Im Stamm in sich

Die Bernwardstür,
Gesamtansicht

Die Erschaffung Adams
Die Zusammenführung von Adam und Eva

Erschaffung Adams, Detail

Erschaffung Adams, Detail

Der Sündenfall
Die Befragung

Sündenfall, Detail

Die Vertreibung

Feldarbeit und Mutterschaft

Vertreibung, Detail

Die Opfer von Kain und Abel
Der Brudermord

Der Brudermord, Detail

Die Verkündigung

Die Geburt Jesu

Die Anbetung der Könige
Die Darstellung im Tempel

Anbetung, Detail

Christus vor Herodes
Die Kreuzigung

Kreuzigung, Detail

Der Engel am Grab

Der Auferstandene erscheint Maria Magdalena

verwunden, mit hängenden Ästen und Blättern, gibt seine Gestik die Stimmung des Augenblicks wieder. Doch über dem Jammer erhebt sich wie eine winzige Geste der Hoffnung der kleine nach oben gerichtete Trieb! (Man decke ihn ab – wie trostlos ist dann das Ganze!)

Während Adam bereits gehorsam das Tor öffnet, wendet Eva sich noch einmal um. Mit einem letzten Blick nimmt sie – ähnlich wie später Kain – das Verdikt mit Bewußtheit auf. Ihre zum Antlitz geführte Hand, das leicht geneigte Profil – eine Ausdrucksfülle ohnegleichen liegt darin! Je nach Beleuchtung oder Standort sieht man es als Schrecken, Trauer, Nachdenklichkeit, oder als Ausdruck der Frage: «Was habe ich angerichtet?» oder der anderen: «Kann das wirklich das Ende sein?»

Sie neigt sich dem Engel entgegen, auch wenn sie sich vor seiner zornigen Ausstrahlung zu schützen sucht. Ihr Ellbogen ist dabei auf das sich hebende junge Reis gerichtet. Auch Bitte um Hoffnung strömt sie dem Engel entgegen: «Laß dies nicht dein letztes Wort sein, gib uns einen Trost mit!»

Diese Eva in ihrer Vieldeutigkeit ist die erregendste Figur auf den Türen. Sie erweckt auch im Betrachter widerstreitende Empfindungen: Mitleid, wenn ihr Antlitz tiefste Verzweiflung auszudrücken scheint, aber auch Unwillen, wenn ein nicht umzubringendes Insistieren, das Gott ebenso wie dem Engel ins Antlitz zu blicken wagt, sie prägt.

Die Antwort auf den Hauch von Hoffnung, der sich zwischen Eva und dem Engel in dem kleinen aufwärtsstrebenden Zweig einen Ausdruck sucht, gibt das Bild der Gegenseite. Dort wird das «neue Reis», Jesus, im Tempel dargebracht. Die Paradiesespforte, die hinter dem Menschen zuschlagen wird, hat als Nachbarn jenseits der Mittelleiste den offenen Tempel mit dem sichtbaren Altar. Das Männliche und Weibliche, das sich in Adam und Eva wie durch die Schuld entzweit, voneinander abgekehrt und auseinandergebeugt im linken Felde zeigt, es neigt sich rechts in Simeon und Maria einander zu, den Heilbringer in der Mitte. Joseph, die Gegenfigur zu dem schwertschwingenden Engel, steht entfernt und streckt die Opfertaube aus.

Das schlechte Gewissen geht bei Adam und Eva auf dem Vertreibungsbilde bis in die Fußspitzen. Während sie auf dem Bilde der Zusammenführung sicher mit dem ganzen Fuß auftreten, schleichen sie sich nun auf Zehenspitzen aus dem Paradies. Wie ist die Armbewegung des Adam, der schon die Pforte nach «draußen» öffnet, von der Schulter her geführt! Wie liegt in seiner Abwendung alle Abtrennung und zugleich eine neue Eigenständigkeit des Menschen! Er wird von nun an allein sein, der Schöpfer hat sich ins Unsichtbare zurückgezogen. Eva hat noch ein Gegenüber, wenn auch ein zornvolles – Adam ist einsam.

Lebendig spielt es im Doppelaspekt durch beide Figuren: in der Vor- und Zurückwendung, wodurch die Häupter auseinanderweichen, und in den angewinkelten Armen. Bei Eva öffnet die Bewegung uns Antlitz und Gestalt, bei Adam verbirgt und verschließt sie, was in ihm vorgeht.

Bei aller Expressivität, bei allem nach außen tretenden Ausdruck sind doch alle Gesten maßvoll. Aber welche Wucht von Schicksal und Entscheidung steckt darin! Nirgendwo Stereotypes, sondern eine Ursprünglichkeit, die über reiche Differenzierung verfügt.

Im nächsten Bilde bearbeitet Adam mit einer Hacke den Boden, und ein Engel (Michael) belehrt ihn dabei, während Eva mit einem Neugeborenen im Arm auf einem Hügel sitzt[28a]. Die Worte, welche die Vertreibung aus dem Paradies begleitet hatten: «Im Schweiße deines Angesichts sollst du dein Brot essen» und «unter Schmerzen sollst du Kinder gebären» werden hier sinnenfällig gemacht. Vor Adam steht eine Pflanze – die Lebensbaumamphora des ersten Bildes in verkümmerter Form. Was Gott mit den Menschen im Paradies gewollt hat, ist vereitelt. Nun wird auf der Erde, im Bereich der Vergänglichkeit, neu begonnen. Es wurde ja nach den Apokryphen etwas vom Lebensbaume, ein «Reis», Adam mitgegeben, das er in die Erde pflanzte (oder ein Samenkorn, nach anderer Version); aus dem daraus erwachsenden Baume soll später das Kreuz von Golgatha gefertigt worden sein.

Das Pendant ist die Anbetung der Könige. Das große Thema: von Eva zu Ave, von der Menschenmutter zur Mutter des Heils, ist in den beiden Müttern mit ihren Kindern in Parallele gestellt.

Wer Rudolf Steiners Ausführungen zu dem Jesusknaben des Matthäusevangeliums (dem die Könige huldigen) und seinen Bezug zu Zarathustra kennt, wird daran denken, daß in der urpersischen Zeit unter der Leitung des Ur-Zarathustra die Menschheit begann, den Boden zu bebauen, das Land zu kultivieren. Während die Menschen der urindischen Zeit mit all ihren Veranlagungen und Interessen noch mehr über dem Boden schwebten, setzt in Ur-Persien der Impuls ein, die Wildnisse, die Dunkelheiten zu durchlichten, um Angra Mainyu, der Finsternismacht, die Erde Schritt für Schritt zu entreißen.

Mit dem Sturz aus dem Paradiese, in Materie und Vergänglichkeit hinein, beginnt für den Menschen sogleich der neue Weg, nun durch viel

Mühe die Erde so umzugestalten, daß anstelle der verlorenen Paradiesesnatur ein Kunstwerk entsteht, eine kultivierte Erde. Sie kann nur entstehen, wenn diese Kultivierung zuerst im Menschen selber vor sich geht. Mit Hilfe der Erde arbeitet er an sich. Und in diese Welt hinein, wie sie die rechte Türhälfte zeigt, senkt sich die himmlische Rettung. Rechts ist der gottgeschenkte Garten verschwunden. Die kunstvolle Schönheit der Architektur gibt dem Menschen Behausung und Schutz. Insofern ist das Vertreibungsbild, auf dem so anachronistisch die Pforte des Paradieses bereits als Gebäude erscheint, symbolisch: mit dem Verlassen des Paradieses beginnt für den Menschen die Welt des eigenen Bauens. Es gibt Freimaurertraditionen, die Adam als den ersten «Maurer» betrachten.

Ein dramatischer Höhepunkt der Pflanzensprache tritt uns im Bilde von Kain und Abel entgegen. Links steht Abel, der Hirte, und hebt Jehova ein Lämmlein als Opfergabe entgegen. Er wird Gott also ein Blutopfer darbringen. Rechts steht Kain, der Ackersmann, er bietet eine große Garbe Ähren dar. Die Hand Jehovas – mit offener Innenfläche herabragend – wendet sich Abel zu. Vor Abel steht eine Pflanze, die kelchartig der göttlichen Hand entgegenstrebt. Die Pflanze vor Kain dagegen wendet sich vor der göttlichen Ungnade wie erschrocken zurück, und eine Pflanze über ihm deutet das Nach-innen-Geworfensein, das Sich-Zurückziehen an. Wie sehr Kain von der göttlichen Abweisung erregt ist, drückt auch sein stürmisch bewegter Mantel aus.

Im untersten Bild hat sich dann die Garbe, die Kain bereit war, dem Gott zu opfern und die zurückgewiesen worden ist, verwandelt in die Keule, mit der er seinen Bruder niederschlägt. Wieder weht der erregte Mantel in noch gesteigert bewegten Formen und läßt das stürmische Innere des Täters fühlen. Die Pflanzen sind nun gänzlich verschwunden; aus dem lebendigen Holz ist das tötende Holz geworden. Die Erde ist kahl und der Paradieseshauch verweht.

Dem erregten Mann, der seinen Bruder erschlägt, steht der Kain nach der Tat gegenüber – der erste Mensch, der die Erfahrung macht, daß er Tod in die Welt getragen hat. Damit ist er nun ganz allein – abgesondert. Sünde und Sonderung haben den gleichen Wortstamm. Nun hört er von der Gottesstimme das Verdikt, in Zukunft unstet und flüchtig auf der Erde zu sein; aber zugleich hört er auch die Versicherung, daß niemand ihn töten dürfe.

Vergleicht man diese letzte mit der ersten Szene, so wird der ganze Sturz, der sich vollzogen hat, auch künstlerisch deutlich: dort nackte

Menschen, aber eine von Pflanzen belebte und verschönte Fläche. Nichts ist am Menschen verborgen, und die ätherische Lebenswelt drückt seine Innerlichkeit aus. Jetzt ist die Fläche leer und kahl; der Mensch verhüllt sich, und seine Gewänder werden zum Verräter seiner Emotionen.

Rein vom Inhalt her könnte man fragen: Warum erscheint Kain hier noch einmal? Ist es nur, weil die Türfläche hier aufhört, aber die Kainszene ohne den göttlichen Urteilsspruch unvollkommen wäre? – Das mag auch ein Grund sein. Die Wirkung ist auf jeden Fall, daß der Betrachter auf Kain im wahrsten Sinne doppelt aufmerksam wird. Und daß, wie von Interpreten schon bemerkt wurde, diese Einzelgestalt links unten in kompositioneller Verbindung steht zu der Einzelgestalt der Eva rechts oben.

In dem Kain, der sich selbst gegenübersteht, der auf sich als auf einen «Täter» zurückblicken muß, beginnt menschheitlich das große Thema der Reflektion. Es ist schon vorgeformt bei der Eva des Sündenfalls und ihrer Rückwärtswendung und klingt wiederum beim Vertreibungsbilde mit Evas Umwendung an. Es steigert sich im letzten Bilde, wo Kain sich selbst gegenübergestellt ist.

Das doppelte Böse im Paradies

Große Fragen regen sich im heutigen Betrachter vor allem bei der ersten und der dritten und vierten Tafel. Nehmen wir die letzteren vorweg: Im Sündenfallsgeschehen läßt Bernward nicht nur die Schlange erscheinen, sondern auch einen Drachen – ein doppeltes Böses. Wie erwähnt, beginnt man nun, apokryphe Schriften als möglichen Hintergrund ins Auge zu fassen. Wenn die Apokryphen auch seitens der Kirche als ketzerisch erklärt worden sind, so ist doch deutlich, daß gerade die belesenen kirchlichen Kreise sie mit Interesse studiert haben. Künstler konnten damals in der Regel ja nicht schreiben und lesen; wenn – wie so oft – Spuren der Apokryphen in Bildwerken auftauchten, so waren sie entweder durch die kirchlichen Auftraggeber vermittelt, oder aber sie entstammten mündlich weitergegebenen geheimen Berufstraditionen.

In ihren schon erwähnten Studien zitiert Gisela Nowak eine apokryphe Schrift, genannt «Vita Adae et Evae» – «Das Leben von Adam und Eva». Ursprünglich hebräisch aufgeschrieben, gelangte sie in verschiedenen Übersetzungen nach Europa. Ihr Inhalt entstammte der jüdischen

Geheimtradition vor der Zeitenwende. Man nimmt an, daß sie gegen Ende des ersten vorchristlichen Jahrhunderts dann niedergeschrieben wurde.* Darin wird gesagt, daß Gott beziehungsweise die Elohim, nachdem sie Adam nach ihrem Bilde erschaffen hatten, alle Geister aufforderten, sich vor dem Menschen zu beugen und ihn zu verehren.

Michael kam dem göttlichen Wunsche als erster nach und forderte alle anderen auf, es ihm gleichzutun. Aber ein hoher Geist wollte dem Gebot nicht folgen. Er sagte: «Ich werde nicht einen ehren, der unter mir steht und jünger ist als ich. Ich bin der Älteste der Schöpfung; bevor er erschaffen war, ward ich erschaffen. Es ist an ihm, mich zu ehren.» Ebenso weigerten sich alle Engel, die diesem Geist unterstanden. Michael ermahnte sie: Ehrt Gottes Ebenbild, wie Gott der Herr das geboten hat! Und er drohte den Säumigen mit dem Zorn Gottes. Aber der widerspenstige Geist antwortete: «Wenn er mir zürnt, werde ich über den Sternen thronen und dem Allerhöchsten gleich sein.» Daraufhin wurde er aus seiner Herrlichkeit gestürzt und auf die Erde verbannt. Um sich an dem Menschen, als dem Anlaß seines Unglücks, zu rächen, verführte er Eva.

Die Verführung spielt sich erheblich komplizierter ab, als in der Bibelfassung dargestellt ist. Es heißt, daß zu einer bestimmten Stunde die Engel sich in höhere Regionen erhoben, um Gott ihre Verehrung darzubringen. Für diese Zeit werden Adam und Eva bestellt, die Tore des Paradieses zu hüten. Adam soll bewachen die Tore zum Süden und zum Osten, die «guten» Tore in Richtung des Lichtes und des Guten, Eva die Türen nach Norden und Westen, in Richtung der Finsternis und des Bösen. Eva bekommt also einen viel gefährlicheren Auftrag. Der gefallene Geist, nun Satan oder der böse Geist genannt, steht außen an der Mauer des Paradieses. Dort erblickt ihn Eva. Er hat aber die Gestalt eines strahlenden Engels und singt eine Hymne zum Lobe Gottes. Dieser für sie nicht als böse erkennbare Geist hat sich die Schlange gedungen zum Werk der Verführung. Eva läßt ihn und die Schlange ein, nachdem er sie mit seinen Worten berückt hat. Sie mußte zuvor beim Thron des Herrn, bei den Cherubim und dem Lebensbaum schwören, daß sie auch Adam von der Frucht geben würde. Der auf der Bernwardstür hinter Adam lauernde Drache, der beobachtet, ob die Schlange ihr Werk tut, und dem es vor allem darauf anzukommen scheint, daß *Adam* verführt wird, beginnt auf solchem Hintergrunde verständlich zu werden.

* Daniel-Rops «Die apokryphe Bibel am Rande des Alten Testaments».

Auch begreift man, warum Eva nicht auf die Schlange als auf den Urheber der Verführung zeigt, sondern auf jenen anderen Geist, der offenbar noch mächtiger als die Schlange ist und der die Menschenschöpfung zwischen sich und der Schlange gewissermaßen in die Zange nehmen will.

Ob Bernward die Adam-und-Eva-Legende wirklich als Hintergrund seiner Darstellung gewählt hat, ist damit noch nicht erwiesen. Es kann auch noch anders geartetes Geheimwissen gegeben haben. In der Kirchenlehre tritt zwar mit der Auffassung von «Himmel und Hölle» nur *ein* Widersacherreich in Erscheinung, aber in der bildenden Kunst deutet manches auf ein Wissen vom Doppelgesicht des Bösen, von der kalten und der heißen Verführung hin. Seien es die blauen und roten Teufel bei Christi Höllenfahrt oder die zwei Versucherwesen Avaritia und Luxuria (Geiz und Verschwendung), die als Figuren neben so mancher Kirchentür stehen. Auch die Doppelheit Tod und Teufel, die von Christus besiegt wird (El Greco, Altartriptychon Galerie Estense, Modena) oder zwischen welcher der Mensch seinen Weg finden muß (Dürer «Ritter zwischen Tod und Teufel»), weist auf jene große widergöttliche Zweiheit hin, die im Altpersischen Ahriman und Luzifer genannt wurde. In der Gegenwart hat Rudolf Steiner sowohl in seinem schriftlichen Werk wie in der Kunst* diese Wesenheiten ausführlich charakterisiert. Er bemerkt auch, daß in den alten Geheimlehren Luzifer stets als Schlange, Ahriman aber als Hund geschildert wurde. Das Pendant der Schlange auf der Bernwardstür ist ein hundsköpfiger Drache. Kein irdisches Tier, sondern in die Astralität «Hund» taucht als übersinnliches Wesen der Widergeist ein.

Zu den Besonderheiten der Sündenfallszene gehört auch, daß *sieben Äpfel* vorhanden sind: drei hängen am Baum, einen hat die Schlange ergriffen, einen hält Eva, einen gibt sie an Adam weiter, der aber auch bereits einen in Händen hält. Ob man das nun als das Wandern des Apfels oder als sieben gleichzeitige Äpfel annehmen will, auf jeden Fall sind die sieben Äpfel merkwürdig, denn es erscheint sinnlos, daß Adam die Hand noch nach einem zweiten Apfel ausstreckt, wenn er schon einen in Händen hat.

Durch diese Szene, bei der die sieben Äpfel deutlich in einen Handlungsverlauf einbezogen sind, kann man auf das Thema aufmerksam werden und nach Parallelen forschen – und tatsächlich: es gibt sie! Nur würden

* Statue des Menschheitsrepräsentanten in Dornach.

einem die sieben Äpfel in den anderen Fällen nicht besonders bemerkenswert erscheinen. Die Szenen sind nicht so gestaltet, daß einem das Problem auffällig werden *muß*, wie es bei Bernward der Fall ist.

Bei der Tür von Magdeburg/Nowgorod sind gleichfalls sieben Äpfel zu zählen: fünf am Baum, einen in der Schlange Maul, den sie Eva darbietet, während Adam bereits einen in der Hand hält.

Sehr viel später – nämlich auf Albrecht Dürers Kupferstich von 1504 – treten die sieben Äpfel wieder auf. Auch dort wäre es nicht auffällig, es ließe sich aber immerhin, ähnlich wie bei Bernward, auch als ein fortlaufendes durch die Äpfel markiertes Geschehen auffassen. Bei Dürer hängt ein Apfel zuoberst, zwei stufen sich nach unten, zwei hängen ganz parallel, einen nimmt Eva aus der Schlange Maul und einen trägt sie in der Hand auf dem Rücken. Adam hat hier noch keinen Apfel, streckt aber den Arm verlangend danach aus; das Apfelgeschehen hat hier ein deutliches Gefälle von oben nach unten, es beginnt mit dem einen Apfel, teilt sich dann in eine Zweiheit, die durch verschiedene Stufen geht.

Man wird vermuten dürfen, daß ein uns unbekannter Hintergrund sich in der Tradition fortgepflanzt hat. Die Künstler, die darauf eingetreten sind, haben wohl noch eine Ahnung von Sinn und Bedeutung gehabt.[29]

Eva – das Rätsel der ersten Szene

Wenden wir uns nun dem ersten Felde zu! Alle Erklärungen, die hierfür bisher vorgebracht wurden, zeigen die Verlegenheit, in welche sich die Interpreten durch die Darstellung versetzt sehen. Lange hat man daran festhalten wollen, daß die rechte Gestalt, welche dem naiven Blick sofort als Eva erscheint, dennoch aber Adam sei, der Gott anbetet. Nun richtet sich aber diese Gestalt mit ihrer Gebärde mehr auf den liegenden Adam als auf Gott. Sie sieht mit Staunen, Ehrfurcht und wachem Interesse dem Vorgang seiner Schöpfung zu. Ihre Bezogenheit auf die mittlere Handlung ist ganz deutlich. Es ist dem Bilde wirklich nicht zu entnehmen, daß Bernward habe sagen wollen: Adam hat sich hinter einen Baum gestellt und Gott angebetet gerade in dem Moment, da Gott ihn selber erst erschaffen hat.

Eine andere Deutung ist, Gott habe Adam in einen Tiefschlaf versetzt, um ihm im Traum Eva zu zeigen. Diese Version versucht man dadurch zu stützen, daß man sie in Parallele zu Michelangelos Deckenfresko in der Sixtinischen Kapelle setzt: Die Erschaffung bzw. Beseelung Adams.

Dort handelt es sich aber um einen völlig anderen Bildvorgang. Der Schöpfer (nun kein Christus mehr, sondern der Gottvatertypus) streckt schwebend seinen Arm aus, um mit dem Zeigefinger Adams Hand zu berühren, der frisch erschaffen und noch träumend benommen auf dem festen Erdboden liegt und nun durch die Beseelung vollendet wird.

Die große Mantelhülle Gottes ist erfüllt von kindhaften und engelartigen Wesen, wie eine von ihm vorgedachte, aber noch nicht inkarnierte Menschenwelt. Unter seinem linken Arm hält er auf der von Adam abgewendeten Seite eine Frauengestalt verborgen, die man für die noch unerschaffene Eva halten kann. Diese Eva schwebt noch mit Gott über der Erde. Erst im nächsten Bild erscheint sie irdisch – aus der Seite des Adam hervorgerufen.

Bei Bernward aber schwebt Eva nicht im Ungeschaffenen, sondern steht bereits auf dem irdischen Boden. Sie ist kein Traum, sondern voll ausgebildet in genau der Sphäre vorhanden, in die Adam jetzt hinein erschaffen wird. Infolgedessen gibt es bei Bernward nachfolgend jene Szene nicht, die sonst immer für unerläßlich gehalten wird, wenn man die Entstehung des Urpaares schildern will: die Schaffung Evas aus der «Rippe» des Adam.

Diese hundert- und tausendfach in der bildenden Kunst vorzufindende Szene, die auch zu Bernwards Zeit schon Vorbilder gehabt hätte, entspricht dem Bericht des Moses im zweiten Kapiel: «Und Gott sprach: Es ist nicht gut, daß der Mensch allein sei, ich will ihm eine Gehilfin machen . . .»

Nach diesem Text kann sich Bernward nicht gerichtet haben. Aber es gibt eine uralte esoterische Überlieferung, mit welcher Bernwards Darstellung sich in Einklang befindet – die sogenannte Hieram- oder Tempellegende.

Die Hieram-Legende

Einer der Elohim erschuf Eva und verband sich mit ihr; daraus entstand Kain. Er ist nicht aus irdischer, sondern aus geistiger Zeugung entstanden – ein unmittelbarer Göttersohn, er wird auch Feuersohn genannt.

Darauf erschuf ein anderer Eloah, Jahwe, den Adam. Auch Adam verband sich mit Eva, daraus erwuchs Abel. Dessen beide Eltern sind Menschen.

Abel war ein Hirte. Das heißt, er nahm die von Gott geschaffene Welt so wie sie war; er hütete sie, aber er veränderte nichts an ihr. Kain dagegen arbeitete auf dem Acker. In der Garbe, die er Jehovah darbrachte, verband sich Götterschöpfung mit der Arbeit des Menschen, mit dem Anbau, der Veredelung des Getreides, mit Bemühung und Erfindung. Das mißfiel Jehovah. Er wollte Gotteskinder, nicht Mitwirkende an der Welt. Der Sohn des anderen Eloah war ihm fremd. Er nahm das Opfer Kains nicht an und stiftete damit Unfrieden zwischen Kain und Abel. In Kain fühlte sich das Göttliche, das er von seinem Elohimursprung in sich trug, verachtet – er erschlug Abel.

Abel war aber nicht nur *ein* Mensch, es gab viele Abelmenschen. Wie ja die Bibel auch durchblicken läßt, ohne es auszusprechen, waren Adam und Eva zwar die Repräsentanten der ersten Menschen, es muß aber außer ihnen schon mehr Menschen gegeben haben, da ja Kain in die Fremde zog und eine Frau nahm. Außerdem wird Adam und Eva in Seth ein neuer Sohn von Jahwe gegeben, der die Abelströmung fortsetzt.

Die Abelsöhne werden von Jahwe mit unmittelbarer, lebendiger, göttlicher Weisheit begabt, die eine abgeklärte, ruhige Weisheit ist, die in sich selber webt. Die Kainssöhne tragen in sich das Feuer ihrer Abstammung; sie werden zum Schaffen gedrängt durch den Zusammenstoß mit der Welt. Dieser Begegnung bedürfen sie als auslösendes Moment. In der Auseinandersetzung mit den äußeren Gegebenheiten erwachen ihre Fähigkeiten. Die Nachkommen Kains sind die Begründer aller menschlichen Kunstfertigkeiten. Nach dem Bericht des Moses baute Kain bereits eine Stadt, die er nach seinem Sohn Hanoch (oder Enoch) nannte. Mit dem Mosesbericht übereinstimmend, aber noch etwas ausführlicher, sagt die Tempellegende:

«Enoch lehrte die Menschen die Kunst, Steine zu behauen, Häuser zu bauen und bürgerliche Gesellschaften zu bilden. Enochs Sohn Irad und sein Enkel Mehujael errichteten Dämme und machten aus Zedernstämmen Balken... Methusael ersann die heiligen Buchstaben... und das sinnbildliche Tau, an dem die vom Feuer herstammenden Arbeiter einander erkannten... Jubal ist der Erfinder der Harfe und der Blasinstrumente, Naamah die Mutter der Spinnerei und Weberei. Tubalkain errichtete den ersten Schmelzofen und war der erste Metallarbeiter.»[30]

Moses erwähnt mit ihren Leistungen nur Jabal (Hüttenbau und Viehzucht), Jubal, «von dem hergekommen sind die Geiger und Pfeifer» und Tubalkain, «den Meister in allerlei Erz- und Eisenwerk. Und die Schwester von Tubalkain war Naema». Daß von ihr das Spinnen und Weben ausgeht, sagt er nicht. Gleichwohl gab es im Mittelalter ausführlichere Darstellungen, die wohl nur auf der Tempellegende beruhen können. Z. B. stellt Andrea Pisano am Giottoturm zu Florenz auch Naema dar, wie sie die Weberei erfindet.

Die Abelströmung, die aus göttlich geschenkter Weisheit lebt, wird zur Priesterströmung. Sie geht dann auch auf die Königsströmung über, sofern diese nicht durch Verdienst, sondern «von Gottes Gnaden» weitergegeben wird. Salomo, durch Weisheit berühmt, ragt als besonderer Repräsentant der Abelströmung hervor. Er wird von Jahwe des Auftrags gewürdigt, ihm den Tempel zu erbauen. Nun vermag Salomo zwar das Konzept zu ersinnen, doch hat weder er noch irgend jemand in Jahwes auserwähltem Volke die Fähigkeit, den Bau praktisch-künstlerisch zu verwirklichen.

Zu gleicher Zeit lebte in Tyrus ein Meister namens Hieram. Er war einer der größten Kainssöhne. In ihm versammelte sich alles Wissen, alle Kunst und alle Technik, welche von den Kainssöhnen bis dahin in die Welt gebracht worden waren.

Diesen Hieram ruft Salomo. Er schafft den Tempel in seiner Gesamtgestalt, und ebenso die vielen kostbaren Einzelheiten, die zu diesem Wunderwerk gehören, so die goldüberzogenen Cherubim und die ganze aus Gold bestehende Innenausstattung, die zwei ehernen Säulen vor dem Tempel mit Rosen und zweihundert Granatäpfeln und vieles andere. Er überzog den Tempel auch mit edlen Steinen. So wirken Kain- und Abelströmung beim Tempelbau zusammen.

Es kommt die Königin von Saba, um die Weisheit Salomos zu prüfen. Sie bewundert ihn und seine Schönheit, als er auf einem von Hieram geschaffenen goldenen Throne in seinem Palaste sitzt. Die beiden verloben sich. Die Königin besichtigt staunend auch den im Bau begriffenen Tempel und möchte den Baumeister, der dies alles schafft, kennenlernen. Salomo zögert das hinaus, solange er kann. Schließlich muß er doch Hieram rufen. Ein Blick aus den Augen Hierams genügt, um die Königin von der Größe dieses Mannes völlig einzunehmen. Sie begehrt, die ganze Arbeiterschaft zu sehen, doch Salomo erklärt das für unmöglich. Hieram jedoch ersteigt eine Erhöhung und zeichnet das Tauzeichen in die Luft.

Daraufhin strömen alle Arbeiter zusammen. Die Königin ist von Hieram noch tiefer beeindruckt.

Hieram will als Krönung seines Werkes das «Eherne Meer» gießen. Im Alten Testament wird es beschrieben als ein sehr großes Wasserbecken, von einem Rand zum anderen «zehn Ellen weit und fünf Ellen hoch», das auf zwölf Rindern steht. In der Tempellegende aber nimmt der Guß des Ehernen Meeres einen ganz anderen Rang ein. Trotz all der Herrlichkeiten, die Hieram für den Tempel bereits geschaffen hat, soll der Guß des Ehernen Meeres die höchste seiner Leistungen werden.

Hieram hat unter seiner Arbeiterschaft drei Gesellen, die untüchtig sind. Sie begehren von ihm das Meisterwort als Voraussetzung für ihre Selbständigkeit, aber er muß es ihnen verweigern. Daraufhin beschließen sie, sich zu rächen, indem sie der Metallmischung, die für das Eherne Meer vorbereitet wird, falsche Zusätze beigeben. Salomo erfährt davon; da er aber auf Hieram eifersüchtig ist, unternimmt er nichts dagegen.

Der Guß mißlingt; durch Zugießen von Wasser versprüht alles zu einem riesigen Feuerregen. Hieram steht entsetzt und machtlos vor den Flammen. Da hört er eine Stimme, die ihn ruft. Sie ermutigt ihn, sich in die Flammen zu stürzen, denn er sei unverwundbar gemacht. Es ist die Stimme Tubalkains, seines Ahnherrn – des Erfinders des Erzgusses. Tubalkain führt ihn in den Mittelpunkt der Erde. Dort erblickt Hieram den Urvater Kain im Urstand seiner engelhaften Schönheit. Hieram wird geweissagt, daß er einen Sohn haben werde, aus dessen Geschlecht viele «Feuersöhne» erstehen werden als die Wissenden und Tätigen.

Tubalkain gibt Hieram einen Hammer und ein goldenes Dreieck. Auf dem goldenen Dreieck steht das große Meisterwort. Mit dem Hammer vermag Hieram den Guß des Ehernen Meeres zu retten.

Die Königin von Saba hat Salomo, als er berauscht war, den Verlobungsring vom Finger genommen; sie verbindet sich mit Hieram. Aber die drei üblen Gesellen wollen mit Wissen oder auf Anweisung Salomos den Baumeister töten. Er vermag gerade noch, das goldene Dreieck in einen Brunnen zu werfen, dann stirbt er. Man sucht und findet das Dreieck, vermag aber das Wort nicht zu verstehen und weiß nichts mit ihm anzufangen. So wird es an heiligster Stelle im Tempel verwahrt und ein Stein darauf gelegt, auf dem das mosaische Gesetz niedergeschrieben ist.

Die Königin bringt einen Sohn zur Welt, von ihm stammen alle ab, die sich als Söhne Hierams erweisen.

Diese Legende ist, wie ein Mythos, die Bildeinkleidung von Geheimnissen. Als eine ihrer Aussagen wird erkennbar: Der Tempel Salomos war in allen seinen Maßen und Materialien ein Gleichnis für den Tempel, den die Menschheit erbauen soll. Sie soll sich selbst und die Welt zu einem Gefäß für den göttlichen Namen machen. Sie soll die mineralische Welt zu einem Kunstwerk umarbeiten. Die Kainssöhne verbinden sich durch ihre Tätigkeit stark mit der materiellen Welt, das ist das Kainszeichen an ihnen; die Abelsöhne müssen sich durch Askese vor der Verbindung mit der Welt bewahren, können dann aber nicht wirklich in sie eingreifen. In einem langen Prozeß werden die Menschen an sich arbeiten, werden die Kainssöhne den Dienst an der Welt zu leisten haben – und das heißt: am Guß des Ehernen Meeres und seiner Vorbereitung wirken. Denn das Eherne Meer ist Ausdruck für die friedliche Wiedervereinigung der Kain- und Abelströmung. Wenn das reine, klare Wasser und der von allem Unedlen (die drei üblen Gesellen) geläuterte Feuerguß sich zusammenfinden, dann wird der Zeitpunkt gekommen sein. Es darf aber nicht einfach darauf gewartet werden, sondern der Guß wird nur dann gelingen, wenn ihn die Menschheit genügend vorbereitet hat.

Eine Ergänzung dieses Aspektes, die, wie Rudolf Steiner sagt, vor allem den Templern bekannt war, liegt in der Aussage: Wenn die Sonne mit ihrem Frühlingspunkt im Sternbild des Wassermanns aufgehen wird, dann wird der Guß des Ehernen Meeres gelingen können. «Wassermann», diese Tierkreisbezeichnung, ist auch ein Gleichnisname für Johannes den Täufer. Ein Johannes-Aquarius wird kommen, ein Wassermanneingeweihter, um die Menschen vorzubereiten; so wie einst der Täufer durch die Wassertaufe die Menschen auf die Feuertaufe des Christus vorbereitet hat.

Die großen Dombaumeister des Mittelalters setzten oft den sogenannten Thron Salomonis an die Fassade ihrer Kirchen und nahmen auch sonst mancherlei Rückbezug auf den salomonischen Tempel. Der Name des Hieram wird dabei verschwiegen und ist der christlichen Gemeinde kaum bekannt geworden. Der Rückbezug auf den Tempel zu Jerusalem ist die Besinnung auf ein Urbild, dessen Grundprinzipien in allem Tempelbau walten sollten: alle Proportionen und Abmessungen sollen Spiegelbilder himmlischer Ordnungen sein; die Akustik, welche das Wort und Lied des Kultus hörbar macht, ist als Abglanz der Sphärenharmonien zu verstehen. Im Tempelbau verbinden sich Gleichnis und irdische Realität, und alle Geheimnisse der Menschheitsentwicklung sind in diesem Gleichnis enthalten.

So waren einst alle Bauleute, alle Maurer und Steinmetzen getragen von einem gewaltigen Hintergrund; der gab ihrer Arbeit einen hohen moralischen und zugleich symboltragenden Sinn. Rainer Maria Rilke hat diesen Doppelaspekt des Tempelbaues in dem Gedicht «Werkleute sind wir . . .» in erstaunlicher Klarheit zum Ausdruck gebracht.[31]

Aus solchem Hintergrund ist auch zu verstehen, daß man im Mittelalter Dome konzipierte, deren Vollendung von denen, die sie begonnen hatten, gar nicht mehr erlebt werden konnte. Es kam darauf nicht an. Das ganze Bauen war ein einziger Prozeß, war ein auf die Zukunft hin gerichtetes Schaffen am Menschheitstempel.

Die erste Szene der Bernwardstür ist von der Tempellegende her leicht verständlich, ohne daß man nach Hypothesen suchen muß, denn nach der Legende ist Eva bereits da (als die von einem anderen Eloah Erschaffene), als Adam erschaffen wird. Verständlich ist ebenso Bernwards kompositionelle Idee, welche rechts oben die vorgebeugte Eva und links unten den hochblickenden Kain als Einzelpersonen ins Bild setzt. Mit ihnen und ihrer Tat beginnt die Individuation, die Vereinzelung, die zunächst eine Trennung vom Göttlichen mit sich bringt, die aber auch den Keimpunkt zur menschlichen Freiheit legt.

Indem Bernward die erste Szene seines großen Erzgusses nach der Tempellegende gestaltet, gibt er seinem Werk das Siegel Hierams mit, zeigt er für die Kundigen, daß er sich bewußt in diesen Strom stellt.

Bernward hat aber auch, so ist überliefert, sich sehr mit Salomo befaßt und ihn unter die Heiligen des Alten Bundes gerechnet. Er hat ihn als den größten Büßer aller Zeiten bezeichnet, was man sich heute nur damit erklären kann, daß er ihn für den Autor des Buchs «Der Prediger» ebenso wie des «Hohenliedes» gehalten hat, was man heute bezweifelt (Algermissen, S. 13). Liest man dieses Buch des «Predigers», so kann man nur mit großer Erschütterung wahrnehmen, wie hier jemand seine größte Weisheit dazu verwendet, zu erkennen, daß alles «eitel» ist, auch die Weisheit. «Es gibt nichts Neues unter der Sonne. – Wie es dem Guten geht, so geht es auch dem Sünder. – Das ist ein böses Ding unter allem, das unter der Sonne geschieht, daß es einem geht wie dem anderen», sind Worte aus dem «Prediger». Der König, der in soviel Prunk, mit soviel Frauen, in soviel Ruhm gelebt hat, durchschaut die Nichtigkeit der Welt, und jene tragische Resignation breitet sich aus, wie sie *vor* dem Christusereignis wohl die Weisen erfüllen konnte. Wenn Salomo diesen Text geschrieben hat, dann muß er allerdings einen ungeheuren Weg der Läuterung gegangen sein, der Bernwards Verehrung gerade in diesem Punkte verständlich macht. Die Kirche, besonders des Westens, hat Salomo nicht vergessen: «Seine Verschwendungssucht, seine Volksbedrückung, sein maßloses Haremsleben in seinen späteren Jahren und seine Toleranz gegenüber den heidnischen Religionen und dem ärgerniserregenden Götzendienst, den er aus Liebe zu seinen vielen heidnischen Nebenfrauen duldete und förderte. (Algermissen S. 12).

Trotz aller Tragik, welche die Hieramlegende schildert, ist der Tempelbau ein Anhaltspunkt und ein Zeichen für das notwendige, friedliche Zusammenwirken beider Strömungen, die nur gemeinsam das Menschheitswerk vollbringen können.

Und blickt man auf Bernward, so kann man den Eindruck haben: In diesem priesterlichen Manne mit seiner strengen, zum Teil asketischen Lebensführung, mit seiner Güte gegen die Armen, seiner vielgerühmten geduldigen und liebevollen Seelsorge und dem großen bischöflichen Pflichtbewußtsein – und zugleich in diesem Baumeister, Goldschmied, Bildhauer und Erzgießer steht eine Persönlichkeit vor uns, welche wie in lebenslanger «Legierung» die Aussöhnung von Kain- und Abelströmung in ihrem eigenen Wesen gesucht und geradezu augenfällig vorgelebt hat.

Es soll hier noch erwähnt werden, daß (nach Rudolf Steiner) Hieram in der Zeitenwende eine gewaltige Umformung durchmachte, indem er all seinen geistigen Reichtum hingab, um von Christus neu erweckt zu werden. Dadurch mündet der gesamte Hieram-Impuls im Christentum und lebt rechtmäßig nur in ihm weiter.[32]

Das Eherne Meer in Bibel und Legende

Wenn nun Bernward bei seinem großen Erzguß erkennen läßt, daß er sich in der Nachfolge des Hieramimpulses sieht, daß er also die Tempellegende und damit das Geheimnis des Ehernen Meeres kennt, so könnte man fragen: Gibt es noch andere Werke, die in irgend einer Form solch ein Erkennungszeichen an sich tragen? Haben auch andere Meister etwas Entsprechendes gewußt?

Zur Zeit Bernwards war der christliche Erzguß in Europa erst am Anfang, aber aus der Fülle der ihm nachfolgenden Werke ragt, wie die Spitze eines Eisberges, *eines* heraus, das auf ganz andere Art, aber sehr deutlich, den gleichen Bezug erkennen läßt. Es ist wiederum ein großer Meister, der es vollbringt. Sicher haben nur die bedeutendsten Träger der Strömung die Tiefe der Tempellegende verstanden oder überliefert erhalten.

Es wäre eine Frage, ob es Bernward gewesen ist, der die Erzgießerströmung in Europa mit dieser Überlieferung verbunden hat. Er, der die Kraft besaß, eine so unglaublich leistungsfähige Gußhütte aufzubauen, wird seinen entscheidenden Mitarbeitern auch einen Hintergrund für ihre Arbeit vermittelt haben.

Bleibt das Problem, woher ihm dieses Wissen gekommen war. Dafür gibt es verschiedene Möglichkeiten. Er kann durch seine Verbindung mit dem Kaiserhofe – wo ein dauernder Kontakt mit den führenden Philosophen und Künstlern des Ostreiches bestand – in diese Geheimnisse eingeweiht worden sein. Es kann auch in Europa eine solche Geheimtradition bereits bestanden haben – vielleicht zur Zeit Karls des Großen herübergekommen, der sich ja einen Erzgießer östlicher Tradition geholt hatte. Es konnte aber auch ein großer Eingeweihter ganz unmittelbar die Quelle dieses Wissens sein, denn es scheint zu allen Zeiten mindestens *ein* Mensch der jeweilige Hüter der Geheimnisse um das Eherne Meer und das Goldene Dreieck gewesen zu sein. In Europa muß diese Überlieferung entweder wieder verblaßt sein oder ganz streng verschlossen sich nur bei wenigen innerhalb der Erzgießerströmung weitervererbt haben. Jedenfalls bezeichnet Rudolf Steiner Christian Rosenkreutz als denjenigen, der im

15. Jahrhundert diese Legende aus dem Orient brachte. Sie umfaßte alle Geheimnisse, die er in einer dortigen Einweihung erfahren hatte. Die *Interpretation* gab er aber nur an einen ganz engen Kreis von höchstens zehn Menschen weiter. Für das 18. Jahrhundert nennt Rudolf Steiner den Grafen St. Germain als den Hüter «des innersten Geheimnisses vom Ehernen Meer und vom Goldenen Dreieck» (Vortrag vom 4. 11. 1904).

Aus diesen beiden Angaben könnte verschiedenes geschlossen werden, vor allem wohl das eine: wer eine wirkliche Kenntnis dessen besaß, was die Hieramlegende aussagen will, der hatte auch eine Einweihung erhalten.

Machen wir uns noch einmal klar, wie nach der Bibel das Eherne Meer ausgesehen hat: «Und er machte ein Meer, gegossen, zehn Ellen weit von einem Rand zum anderen, rund umher, und fünf Ellen hoch, und eine Schnur dreißig Ellen lang war das Maß ringsum ... Und es stand auf zwölf Rindern, welcher drei gegen Mitternacht gewandt waren, drei gegen Abend, drei gegen Mittag und drei gegen Morgen, und das Meer oben darauf, daß alle ihre Hinterteile inwendig waren ...» (1. Könige, 6. Kapitel, 23 ff.)

Ähnlich, nur kürzer gefaßt, wird es in 2. Chronika, 4. Kapitel erzählt. Wenn man vergleicht, daß in die zehn Kessel, von denen dort gesprochen wird, je vierzig Bath hineingingen, in das Eherne Meer aber zwei- (Könige) bzw. drei- (Chronika) tausend Bath, so muß es ein Becken von gewaltiger Größe gewesen sein. In ihm sollten sich nach 2. Chronika 4,6 die Priester reinigen. Sie hatten ja die blutige Opferarbeit zu leisten (und nach der Chronik opferte Salomo zur Weihe des Tempels 22 000 Ochsen und 120 000 Schafe). Das Meer stand nach diesem Bericht an der südöstlichen Ecke des Tempels im Priesterhof. Die Bezeichnung «Meer» scheint hier lediglich von der Größe, der Quantität, abgeleitet zu sein, während in der Tempellegende der Guß von der moralisch-qualitativen und künstlerischen Seite her genommen wird. Es geht vor allem um die richtige Legierung. Sie wird durch die bösen Leidenschaften der drei üblen Gesellen verdorben. Daß sie wirken können und nicht gehindert werden, liegt daran, daß die reine Weisheit des Salomo durch Eifersucht getrübt ist. Der falsche Zusatz von Wasser bringt Feuer und Wasser so zusammen, daß sich alles noch zusätzlich in verderbenbringender Sprühkraft steigert.

Das Bild des Ehernen Meeres als eines *Wasserkessels,* bei dem das durch Gluten gereinigte Metall die klare, den Himmel spiegelnde Weisheit birgt, ist das eine. Hierbei ist ein Äußeres und ein Inneres getrennt, wie die

Abelsöhne mehr am Inneren, die Kainssöhne mehr am Äußeren wirken.

Eine andere Auslegung ist die des Ehernen Meeres als einer Formung, bei welcher das feuergeschmiedete Metall selbst die *Wogen des Meeres* kunstvoll darstellt. Das Geheimnis hierbei ist, die richtige Legierung zu finden. Bei diesem Aspekt handelt es sich um die Mysterien des Mineralreiches überhaupt. «Hieram-Abiff ist also dazu berufen, das Eherne Meer, das heißt die Verwandlung des Mineralreiches durch die Kunst, zu übernehmen.» (Rudolf Steiner, Vortrag vom 23. 10. 05)

Da auch der Mensch teil hat an der mineralischen Welt, ist seine Läuterung ebenfalls eine Vorbereitung für das künftige Gelingen. Daß «üble Gesellen» – in uns und außer uns wirkend – die Vollendung werden verhindern wollen, ist im Bilde der Legende vorausgesagt; aber auch, daß der Guß, der reine Weisheit und feurige Tatkraft verbinden soll, einmal gelingen wird.

Das Eherne Meer als Taufbecken

Zu den Sakramenten des christlichen Kultes gehört die Wassertaufe. Früher wurde sie durch ein vollständiges Hineinsteigen und Untertauchen vollzogen, wie es von Johannes im Jordan überliefert ist, später – als man zur Taufe des kleinen Kindes übergegangen war – durch eine mehr symbolische Wasserbenetzung. Die dafür gefertigten Taufbecken waren aus Holz oder Stein, bis der Bronzeguß auch auf dieses Kultgerät übergriff. Man schmückte seine Außenwandung (wie beim Steintaufbecken auch) mit Reliefs aller Art: Szenen aus der Kindheit Jesu oder aus der Passion Christi, Madonnenbilder, Heilige, Apostel und vieles andere. Daß dabei die Jordantaufe häufig auftritt, liegt vom Thema her nahe.

Aus diesen bronzenen Taufbecken ragt *eines* heraus. Es ist verhältnismäßig früh entstanden (Beginn 12. Jh.), zugleich aber von einmaliger künstlerischer Reife und Vollendung. In Stil und Art seiner Reliefs gleicht es dem speziellen Gestaltungswillen des Bernward nicht. Die Gestalten sind von fast eleganter Schönheit. Eine schon von romanischer Beseeltheit angereicherte antikische Klassik prägt die ruhigen, vollendet gestalteten Körper, Gewänder und Gesten.

«Daß das im Mittelalter, im frühesten 12. Jahrhundert, Jahrzehnte vor den archaischen Figuren von Chartres möglich ist, bleibt rätselhaft . . . Der

Das Taufbecken des Reiner von Huy

Stil bleibt einzig, ohne erkennbare Voraussetzung und Auswirkung. Das Menschenbild des Altertums, die antike Szenenbildung, die römische Reliefbehandlung sind verstanden und beherrscht. Schmuckformen oder architektonische Gliederung, wie sie die Zeit liebte, fehlen. Nur ein

Gesimsprofil faßt oben und unten die leere Fläche ein. Auf ihr entfalten sich Szenen, die nirgends sonst begegnen.»*

Das Taufbecken wurde in Lüttich gearbeitet und von einem Abt Hellinus für seine Kirche Notre-Dame-aux-Fonts in Auftrag gegeben. Heute steht es in der Kirche St. Barthélemy. Sein Meister hieß *Reiner von Huy*. Er war auch Goldschmied, doch sind solche Arbeiten nicht überkommen. Lediglich eine Anzahl kleiner Bronzekruzifixe wird auf ihn oder seine Schule zurückgeführt. Sie zeigen alle eine «zungenartige Schlaufe über der rechten Hüfte, . . . die sich bis auf den silbernen Kruzifixus des Bischofs Bernward von Hildesheim zurückführen läßt».** Das heißt, in dieser Lütticher Gußhütte sind Nachwirkungen von Bernwards Kunstschaffen erkennbar.

Das Taufbecken ist ein heller, gelblich-bronzener Zylinder von 60 cm Höhe und 80 cm Durchmesser. Was an ihm sofort auffällt: es wird getragen von zwölf Rindern, welche wie diejenigen des Ehernen Meeres mit ihren Hinterteilen unter dem Kessel stehen. Die Bezugnahme auf Hierams Werk am Salomonischen Tempel ist unübersehbar.

Diese «Rinderherde des Reiner von Huy» hat 1972 anläßlich der großen Rhein-Maas-Ausstellung (Kunst und Kultur 800–1400) eine neue Montage bzw. eine Rückversetzung in den alten Zustand erfahren, nachdem sie eine Zeitlang in einen steinernen Unterbau eingemauert gewesen war. Sie ist jetzt wieder sorgfältig nach der in der Bibel berichteten Dreiergruppierung angebracht.

Diese Form eines Erzgießers, seinen Anschluß an den großen Meister Hieram zu dokumentieren, blieb einmalig. Lediglich ein Steinmetz hat das Taufbecken in Stein zu kopieren versucht (Mousson, ehemalige Schloßkapelle).[33] Allein dies könnte noch eine ausgefallene Idee sein, die sich auch aus den biblischen Berichten herausholen ließe. Hinzu kommt aber, daß auch die Szenenfolge keine Parallele kennt. Zwei der Szenen sind ohnehin «so gut wie nie und nirgends dargestellt worden. Sie zeugen schon als Thema von hoher Bildung und Originalität und von einer ungewöhnlichen Vertrautheit mit dem Altertum».***

Erblickt man das Becken, ohne die in die glatte Wand eingeritzte Schrift zu lesen, so sieht man zunächst, daß außer einer Szene alles andere

* Kurt Bauch im Katalog «Rhein und Maas», Köln 1973, 2. Band, S. 153.

** Peter Bloch in «Rhein und Maas», 2/S. 251.

*** K. Bauch, a. a. O.

Taufszenen sind, die in der Taufe Christi gipfeln. Und die einzige Szene ohne Taufhandlung ist die Predigt des Täufers. Wassermannzeitalter! Wirken des Aquarius umzieht in eindrucksvollen Reliefs das Becken. Diese Reliefs sind, ähnlich wie bei Bernward, lapidar auf glatte Fläche gesetzt und nur durch Bäume geteilt, sonst ist auf jedes Beiwerk verzichtet.

Der Rand, auf dem alle Figuren stehen, ist nicht glatt und gleichmäßig sondern durchgehend gewellt; Metallguß hält die bewegten Formen des Wassers fest.

Aus Beischriften ergibt sich, daß der Taufende in zwei Fällen nicht Johannes Baptista ist, sondern einmal Petrus und einmal Johannes der Evangelist. Petrus hält eine Schriftrolle in der Linken, die sich vor den Augen des getauften Mannes lang herab aufrollt: Petrus tauft Cornelius, wie es in der Apostelgeschichte 10, 1–18 und 11,16 heißt.

In der darauffolgenden Szene tauft der Evangelist Johannes in Ephesus den Philosophen Crato und dessen Schüler. Davon wird nur berichtet «in einer kaum bekannten Schrift des Abdias vom 6. Jahrhundert» (Rhein-Maas 2/153). Reiner von Huy muß ein besonderer Mann gewesen sein – ein großer Künstler in Erz, aber offenbar auch ein «Studierter», der sich in ausgefallenen und seltenen Überlieferungen auskannte und mit ihrer Hilfe ein Programm zum Ausdruck brachte, das durch die Zweiheit Ehernes Meer und Wassermannwirken gekennzeichnet ist.

Er ging hervor aus der Erzgießerwerkstatt von Lüttich, welche von jenem Bischof Notker ins Leben gerufen wurde, der ein Freund Bernwards gewesen sein soll und den Bernward mehrfach besucht hat. trug Bernward den Hieramhintergrund in die Werkstatt von Lüttich?

Bernwards Türflügel entstanden von ca. 1007 bis 1015. Genau hundert Jahre später, zwischen 1107 und 1118, wird in Lüttich das Taufbecken gegossen. Es mutet wie ein Staffettenlauf an, bei dem eine Fackel weitergegeben wird, deren Licht alle hundert Jahre einmal aufblitzt.

Das Eherne Meer mit den Fischen

Da das Eherne Meer so selten in der bildenden Kunst zitiert wird, sei noch auf eine Arbeit hingewiesen, die aber einen ganz anderen Charakter hat. Das Besondere ist hier zunächst, daß überhaupt das Eherne Meer dargestellt wird. Es handelt sich um die goldgefaßten Emailtafeln des heute «Verduner Altar» genannten Kunstwerks, das 1181 von einem Meister Nikolaus von Verdun für das Stift Klosterneuburg in Österreich gearbeitet wurde.

Der in drei Reihen 51 Bilder zeigende Altar setzt Altes Testament in der oberen und unteren Reihe in Beziehung zu Geschehnissen der Heilsgeschichte in der mittleren Reihe. In der unteren Reihe folgt auf drei Samsonszenen das Bild: Besuch der Königin von Saba bei Salomon und als nächstes das Eherne Meer. Vertikal steht es in Beziehung zur Taufe im Jordan unmittelbar darüber, und nochmals darüber ist der Durchzug durch das Rote Meer zu sehen. Eine lateinische Umschrift sagt: «Das Vorbild des Meeres und der Rinder war ein Schattenbild des heiligen Bades.»

Das Eherne Meer ist in Aufsicht gegeben. Man blickt von oben in die konzentrischen Ringe des Kessels hinein, in denen durch Wellenform das Wasser angedeutet ist. Die viermal drei Rinder tragen das Becken. Was der Erklärung Schwierigkeiten bereitet, sind lediglich die Fische, die im mittleren Rund, also in der Tiefe dieses Wassers, schwimmen. Im Ehernen Meer, von dem die Bibel als Reinigungsbecken für Priester und Opfertiere spricht, haben Fische ganz und gar nichts zu suchen. Auch ist die Umschrift: «Das Vorbild des Meeres und der Rinder war ein Schattenbild des heiligen Bades» – nämlich der Taufe im Jordan – aus diesem Zusammenhang nicht zu verstehen. Wohl aber kann sie verständlich werden unter einem Aspekt, der Jesus mit dem Tierkreiszeichen der Fische in Zusammenhang sieht, wie Johannes mit dem Wassermann.

«Johannes hatte die Wassermanninitiation empfangen, und er wies darauf hin, daß der, welcher da kommen wird, die Initiation der Fische haben werde, das heißt diejenige Initiation also, die folgen muß auf die Johannesinitiation und die als eine höhere angesehen wurde. Deshalb sagte Johannes der Täufer zu seinen intimen Schülern: Ich kann meinem Engel durch die Wassermanninitiation nur die Kräfte zur Verfügung stellen, daß er verkünden kann, daß der Herr kommt. Es wird aber einer kommen, der die Kräfte hat, welche durch die Initiation mit dem Sternbild der Fische symbolisiert sind. Und der wird aufnehmen den Christus!

Damit wies Johannes der Täufer hin auf den Jesus von Nazareth. Und darum haben die alten Traditionen dem Christus-Jesus das Symbol der Fische gegeben. Und weil alles, was äußerlich geschieht, Symbol für innere Vorgänge ist, obwohl es äußerlich geschieht, darum werden als

Emailtafel des Verduner Altars: Das Eherne Meer

Gehilfen dem Fisch-Initiierten Fischer zugeteilt. Das alles sind zugleich äußerliche, historische Ereignisse und zugleich für die geistigen Geheimnisse tief symbolische Handlungen.»*

Nun handelte es sich, wie Rudolf Steiner ausführlich erklärt, dabei um den geistigen Gegenbogen des Tierkreises. «Physisch geht es von der Jungfrau zu Löwe, Krebs, Zwillingen, Stier, Widder – geistig geht es von der Jungfrau zu Waage, Skorpion, Schütze, Steinbock, Wassermann und Fischen.» (12. Vortrag.)

Nur in dieser Gegenrichtung ist es möglich, daß der Wassermann den

* Rudolf Steiner: «Exkurse in das Gebiet des Markusevangeliums», GA 124, 4. Vortrag.

Emailtafel des Verduner Altars: Die Taufe Christi
(vergl. Seite 218 f.)

Fischen vorangeht; er nennt es auch den Nachtbogen. Im Tagbogen ist es umgekehrt, da folgen die Fische dem Widder und gehen dem Wassermann voran.

Welchem Tagtierkreiszeichen entspricht der «geistige Wassermann»? Er entspricht dem Stier. Das heißt, der Täufer bezog seine Einweihung aus dem schon abnehmenden Gegenbild der Stierzeit, welche die ägyptisch-chaldäische Epoche gewesen ist. Jesus stand exoterisch unter dem Sternbild des Widders bzw. des Lammes, das die griechische Epoche regierte, und wurde durchkraftet von der geistigen Sonnenwirkung aus den Fischen. Dadurch konnte er den Christus aufnehmen.

Es muß das im frühen Christentum bekannt gewesen sein; schon in den Katakomben setzte man für Christus das Zeichen des Fisches, und in der

Malerei kann man noch jahrhundertelang zwei verschiedene Traditionen für das Abendmahlsgeschehen bemerken – die einen zeigen das Lamm, andere den Fisch als Abendmahlsspeise bzw. als Gleichnis für Christi Opferung.

So die Theoderichmosaiken in San Apollinare Nuovo in Ravenna (6. Jh.): Groß liegen, die ganze Tafel erfüllend, zwei Fische auf blauer Platte.

Auch unser Meister der Verduner Tafel kennt diesen esoterischen Fischeaspekt, das zeigen nicht nur seine Fische im Ehernen Meer, sondern das zeigt auch sein Abendmahlsbild: Während Judas von Christi Hand den Bissen gereicht bekommt, der ihn als Verräter kennzeichnet, hat er einen Fisch von der Tafel entwendet und verbirgt ihn – sozusagen als Beute – hinter seinem Rücken.

Ähnlich hat es noch sehr viel später Conrad von Soest dargestellt, indem er in seinem Wildunger Altar (1403) Judas den entwendeten Fisch unter der Tischdecke verstecken läßt.

So haben sich aus dem Doppelaspekt Lamm/Fische zwei verschiedene Traditionen ergeben: die eine Linie stellt das Lamm als Speisung auf die Tafel, die andere Linie den Fisch.[34]

Der Verduner Meister betont das Fischegeheimnis. Daß darüber hinaus sein Ehernes Meer auch noch die Hieram-Legende andeuten will, kann man vermuten, weil er den Besuch der Königin von Saba bei Salomo unmittelbar vorausgehen läßt. Die drei Hauptträger der Handlung: Salomo, Balkis und Hieram (dieser symbolisiert durch das Eherne Meer) sind dadurch beieinander. (Hieram ist meines Wissens niemals dargestellt worden.)

Zur Vermutung, daß der Meister der Verduner Tafel auf der Linie liegt, die wir von Bernward haben ausgehen sehen, geben noch andere Details Anlaß. So hält, wie auf der Bernwardstür, Maria bei der Kreuzigung ein Buch in ihren Händen – ein Attribut, das sonst nur den Evangelienschreibern beigegeben wird. Auf andere Details kommen wir später noch zurück (s. S. 218 f.).

Auch Nikolaus von Verdun steht in der Tradition der Maasschule und ist vermutlich in Lüttich oder seinem Umkreis ausgebildet worden. Keine hundert Jahre nach Reiner von Huy nutzte er den großen Auftrag, den der Probst von Klosterneustift ihm gab, um das Geheimnis des Ehernen Meeres aufleuchten zu lassen. Auch er wird als eine der großen Gestalten in der Kunstentwicklung angesehen; in der Gold-Emailkunst entfaltete er ganz ungewöhnliche technische Qualitäten. Wie Reiner von Huy scheint er selbst ein gelehrter Mann gewesen zu sein, denn sein zweites bekanntes Werk, den Marienschrein in der Kathedrale von Tournai, zeichnete er als «Magister Nicolaus de Verdun».

Fassen wir noch einmal zusammen: Die damals geheime Hieramlegende (deren Ursprung in der vorchristlichen Zeit gesucht werden muß, und zwar als Ergänzung geschrieben, nachdem das Alte Testament aus der Abelsicht aufgezeichnet worden war), hat besonders zwei Momente, die der Bibel nicht zu entnehmen sind oder ihr sogar widersprechen. Der eine ist die Erschaffung Evas vor Adam und durch einen anderen Eloah. (Das macht uns Schwierigkeiten, da wir die Bibelübersetzung gewöhnt sind, die sagt, «Gott» schuf den Menschen, obgleich auch in der Bibel zu lesen ist, daß «die Elohim» die Schöpfer waren.) Wer aber die Version kennt, daß Eva vor Adam entstanden ist, der weiß auch von der Mission der Hieramströmung, in welcher die Baukunst und die bildenden Künste überhaupt – einschließlich der Wissenschaften – eine große Rolle spielen.

Der Metallguß wird im Bilde des Ehernen Meeres zum Symbol für das Zukunftsziel einer friedlichen Wiedervereinigung von Kain- und Abelströmung, die im Wassermannzeitalter gelingen soll..

Wir sahen: Bei der Neubegründung der Metallgießerströmung in der christlichen Ära Europas tritt an der Bernwardstür das Zeichen der Hieramlegende auf. Es tritt hundert Jahre später erneut ein Hinweis bei Reiner von Huy in Erscheinung, der zudem auf das Aquariuswirken und das Wassermannzeitalter deutet. Reiner von Huy kommt aus der Lütticher Gußhütte, mit der Bernward starken Kontakt hatte, und in welcher der Einfluß seiner Werke handgreiflich ist.

Auch die Hildesheimer Gußhütte bringt nach Bernwards Tod noch bedeutende Werke hervor; jedenfalls wird ihr das bronzene Taufbecken zugeschrieben, das noch heute im Dom zu sehen ist, entstanden etwa 200 Jahre nach Bernward. Hierbei aber ist keinerlei Anklang an die Intentionen zu bemerken, die an Bernwards Tür und auch an seiner Säule erkennbar sind. Und obgleich nur fünfzig Jahre nach der Heiligsprechung Bernwards vergangen waren, erscheint an diesem Becken zwar Bischof Godehard, aber nicht ist Bischof Bernward daran angebracht. Ist hier eine Distanzierung zur Bernwardstörung eingetreten?

Die Bernwards- oder Christus-Säule

Nach Vollendung der Tür stellte Bernward seiner Gußwerkstatt eine neue ungewöhnliche Aufgabe: Eine Säule aus Bronze, auf welcher Reliefs so hervortreten, daß sie sich wie ein spiraliges Band um den Säulenkörper aufwärts winden. Auch dafür gab es kein Vorbild. Und es gab auch keine Nachfolge.

Das als Christus- oder Bernwards-Säule bezeichnete Werk steht einsam in der Kunstgeschichte.

Die Säule ist 3,79 m hoch und hat einen Durchmesser von 58 cm; sie ist im Hohlguß hergestellt. Den Säulenleib bekrönte ein Kapitell, darauf stand ein Kreuz. Im protestantischen Bildersturm von 1544 schlug man das Kreuz herunter. Im Jahre 1650 wurde das Kapitell eingeschmolzen, und die Säule konnte knapp vor dem gleichen Schicksal bewahrt werden. Das heute aufgesetzte Kapitell stammt von 1871; wie das ursprüngliche ausgesehen hat, weiß man leider überhaupt nicht.

Die Kunstforschung ist Werken gegenüber sehr skeptisch, die einen Typus zeigen, den es vorher nicht gegeben hat. Unsere Zeit mag an keine ‹vom Himmel gefallenen› Bildnisse glauben, wie in der Antike so viele Götterbilder bezeichnet wurden. Es war damit ausgedrückt, daß einer neuen Intention, einer neuen Götteroffenbarung erstmalig ein Zeichen auf Erden gesetzt wurde. Heute sucht man nach irdischen «Vererbungs»-Linien, sucht nach Ableitungen und Ähnlichkeiten. Und stellt die Frage nach dem Zweck.

Was für einen Zweck könnte eine Metallsäule haben, die in keine Architektur eingebunden ist und außer dem Zeichen des Kreuzes nichts trägt?

Solange man die Säule in ihrem verstümmelten Zustand ins Auge faßte, also ohne Kapitell und Kreuz, meinte man, sie als einen übergroßen Osterleuchter betrachten zu können. Als diese Hypothese hinfällig wurde, stellte man folgende Überlegung an: Bernward war in Rom. Dort steht die Trajans- und auch die Mark-Aurel-Säule, welche beide von einem sich hochwindenden Reliefband umzogen werden. Dies hat Bernward gesehen, und das hat ihn angeregt, auch für Christus eine Triumphsäule zu

Abwicklung der Bernwards-Säule (nach A. Bertram)

setzen! Damit gewann man einen Begriff für das unbekannte Ding von Hildesheim: «Triumphsäule».

Die Trajanssäule entstand zwischen 106 und 113 n. Chr., die Mark-Aurel-Säule zwischen 176 und 193; in weit über zweitausend Szenen zeigen die Reliefbänder die Ruhmestaten der Kaiser. Die Säulen sind aus Marmor und so dick, daß man eine Wendeltreppe hineinlegen konnte. Im quadratischen Sockel der Trajanssäule befindet sich eine Kammer, die nach dem Tode des Kaisers seine Asche in goldener Urne aufnahm.

Bernward wird in dem damals recht kleinen Rom diese Säulen sicher gesehen haben. Abertausende haben sie gesehen, ohne daß jemand auf den Gedanken gekommen wäre, Christus solch eine Säule zu errichten. Auch hätte Bernward dem Motiv des Spiralbandes im römischen Reich häufiger begegnen können, spricht doch schon sein Widmungsbild im Großen Evangeliar von Kenntnis solcher Säulen, allerdings ohne Reliefs. Es gab aber auch Zwischenformen, zum Beispiel Säulen, die in spiraligem Aufstieg von Weinlaub umrankt wurden, wodurch die Zwischenräume durch Blätter gefüllt waren.

Die freistehende Säule als solche, ohne Reliefband, ein Kultmal tragend oder auch es selbst bedeutend, gab es schon in der Antike. Zuweilen wurden solche Säulen später durch Aufsetzen eines Kreuzes zu christlichen Kultmalen umgewandelt.

Manche Forscher wollen die Bernwards-Säule mit einem anderen Ursprung verbinden. Sie blicken nach Norden und erinnern an germanische Säulenheiligtümer und den berühmten Begriff der «Irminsul». Diese Säulen werden auf den Gedanken des Lebensbaumes zurückgeführt.

Alle diese Ableitungen sind spekulativ, weil man den wirklichen Vorgang, aus dem Bernwards Idee entstanden ist, nicht kennt. Solange man für das Unbekannte ein Tor offen läßt, können derartige Überlegungen durchaus fruchtbar sein. Bernward war ein hochgebildeter Mann und kein «naiver Künstler», der sich ohne Rücksicht auf eine vorherige Kunstentwicklung betätigt hätte. Wie in seiner Architektur mag er auch hier manches zusammengezogen haben, um es in eine neue Stufe überzuführen. Eines ist sicher: Trotz allem, was an Ableitungen möglich ist, tritt hier die Geburt eines erstmaligen, vorher nicht Dagewesenen als Hauptkomponente in Erscheinung. Denn eine reliefumzogene *Metall*säule hat es eben bis dahin nie gegeben, und schon gar nicht mit einem christlichen Bilderzyklus. So dürfte es dem Hauptimpuls nach doch ein «vom Himmel gefallenes» Bildnis sein.

Die neue Eherne Schlange

Bei dem Thema Metall könnte man noch einen ganz anderen Ahnherrn heranziehen: Moses! Als die Israeliten beim Durchzug durch die Wüste ungebührlich und aufsässig gegen Gott und Moses geredet hatten, wurde die Plage feuriger Schlangen über sie geschickt, von deren Biß «ein großes Volk in Israel starb». Auf ihr Flehen um Rettung sprach der Herr zu Moses: «Mache dir eine eherne Schlange und richte sie zum Zeichen auf; wer gebissen ist und siehet sie an, der soll leben. – Da machte Mose eine eherne Schlange und richtete sie auf zum Zeichen. Und wenn jemanden eine Schlange biß, so sah er die eherne Schlange an und blieb leben.» (Moses IV, 21, 8/9)

Auf diese Stelle weist Christus in seinem Gespräch mit Nikodemus hin (Joh. 3,14), als er sagt: «Wie einstmals durch Moses die Schlange erhöht wurde, so soll der Menschensohn erhöht werden.»

Wenn die Israeliten sich zur ehernen Schlange hinwendeten, so wurden in ihnen Kräfte gestärkt, die sie gegen das Übel, das in den feurigen Schlangen imaginiert ist, unempfindlich machten. Wenn die Menschen sich zum Christus-Jesus, der am Kreuz erhöht ist, wenden, werden sie ebenfalls gestärkt, um den Übeln nicht zu verfallen – das liegt in dem Gleichnis.

Mittelalterliche Illustrationen zu diesem Text zeigen einen in den Boden gesteckten hohen Stab, um den sich die Schlange ringelt, oder einen Stab mit Querbalken (ein Tau), manchmal auch ein Kreuz, um das Gleichnis ganz deutlich zu machen.

Und es handelte sich dabei um ein *Erzbildwerk!* Bernward stellt eine eherne Säule her, um die sich wie in Schlangenwindungen das Christusleben in Bildern hinzieht. Beides, was in dem obigen Gleichnis des Johannes-Evangeliums angesprochen ist, fließt zusammen. Christus erfüllt das Versprechen der Ehernen Schlange und rettet die Menschheit, die vom feurigen Biß des Bösen betroffen ist. Man muß jetzt *sie* ansehen, diese neue eherne Schlange, die allein erretten kann. Bernward richtet sie mit seiner Säule auf.

Die Säule als Gleichnis

Noch viele Jahrhunderte lang wird man auf zahlreichen Bildern der *Verkündigung* eine Säule zwischen Maria und dem Engel gemalt sehen, um die sich nicht selten das Spruchband mit dem Engelsgruß in spiraliger Weise schlingt – Bild der Sündenfalls-Schlange, die jetzt überwunden werden soll, und ebenso Erinnerung an die rettende eherne Schlange, die an einem Stab oder einer Säule einst aufgerichtet war.

Solche Säulen bei der Verkündigung oder auch der Jesusgeburt sind Zeichen der Inkarnation, des Herabkommens in den Leib.[36] Und an einer Säule wurde Christus gegeißelt, floß zum ersten Male sein Blut, hat sein

Sterben eingesetzt. Die Säule ist auch Zeichen für die Exkarnation, das Herausgehen aus dem Leibe. Bei keinem war die Beziehung zwischen Oben und Unten so ungestört wie bei Christus. Von oben komme ich, nach oben gehe ich – dieses immer aufrechte Bewußtsein ließ ihn wie eine Säule auf der Erde wandeln, bei welcher dieser Zusammenhang nie zerriß.

Das Doppelgleichnis, für das die Säule stehen kann: als der Weg nach unten, in die Leiblichkeit herein, und als der Weg nach oben, aus der Leiblichkeit heraus, wird an der Bernwardssäule in geradezu klassischer Weise sichtbar: von oben schießt die Taube herab; der Impuls zur Einkörperung schlägt bis zum Fuß der Säule durch und ergreift bei der Taufe den Jesusleib.

Und oben auf der Säule steht das Kreuz, zu dem das Christusleben ansteigt: dort geht es durch den Tod aus der Leiblichkeit wieder hinaus.

Innenwendung

Da die Ereignisse erst bei der Jordantaufe einsetzen (wie auch das Markus- und das Johannes-Evangelium erst damit beginnen), ist es im wahrsten Sinne eine *Christus*-Säule. Sie läßt das Vorspiel des Jesuslebens außer acht, sie hat die drei Christus-Jesus-Jahre zum Thema. Auf der Tür dagegen hat Bernward auch den Bildern der Kindheit Jesu Raum gegeben.

Eine Abwärts- und Aufwärtsbewegung war auch bei der Tür wahrzunehmen; gewissermaßen die geschichtliche, die gesamt-menschheitliche. Die Säule dagegen ist wie Innenbewegung, die sich im Einzelnen vollziehen soll. Jeder Mensch hat seinen eigenen Weg, seine individuelle Verknüpfung mit dem Göttlichen. Er wird aufrecht stehen können, wenn *in ihm* der Christus aufsteigt, wenn die Heilsereignisse *für ihn* gültig werden, wenn der Kreuzestod *ihn* an den Himmel anknüpft.

Der Christus als Bringer der Ich-Kraft! «Ich bin der ICH BIN», dieses Wort zu Moses aus dem brennenden Dornbusch enthüllt – damals durch Jahwe gespiegelt – das Christuswesen. Unzählige Bilder des Mittelalters zeigen, daß man das so zu verstehen wußte, denn sie lassen den Christus mit der Kreuzaura dem Moses im lodernden Busch erscheinen.[37] «Bevor Abraham war, war ICH», auch dieses Wort hat eine gewaltige Bedeutung, wenn man bedenkt, daß die Juden sich nach dem Tode in «Abrahams Schoß» wiederzufinden hofften. Das Ich-Wesen des Christus aber ist ursprünglicher als die Hülle, die Blutsbindung und Volkswesen zu geben vermögen.

Vor der Zeitenwende war der ichhafte Wesenskern in den Menschen zwar veranlagt, aber ihre Verbindung mit den göttlichen Welten ging noch nicht diesen direkten, diesen einsamen Weg; dazu war das Ich noch zu schwach. Die Ahnungen, die Schauungen, die gnadenvollen Offenbarungen, durch welche die Menschen seelisch gespeist wurden, gingen in ihre Empfindungen, gingen in das Astralische ihres Wesens ein. Astral-Leib, dieser geisteswissenschaftliche Begriff, heißt Sternen-Leib. Man könnte sagen: über die Vermittlung des sternenhaften Umkreises trat das Göttliche an den Menschen heran. Er konnte noch nicht mit dem Zentrum, der Sonne, direkt in Verbindung treten, dazu hätte er das Zentrum in sich selber bereits voll-aktiv ergreifen müssen.

Mit Christus tritt nun das sonnenhafte zentrale Wesen in Erscheinung und wirft zugleich den Lichtfunken in alle Menschenseelen. Im Aufblick zu ihm, dem großen Menschheits-Ich, erkraftet sich die kleine Sonne in jedem einzelnen.

«Es ist durch den Christus-Impuls das volle Bewußtsein erst dafür in die Menschenseele gekommen, daß in der menschlichen Seele ein Ich Platz greifen soll, ein selbstbewußtes Ich, und daß aus diesem selbstbewußten Ich heraus nach und nach im Verlaufe der folgenden Erdenentwicklung alle die Geheimnisse kommen müssen, die früher durch eine Art natürlichen Hellsehens aus dem astralischen Leib heraus gekommen sind.»*

Es ist sicher kein Zufall, daß nicht lange nach der Zeitenwende römische Kaiser von dem Impuls ergriffen wurden, sich selbst riesige Ehren-Säulen zu setzen. Durch den Christuseinschlag war in der Menschheit ganz allgemein die Ich-Empfindung verstärkt worden; das Selbstbewußtsein regte sich. Da es sich hier aber nicht mit dem Impuls der Zeitenwende erfüllte, suchte ein verzerrtes, ein hypertrophiertes Selbstbewußtsein sich in diesen Säulen selber zu verherrlichen. *Das* mag Bernward erlebt haben, als er sie sah. Und er unternimmt, das zu korrigieren. Er stellt das Bild der richtigen Ich-Säule auf. Das ist nicht riesig, das wird nicht triumphierend im Freien errichtet, um angestaunt zu werden; es besteht auch nicht aus dem kompakten, unempfindlichen Stein – es ist verhältnismäßig klein und aus dem sensiblen Metall gemacht.

* Rudolf Steiner, Exkurse in das Gebiet des Markus-Evangeliums, 4. Vortrag, GA 124.

Tatsächlich kann das auch für einen heutigen Betrachter der allererste Eindruck sein: «Das große I!» Wenn man es anblickt, fühlt man in sich eine Erkraftung der «Vertikalen», eine Stärkung dieses Aufrecht-Seins aus dem innersten Kern heraus.

Und wird zugleich gemahnt: Vergiß nicht, wem du diese Kraft verdankst, wer in dir lebt, wer in dir die Verbindung mit dem Oben herstellt!

Johannes der Täufer und der Ich-Impuls

Der Verkünder des Ich war Johannes der Täufer. Er hat jene Öde, jene Wüste kennengelernt, in welche sich der Mensch versetzt fühlt, dessen Astralleib keine Offenbarungen mehr aufnehmen kann und dessen Ich-Wesen noch ohnmächtig ist. Er macht die Leere bewußt, die eingetreten ist, damit der Mensch bereit wird, die Erfüllung aufzunehmen. Wieder entsprechen sich Äußeres und Inneres. Die innere Situation der Menschheit tritt im Bildcharakter des Äußeren als wirkliche Wüste auf, in welche sich Johannes begibt.

«So macht Jesajas darauf aufmerksam: ... aus der allgemeinen Schar der Engel wird einer abgeordnet werden, der euch dann zeigen wird, daß dieses Ich-Geheimnis kommen wird ... Dieser Bote also, von dem der Prophet Jesajas spricht, soll kommen und die Menschheit aufmerksam machen, daß sie sich vorbereiten soll, in ihrem Innern, in ihrer Seele einen Platz zu schaffen ... für die volle Geltendmachung des Ich. Es soll also mit dieser Stelle im Wesentlichen hingedeutet werden auf den großen Umschwung in der Entwicklung der menschlichen Seele, daß die Menschen, nachdem sie früher sozusagen immer aus sich herausgehen mußten, um in die geistige Welt hineinzukommen, von jetzt ab in ihrem Ich verbleiben können und aus dem Ich selber herausholen können die Geheimnisse der geistigen Welt. ... Jener Bote, von dem Jesajas gesprochen hat, der nicht in ganz gewöhnlichem Sinne als ein Mensch aufgefaßt werden darf, nahm Besitz von der Seele (des Täufers), lebte darin und war der Bote, der die Menschen aufmerksam machen sollte auf den herannahenden Christus-Impuls. Und aus der Seele Johannes des Täufers sprach der Bote dann, auf den Jesajas hingewiesen hatte». (GA 124.)

Am Fuß der Ich-Säule beginnt das Reliefband mit dem Täufer. (Vor ihm ist nur noch der im Wasser hockende Flußgott zu sehen, der den

mtansicht
Säule
Lichterkrone)

Die Jordantaufe

Die Versuchung Christi

Jüngerberufung I

Jüngerberufung II

Die Heilung des Aussätzigen

Gefangennahme und Enthauptung des Täufers

Heilung der blutflüssigen Frau und der bittende Jairus

Die Blindenheilung

Die Ergreifung der Ehebrecherin

Die Ehebrecherin vor Christus

Die Erweckung des Jünglings zu Nain

Christus und die Pharisäer

Das Gleichnis von dem reichen Mann und dem armen Mann I

Das Gleichnis von dem reichen Mann und dem armen Mann II

Petrus wandelt über das Wasser

Die Erweckung des Lazarus

Die Fußwaschung der Maria Magdalena

Plinthenfigur

Gesamtansicht der Sä

Jordanstrom ausgießt – aber der ist nicht aufrecht und gehört nicht zu den Menschen.)

Gleich mit dieser ersten Szene beginnen auch die Fragen. Es ist auffallend, wie knabenhaft klein der Jesus im Jordanwasser steht. Der Täufer ist viel größer. In der unmittelbar nachfolgenden Szene, der «Versuchung in der Wüste», aber ist Christus ein erwachsener Mann von etwa dreißig Jahren, bärtig, souverän, groß. So wird er fortan durch alle Szenen an der Säule gehen. Man fragt sich: Wie ist denn dieser große und erwachsene Christus so plötzlich aus dem kleinen Jünglings-Jesus geworden? Denn die Versuchung in der Wüste folgt auch in der Bibel der Jordantaufe unmittelbar.

Mit diesem Kunstgriff gibt Bernward zu erkennen, daß sich bei der Taufe etwas Gewaltiges ereignet und etwas Grundlegendes geändert hat. Aus dem Jesus ist der Christus geworden. Noch schwebt bei der Jordanszene die Taube oben, ist eben dabei, herabzustoßen. Das Mysterium des Geisteinschlages selbst ist undarstellbar. So werden wir auch in der späteren Kunst bei allen Taufdarstellungen immer nur den Moment davor erblicken; niemals kann gezeigt werden, was sich ereignet, wenn die Taube in den Jesus eingeht.

Durch den großen Unterschied zwischen dem bartlosen Jesus und dem um so viel älteren Christus unmittelbar danach sorgt Bernward dafür, daß dem Betrachter diese Veränderung, welche den Beginn der Christuswirksamkeit bedeutet, stark zum Bewußtsein kommt.

Nun steht oder kniet bei der Jordanszene noch eine andere Gestalt. Mit dem Täufer verglichen ist sie geradezu übergroß – ein Wesen, aus ganz anderen Dimensionen gemacht. Sie hat eine Aura, aber keine Flügel und ist nicht mit dienenden Engeln zu vergleichen. Ihre Arme sind verhüllt, ob aber durch die Kleider des Täuflings, ist zumindest fraglich. Wenn ja, müßte sie das Kleid des Jesus geradezu um ihre Arme gewickelt haben, anstatt es auf vorgestreckten Händen zu halten. Über das Gewand des jünglingshaften Mannes fällt eine Stola, deren verzierten Rand man unten sieht. Sollte es ein Helfer des Täufers sein, so ist seine Aura so wenig zu verstehen wie seine Übergröße. Wollte man sagen, dieser Zeuge oder Mitwirkende sei nur deshalb so groß, weil er mehr Raum hat, als der Täufer, so wäre das nach keiner Richtung stichhaltig. Erstens staffeln sich die drei Personen der Szene in ihrer Figurenhöhe sowieso nicht nach dem vorhandenen Platz, und zum anderen hätte der Täufer ja auch auf die linke Seite gestellt werden können, wie es Bernward bei seinen Miniaturen gemacht hat. Wer könnte dieser Mann sein, der, während Johannes handelt, in so andächtiger Zuwendung dem großen Augenblick beiwohnt? Jünger, die sich Christus berufen hätte, gab es bei der Taufe noch nicht. Wir müssen diese Frage vorläufig offen lassen.

Das Bildprogramm führt uns noch an andere Rätsel heran, die bisher nicht aufgelöst wurden. Wenn man wiederum bereit ist, auf ausgesprochen esoterische Hintergründe einzugehen, werden sich Lösungen bieten. Es wird allerdings immer schwerer fallen, solche Zusammenhänge zu referieren, weil man ihnen in der intellektuellen Kürze ihre eigentliche Kraft nimmt. Auch können ja immer nur Ausschnitte aus großen Verflechtungen angeleuchtet werden.

An welchem Platz im Kirchenraum die Säule stand, darüber gehen die Meinungen weit auseinander, eine Überlieferung gibt es nicht. Manche wollen sie in die Mitte des Kirchenschiffes denken, andere zum Altar im Westen, und dort vielleicht sogar hinter den Altar, so daß sie nur den Mönchen zugänglich gewesen wäre. Andere sehen einen Anhaltspunkt darin, daß der Ostchor Johannes dem Täufer gewidmet war. Auch bei der Säule wird dem Täufer eine deutliche Betonung zuteil, denn außer der Jordanszene am Anfang wird sein Martyrium noch in drei ausführlichen Szenen dargestellt und unterbricht somit die Christusereignisse. So wollen manche die Säule vor oder in den Ostchor denken.

Im Laufe unserer Betrachtungen wird sich auch für diese Frage ein neuer Gesichtspunkt ergeben.

Stil und Wertung

Doch ehe wir uns auf den Inhalt der Szenen weiter einlassen, versuchen wir, uns in den Stil und künstlerischen Ausdruckswert dieser Reliefs einzuleben. Vergleicht man sie mit der Tür, so heben sie sich besonders von deren linkem Flügel beträchtlich ab. Hier sprengt kein vollplastisches Herausbiegen den ruhigen Verlauf der Szenen, die sich mit allen Gestalten an den Säulenkern schmiegen. Die Gestalt des Christus ist wiederum größer als alle anderen Personen. Das war auch bei der Tür so, wirkte aber dort nicht auffallend, da Christus erstens nur selten in Erscheinung trat und zum anderen niemals so im Gedränge der Menschen stand wie in der dichten Figurenfülle des Reliefbandes. Daß sich hier, bei der Säule, die Hoheit des Christuswesens auch im Bildhaft-Äußerlichen ausprägen muß, ist gleich zu Anfang intoniert und eigentlich selbstverständlich.

Nicht nur deshalb selbstverständlich, weil es in der bildenden Kunst eine solche Tradition gibt, sondern weil es sich hier darum handelt, den Christus *in uns* mit seiner Größe, seiner Güte, aber auch seiner geistigen Überlegenheit zu fühlen. Ein verinnerlichtes Nacherleben wird hier angeregt, wie wir – wenn wir betrachtend die Säule umkreisen – immer auch nach innen gewendet sind, zu einem Zentrum im inneren Kreis. So kann die listig-böse Herodias, die gefährliche tanzende Salome wie im Stufengang durch die Gefahren des eigenen Innenwesens erlebt werden.

Die nordische Aufbruchs-Stimmung ist an diesen Reliefs zurückhaltender. An den Türflügeln ist es bis ins Plastische hinein geradezu eine *Ausbruchs*-Stimmung gegenüber dem alten Formenkodex gewesen. Hier ist alles gemäßigt und deshalb in der einen Richtung vollendeter und einheitlicher, und nach der anderen Richtung kann es als etwas ausdrucksschwächer erscheinen, weil das nordische Bewegungs- und Willens-Element einem nicht so deutlich ins Auge springt.

Diese verhaltene, mehr verinnerlichte Szenengestaltung ist aber dem aufsteigenden Band um die Säule angemessener, denn hier soll sich gerade nichts von diesem Kern ablösen. Die Aufwärts- und Abwärtsströmung, die durch die Säule flutet, das ist die Vertikalkraft, mit der man in Verbindung bleiben muß; das ist der Christus, der herabkam, und der Christus, der uns mit hinaufnimmt. Hier wäre ein vollplastisches Herausbiegen nicht nur ästhetisch störend, sondern auch sinnwidrig.

Mit den Bildern der Säule muß man sich ruhig und geduldig befassen. Man muß einige Unbequemlichkeiten überwinden – das Niederbeugen, das Hoch-Hinaufsehen und das leicht etwas schwindlig machende Rundherum-Gehen in Kauf nehmen. Es wird uns mehr abgefordert als vor den großen Türflügeln, die sich wie ein aufgeschlagenes Buch darbieten.

Die künstlerische Beurteilung der Säule ist außerordentlich unterschiedlich. Betrachten die einen sie als Steigerung gegenüber der Tür, so ist sie für andere enttäuschend. «Es fehlt ihr auch jene innere Kraft, die in den künstlerisch hervorragenden Reliefs der Bronzetür spürbar wird».*

Dagegen: «Die große Bronzesäule ist das letzte Werk des Bischofs... Der Vergleich mit den Bronzetüren war der Kunstgeschichte lehrhaft.

* Kunst der Welt. Das frühmittelalterliche Imperium. Baden-Baden 1968.

Man konnte einen Reifeprozeß nach Stil und Technik, eine strengere Monumentalisierung der Form feststellen, wie sie nur aus dem Leben *eines* Künstlers verständlich ist. Bernward selbst muß die Säule geschaffen haben.»

Bei Braunfels* heißt es zu den Bronzegüssen des Bernward: «Auf der Suche nach den Erscheinungsformen des Überirdischen wagen sich die Künstler mit traumwandelnder Sicherheit in Ausdrucksbereiche vor, die bewußtere Zeitalter nie mehr gestalten konnten. Der Wille zur monumentalen Form läßt den Künstlerbischof von Hildesheim die Schwierigkeiten der Technik, den Mangel an geschulten Handwerkern, die Unsicherheit der Zeitläufte, Armut und ständige Bedrohung durch feindliche Einfälle überwinden. Am Widerstand entzündet sich die künstlerische Leistung. Der europäischen Kunstgeschichte fehlen gemeinsame Begriffe, um diese großen Jahrhunderte der mittelalterlichen Archaik, das 11. und 12. Jahrhundert, genauer zu untergliedern.»

Man hat bei der Säule nie die Gesamtheit der Szenen auf einen Blick vor sich. Immer sieht man nur Ausschnitte, die unfertig sind und nach beiden Seiten weiterführen.

Läßt man sich auf die Betrachtung ein, so merkt man bald, wie man von der Fülle und Lebendigkeit der Kompositionen ergriffen wird. Und vor allem von der verinnerlichten Ausdrucksmacht der Antlitze. Da heben sich die Köpfe zu Christus hin, als hätten sie geschlossene Augen. Als wäre seine Erscheinung vor ihnen ein tief aufwühlendes Innenerlebnis, das sie völlig durchdringt. Die Gesten sind sparsam; alles ist wie von der Gewalt der Glaubensmacht durchflutet.

Der hundert Jahre später arbeitende Reiner von Huy hat den Gestalten seines Taufbeckens auch nicht entfernt eine so tiefe innere Bewegung mitzugeben vermocht.

Was macht es da, wenn die Proportionen nicht immer stimmen? Wenn nur der gesuchte Ausdruck erreicht wird! Auf ihn kommt es an, nicht mehr auf antikische Ausgeglichenheit und Schönheit. Entwurf und Ausführung tragen – subtiler geworden und in der Innerlichkeit gesteigert – die Handschrift Bernwards. Die Sprengung der Proportion zugunsten gezielter Ausdruckskraft wird Stilmittel, das noch so mancher große Meister Mitteleuropas anwenden wird. Sicher werden Bernward Gußmei-

* Wolfgang Braunfels, Meisterwerke der europäischen Plastik, Zürich 1958.

ster zur Verfügung gestanden haben und ihm mit unterschiedlichem Können zur Hand gegangen sein. Aber wiederum – was verlangte er denn von ihnen? Das Rund einer Säule mit spiralig fortlaufenden Szenen zu umziehen, das hatten sie nirgendwo gelernt, das hatte vor ihnen noch keiner gemacht.

Es wurde schon gesagt, daß die gleichmäßige Eingebundenheit der Figuren in den Hintergrund dem Ganzen einen ruhigeren und glatteren Verlauf gibt. Die Betonung des Hauptes wird aus dem beseelten Ausdruck der Züge und aus dem Größenverhältnis zum Körper geholt. Manchmal ist es bei Christus ein wenig zu groß, manchmal bei den Menschen, z. B. der Samariterin, auffallend klein. Bei den Türen waren nahezu alle Köpfe vollplastisch.

Wenn sich das spiralige Band, die «Schlange» der Szenen, auch gleichmäßig fortbewegt, ohne plastisch-auffällige Akzente zu setzen, so ist im Grunde doch jede Szene von ungeheurer Dramatik erfüllt. Was bedeutet Heilung für einen jahrelang hoffnungslos Kranken, was Berufung zur Jüngerschaft für einen Fischer, was gar Totenerweckung? Und was für innere Prozesse verlaufen in den Seelen, die der Brotvermehrung zusehen oder bei der Verklärung Zeuge sind?

Nein, an Dramatik fehlt es wahrhaftig nicht. Aber der sich einvertiefende Mensch muß sie aus dem epischen Fluß selbst herauslösen, wie er aus Buchstaben der Schrift sich seine Erlebnisse herausbefreien muß.

Bei der *ersten Jüngerberufung* sitzen Petrus und Andreas in einem kleinen Boot, das den Kopf und die Gestalt eines Vogels, einer Taube hat, und das eingezogene Netz scheint ihm Flügel zu geben. Die große Gestalt Christi kommt auf dem Wasser herbei und spricht eindringlich auf die im Boot Sitzenden herab. Der Vordere nimmt es sich, wie seine Geste zeigt, zu Herzen; der andere sitzt etwas weiter weg und ist auch innerlich offenbar noch nicht ganz erreicht.

Bei der *zweiten Berufung* sind es drei Jünger, deren Boot in glatter Fahrt auf Christus zustrebt. Der Kopf des Bootes ist länger ausgestreckt, alle drei Männer stehen und erheben die Rechte, und Christus reckt ihnen die Arme entgegen, zugleich ein Buch weisend. Hier ist kein Zögern: drei Menschen finden ihren Meister, sie sitzen diesbezüglich im «gleichen Boot», ihr Schicksal ist auf diesen Augenblick zugesteuert, und sie erkennen es.

Welche Steigerung dann bei jener *«Wasserprobe»*, an der Petrus, der so gern aufs Ganze ging, beinahe gescheitert wäre! Er hat das sichere Boot verlassen und ist dem auf den Wogen schreitenden Herrn entgegengegangen; jetzt droht er zu versinken, und die Hand des Meisters muß ihn retten.

Trotzdem – wie groß ist Petrus jetzt geworden! Fast ein Partner für Christus, wenn auch der Abstand deutlich bleibt. Er hat sich in ein Abenteuer gestürzt, das ihn dem Meister näherbringt. Wie klein ist der andere Jünger dagegen, der im sicheren Boot geblieben ist. In einem gegeneinander offenen Vertrauensverhältnis stehen Jünger und Meister – wundervoller Ausdruck der veränderten Mysterien, wo nicht mehr ein Guru über dem Schicksal eines blind gehorchenden Schülers waltet, wo jetzt der Jünger sich dem Meister ohne Auslöschung des eigenen Ich anvertrauen kann.

Hier trägt Christus zum einzigen Male den Kreuzstab, der symbolisiert, daß er durch sein Opfer der Rettende ist. Sonst hat er entweder freie Hände, oder er hält ein Buch in der verschiedensten Weise. Es wechselt auch seine Haar- und Barttracht, und es verändert sich der Nimbus. Die Erklärung, es hätten eben verschiedene Meister daran gearbeitet, trägt insofern nicht, als es ja trotzdem ein Leichtes gewesen wäre, sich auf einen einheitlichen Nimbus zu einigen.

Dessen Rund zeigt immer das eingeschriebene Kreuz, doch ist es zuweilen zusätzlich von Strahlen erfüllt oder durch Punktierung bereichert. Auch variiert die Form des Kreuzes, verbreitert sich an den Enden, bekommt Akzente durch Längs- oder Querkerben, und bei der Verklärung wächst das Kreuz sogar über das Rund der Aura hinaus.

Das heißt, immer wird Christus neu erlebt, neu aus der Szene und ihrer plastischen Gestaltung heraus empfunden; es gibt kein Schema. Alle diese Veränderungen tragen zusammen mit der Haltung, der Frontal- oder Profilstellung, der Neigung, der Zu- oder Abwendung dazu bei, die Offenbarung seines Wesens vielfältig zur Erscheinung zu bringen. Eine Ausdrucksfülle ohnegleichen ergibt sich, wenn man allein nur die Christusantlitze betrachtet.

Während bei den Türflügeln das Thema Eva-Maria deutlich in Erscheinung trat, sieht man Maria auf der Säule nur ein einziges Mal. Bei der Hochzeit zu Kana sitzt sie klein und unauffällig hinter Christus. Der Anteil weiblicher Gestalten ist trotzdem beträchtlich. Außer Maria sehen wir die Braut, dann die Samariterin am Brunnen, Herodias (zweimal), Salome, die Mutter von Jairus' Tochter, das blutflüssige Weib, die Ehebrecherin (zweimal), die Mutter des Jünglings zu Nain, eine Frau in der Zebedäus-

Szene, Maria und Martha und schließlich Maria Magdalena bei der Fußwaschung. Maria Magdalena tritt also auch zweimal auf, und man kann eine Steigerung empfinden in diesen drei Doppelszenen: von der unbekehrten Herodias zur Ehebrecherin, die eine Katharsis durchmacht und zu einer Schülerin Christi wird (über die Darstellung ist noch zu sprechen), hinauf zu Maria Magdalena, die nicht nur die Versuchungen eines allzu ungebundenen Lebens überwunden hat, sondern auf dem Wege ist, zu einer wirklichen Christus-Eingeweihten zu werden. In der ersten Szene kniet sie im Schmerz um den Bruder vor Christus, in der zweiten Szene salbt sie beim Gastmahl dem Meister die Füße mit kostbarer Narde. Aus tiefer Hinwendung ihres Herzens bringt sie ihm eine Huldigung dar, die er mit ernster Konzentration segnend geschehen läßt: «Sie salbt mich für meinen Tod», weiß er, sie vollzieht eine kultische Handlung, die ihr die Liebe gebietet.

Und gerade dieser Höhepunkt kurz vor der Passion, wo eine Seele bezeugt, wie sehr sie das Göttliche in diesem Menschen erkannt hat, wie sehr sie begreift, daß es eine Gnade ist, wenn er nur seine Füße auf unsere Erde setzt – erregt in den Jüngern den Unmut. Die geballte Jüngergruppe hinter Christus wendet in Ablehnung die Gesichter fort oder sieht mit kritischem Staunen auf die Szene. Wie sie uneins mit sich selber werden hinter dem Meister! Wie sie sich von des Judas Wort betören lassen, man hätte das Geld lieber den Armen geben sollen! Nun muß der Christus selber sagen: «Die Armen habt ihr allezeit um euch, mich aber habt ihr nicht allezeit.» Sie verstehen nichts vom Segen des Überflusses, der einem Höheren geopfert wird.

Obgleich Christus hier im Profil zu sehen ist, ist die Ausdruckskraft seines Antlitzes vielschichtig und intensiv. Er fühlt, wie die Jünger im Rücken ihn verlassen, wie er die ahnende Seele vor sich vor ihrem Unmut schützen muß. Daß der Abschied so nahe ist, begreifen sie nicht. Sie werden auch seine Worte beim Einritt in Jerusalem nicht begreifen. Er ist einsam.

In dieser Tafelrunde mit der Fußwaschung schwingt schon die Abendmahlsszene mit, nach welcher Christus den Jüngern selber die Füße waschen wird. Ist es Judas, der unmittelbar hinter Christus mit so heftiger Geste reagiert? Er, der jetzt Wortführer ist?

Als wären diese Mysterien der letzten Tage auch unserer Seele schwer erreichbar, sind sie uns weit nach oben entrückt. Die Säule wird Gleichnis.

Schulungs-Säule

Dieses Bronzewerk ließe sich auch Meditations-Säule nennen. Es ist bekannt, daß es im späteren Mittelalter in den Kirchenboden eingelegte Labyrinthe gegeben hat, oft in der Form der ein- und ausrollenden Spirale. Die Spiralenwege wurden kniend mit bestimmten Gebeten und Meditationen, die man leise vor sich hinsprach oder auch stumm in sich bewegte, zurückgelegt.

Bei Bernward ist die Spirale aufgerichtet, und er gibt dem Meditieren bildlichen Inhalt. Daß man um die Säule *langsam* zu gehen hatte, bei den einzelnen Bildern verweilend, zeigt sich schon daran, daß man wirklich schwindlig wird, wenn man das rasch machen will.

Gerade die Unterschiedlichkeit von Tür und Säule zeigt, ein wie großer Künstler Bernward gewesen ist. Bis in die Darstellungsart hinein unterscheidet er zwischen dem, was sich nach außen wendet – die Tür – und dem, was die Innenwendung leiten und bereichern soll. Die Säulenszenen sind viel subtiler für ein langes Betrachten gestaltet.

Innenwendung. Beginnend mit dem Niederbeugen, um die untersten Szenen wahrzunehmen, langsam sich aufrichtend und höher und höher wachsend; mit dem immer mehr erhobenen Blick sich immer mehr mit seiner Seele ausdehnend – hinauf zur Erweckung des Jünglings zu Nain, zur Verklärung, und immer höher hinauf bis zur Lazarus-Erweckung und der Salbung durch Maria Magdalena; bis zum Gang in den Tod.

Wie heißt es doch bei Johannes dem Täufer? «Ich bin nicht wert, demjenigen die Schuhriemen aufzulösen, der nach mir kommt.» Hört man dieses Wort, so entsteht vor dem inneren Auge das Bild eines sich tief neigenden, verehrenden Menschen. Solche Devotionsstimmung in sich zu erwecken und sie bis in die Körperbewegung zu vollziehen, bevor man an die Betrachtung der Szenen geht, wird man durch die Säule angeregt. Man wird von ihr aber auch aufgefordert, die innere Aufrichtekraft mehr und mehr zu entfalten und im freien Nachvollzug dem Christuswege bis in die Passion zu folgen.

Für den meditierenden Mönch bedeuteten die Stationen der Schulungssäule einen stufenweisen Anstieg, der ihn zur Klärung, Stärkung und Bereicherung seines Wesens führen sollte. Wie in der Buchmalerei der Kletterer an der großen Initiale I, so steigt das menschliche Ich am Welten-Ich empor.

Wie verschieden, wie wechselnd ist das Verhältnis des Christus zu den sich ihm nahenden Menschen! Oft auch rätselvoll. Ganz unten nackt und klein der *Aussätzige,* ein bejammernswerter Mensch, der wirklich tief gefallen ist. Inniger, in tiefer Hingebung, steht weiter oben der *Blinde* vor dem Herrn. Der Heilende ist dem Hilfesuchenden hier menschlich näher. Sein Atem kann die Stirn des Blinden treffen; dagegen ist unten bei dem Aussätzigen der Kopf des Christus hoch über dem Kranken; sein Hals stößt wuchtig vor, als brauche er zu dieser Heilung besondere Kraft.

Großartig ist die Szene gestaltet, in der sich Christus einerseits zur Familie des *Jairus* wendet, und andererseits zur *blutflüssigen Frau.* Über die Schulter blickt er nach rückwärts zu der Knienden, während sein Finger zur Menschengruppe vor ihm weist. Seine Geste stellt einen Zusammenhang zwischen den Bittenden vor ihm und der Bittenden hinter ihm her. In der Bibel ist dieser Zusammenhang nicht ersichtlich. Zwar werden die beiden Szenen ineinander verschränkt erzählt (Lukas 8, 41 ff.), es wird aber nicht gesagt, daß sie etwas miteinander zu tun hätten. Rudolf Steiner jedoch erläutert, daß die kranke Frau und die eben verstorbene Tochter des Jairus einen karmischen Zusammenhang haben.* Das Leiden der Frau begann vor zwölf Jahren, als des Jairus Tochter geboren wurde, und es endet jetzt, da des Jairus Tochter stirbt; das ist nicht Zufall. Auch Bernward scheint darauf hinzudeuten.

Besonders ins Auge fällt die Szene mit der *Ehebrecherin.* Was sagt Christus zu dieser Frau? Er scheint ihr etwas Spezielles zu erklären, was über das «Gehe hin und sündige hinfort nicht mehr» der Bibel hinausführt. Die Geschichte der Ehebrecherin wird bei Johannes im achten Kapitel erzählt:

Jesus lehrte eines Morgens im Tempel, da brachten die Schriftgelehrten eine Frau vor ihn, die beim Ehebruch ertappt worden war. Nach dem Gesetz des Moses stand darauf der Tod durch Steinigung. Die Schriftgelehrten wollten Jesus versuchen, deshalb stellten sie ihm die Frage: «Was sagst du dazu?» Sie ahnten wohl, daß das Urteil «Steinigung» aus seinem Munde nicht kommen würde. Jesus antwortete ihnen zunächst nicht, sondern schrieb mit dem Finger in den Sand. Als sie weiter in ihn drangen, sprach er: «Wer unter euch ohne Sünde ist, der werfe den ersten Stein». Da schlichen sich alle hinweg, nur die Frau blieb vor Christus stehen. Er (der einzige, der ohne Sünde ist und also den Stein werfen könnte) sagte:

* «Das Lukas-Evangelium», GA 114.

«Auch ich verurteile dich nicht. Gehe hin und sündige hinfort nicht mehr.»

Bernward widmet dieser Geschichte sogar zwei Szenen. Zuerst sehen wir, wie die Frau von Männern gepackt und weggeführt wird (diese Szene ist etwas beschädigt), dann kommt der Augenblick, wo sie allein vor Christus steht.

Zwei große Gestalten stehen sich gegenüber. Der Kopf der Frau liegt in Höhe des Christushauptes. Leicht erhoben steht sie auf dem ansteigenden Band. Ihre Gestalt ist kräftig. Das Antlitz wendet sich groß und voll konzentrierter Aufmerksamkeit zu Christus hin. Aber der Ausdruck des Antlitzes ist wie nach innen geschlagen – ein Mensch, noch mitten in der Erschütterung des Todesschreckens.

Und in dieser Situation auf der Schwelle zwischen Hier und Dort findet sie sich dem Christus gegenüber. Während man am Antlitz des Herrn und seiner Geste deutlich wahrnehmen kann, daß er spricht, daß er ihr etwas mitteilt, hat der Künstler das Antlitz der Frau eher stumpf geformt. Sie teilt nicht mit – sie saugt auf. Und ihre ausgestreckten Hände nehmen bereitwillig den Strom an, der von ihm zu ihr gehen will.

Worüber hier gesprochen wird, dafür steht als Zeichen die Geste des Christus – in den Mittelpunkt der Szene groß auf freien Raum gesetzt. Aber was bedeutet sie? Christus streckt drei Finger der rechten Hand gegen sie aus. Sie sind nicht erhoben wie bei einer Segensgeste, auch sind die Finger nicht zusammengelegt, sondern leicht voneinander gesondert. Daß sich hierin der Kern der Handlung ausdrückt, ist vom Künstler ganz deutlich gemacht – denn diese drei Finger sind überlang! Der Blick des Betrachters fällt sofort darauf und bleibt verwundert daran hängen. Eben dies scheint der Künstler zu beabsichtigen. Jeder soll das Rätsel fühlen und darüber nachsinnen, was hier wohl gesprochen wird.

Der christliche Einweihungsweg, sagt Rudolf Steiner, geht über vorchristliche Mysterien dadurch hinaus, daß der sich Schulende eine einschneidende Erfahrung macht: Seine bisher als seelische Einheit gefühlten Kräfte von Denken, Fühlen und Wollen trennen sich. Er muß die Einheit nun selbst herstellen und aus den Tiefenkräften seines Wesens bewußt an diesen drei Gebieten arbeiten, läuternd und umgestaltend.[38] Die Kraft dazu kann er einzig aus Christus empfangen. Diese Kraft eben stand bei den vorchristlichen Schulungswegen noch nicht zur Verfügung, deshalb mußte der Übende sich Hierophanten (Gurus) unterwerfen. Sie führten den moralisch streng vorbereiteten Schüler durch überlieferte Prozeduren zur Lockerung seines Wesensgefüges, so daß übersinnliche Erfahrungen möglich wurden. Seit der Zeitenwende sind diese Praktiken überholt; die von Christus ausgehende Kraft macht sie überflüssig.

Der Mensch, aus dem diffusen, instinktiven Brauen und Brodeln seines Innern zum Bewußtsein erwacht, wird zum verantwortlichen Gestalter seiner Seelenkräfte. Wie ein Lenker, der drei Pferde zu zügeln hat, muß er über sie wachen. An diese Situation stößt der Mensch, wenn ihn der Fortschritt seiner Übungen an «die Schwelle» geführt hat, wie das esoterische Bildwort heißt.

An der Säule drückt die Station der Ehebrecherin diesen Moment aus. Nicht nur ist ein Mensch dargestellt, der – hier durch einen Schicksals-Schock – an die Grenze zwischen Diesseits und Jenseits herangerückt ist, sondern diese beiden Szenen sind auch die genaue Mitte der Säule! Dreizehn Szenen gehen ihnen voran und dreizehn folgen; sie sind selbst Schwelle. Und diese Schwelle ist umwittert von dem Thema des Todes und von dem Überleben dieser Schwellenangst. Wie eine Intonation war bereits die noch im Unsichtbaren bleibende Erweckung von Jairus' Töchterlein vorangegangen. Diese Erweckung ist noch Geheimnis. Christus vollzog sie im Haus, ließ nur ganz wenige Menschen zu und gebot ihnen zu schweigen. In dieser Verborgenheit wird sie auch hier belassen. Unmittelbar nach der Szene der Ehebrecherin folgt dann die Erweckung des Jünglings zu Nain.

Die Szene der Ehebrecherin offenbart, wer helfen kann, die Schwelle gerecht zu überschreiten – Christus. Die Frau wird angewiesen, ihren moralischen Fehler zu korrigieren: «Sündige hinfort nicht mehr». Dann aber wird die Situation genutzt, um der von irdischer Verhaftung kurz gelösten Seele eine Richtung zu geben, die ihr heilsam ist und in die Zukunft führt.

Der Mönch, der bei dieser Szene angekommen war und – sie im Innersten bewegend – bei ihr verharrte, wird sich gefragt haben: «Wo geht dieses Leben hin?» Die Menschen haben die Frau verurteilt und verstoßen; in ihrer Familie, in ihrer Gemeinschaft wird sie nicht mehr angenommen. Sie ist heimatlos.

Aber sie findet zugleich eine neue Heimat – die Heimat in Christus, die nicht von dieser Welt ist. Sie wird in diesem Augenblick seine Jüngerin. Ihr weiteres Leben kann nur sein, ihm nachzufolgen.

Auch in diesem Sinne ist die Szene Schwelle. Sie zeigt den Moment, wo der Blitz des geistigen Anrufs einen Menschen so tief trifft, daß er sein

Leben völlig verändert. Sie zeigt aber auch, daß echte Verwandlung nur in Todesnähe zu finden ist.

Und noch anderes konnte den betrachtenden Mönch hier wie an einem Knotenpunkt festhalten: Was für ein merkwürdiges Schicksal hat diese Frau! Sie wird in diesem Leben so schuldig, daß die Todesstrafe auf dem Vergehen steht. Aber ihre Verurteilung fällt genau in einen Augenblick, da Christus nicht nur auf Erden wandelt, sondern auch räumlich nahe ist. Dann greift von außen eine Linie ein: Die Pharisäer wollen Christus versuchen und benutzen die Frau als Mittel. Sie muß dem Bösen dienen. Aber das Böse, das die Pharisäer im Schilde führen, wird für sie zum Segen.

Was hat nun diese Frau zu dem Gnadenaugenblick geführt, von Christus freigesprochen und belehrt zu werden? Nicht ihr Verdienst, sondern ihre Schuld!

Über die Geheimnisse des Menschenlebens und über das, was im Christentum ‹Gnade› genannt wird, nachzudenken, gibt diese Szene reichen Anlaß.

Auch werden gerade Mönche und Priester kaum an einem Problem vorbeikommen, das in der Frage liegt: Sind die Pharisäer denn wirklich böse gewesen, oder waren nicht gerade sie es, die dem Gesetz des Moses gehorchten? Eine ungeheure Strenge kennzeichnet die Gebote des Jahwe. Diese Strenge diente der Reinerhaltung des Blutsstromes dieses auserwählten oder, wie es auch heißt, «abgesonderten» Volkes! Dadurch konnten bestimmte Eigenschaften ausgebildet und vor allem die Voraussetzungen für den Leib des Messias geschaffen werden. Wenn Christus die Einhaltung dieses Gebotes nicht fordert – bricht er nicht das Gesetz des Moses?

Er bricht es deshalb nicht, weil es sich in ihm erfüllt. Der Messias ist nun Leib geworden, die Zielsetzung ist erreicht. Zeitenwende! Was das heißt, kann man an der Szene der Ehebrecherin in besonderer Weise erleben. Etwas völlig Neues wird hier eingeführt; anstelle eines von außen gegebenen Gesetzes wird jetzt eine seelisch-moralische Qualität zum ausschlaggebenden Faktor gemacht: «Wer unter euch ohne Sünde ist . . .» Der Mensch wird mündig gesprochen, wenn er nicht mehr durch starre, von außen gegebene Gebote gelenkt, sondern auf sein Seelisches verwiesen wird, an dem er selbst arbeiten kann.

Und dieses verinnerlichte An-sich-Arbeiten ist Sinn und Thema der ganzen Säule.

Mit der Entdeckung, daß die Ehebrecherinnen-Bilder im Mittelpunkt aller Szenen stehen, gewinnt man für die Frage nach der Komposition des Ganzen einen festen Halt. Interpreten haben bemerkt, daß Bernward die Szenen gar nicht immer in der biblisch richtigen Reihenfolge angeordnet hat. Man steht so ratlos davor, daß schon die Meinung laut wurde, die Vorlagen seien beim Guß der Säule durcheinander geraten. «Die Frage nach der Anordnung und dem Programm des Bildbandes hat immer wieder die Kunsthistoriker und Theologen bewegt, ohne daß es bisher gelungen wäre, überzeugende Lösungen anzubieten.»*

Wenn man die Säule aber als Meditationssäule versteht, dann wird begreiflich, daß eine Gesetzmäßigkeit sich nur auf dem ihr gemäßen Wege finden lassen kann.

Von dem so auffallend markierten Punkt der Ehebrecherinnen-Szenen an sehen wir eine Steigerung, welche darin besteht, daß an den Meditierenden immer größere Anforderungen gestellt werden hinsichtlich eines eigenen Leibfrei-Werdens, wenn er die Szenen nacherleben will. War die Frau zum Tode bestimmt, durfte dann aber weiterleben, so ist der Jüngling zu Nain wirklich gestorben und wird zu seiner Bestattung bereits aus der Stadt getragen, ehe das weckende Wort ihn trifft. Weiter und tiefer war er schon ins jenseitige Reich hinüber gegangen. Und noch länger verweilte in der Situation jenseits der Schwelle Lazarus, der schon drei Tage im Grabe lag. Und wer will Verklärung oder Brot-und-Wein-Vermehrung, das Wandeln über dem Wasser oder die Verfluchung des Feigenbaums aus dem gewöhnlichen Denken verstehen können?

Schon bei Bernwards Leuchterpaar schien sein Bestreben sich auszudrücken, den Angehörigen alter Einweihungsströmungen den Weg zu Christus zu weisen und die grundsätzliche Veränderung der Schulungsbedingungen vor sie hinzustellen. Auch die nordischen Mysterien, die zeitlich und räumlich noch nahelagen, deren Nachklang in vielen Seelen noch wirksam sein mochte, kannten nur das Eingießen der Offenbarungen in den astralischen Leib, und der Schüler mußte sich einem Hierophanten unterwerfen. Spürt man diesen Hintergrund und diese «Gesprächspartner», dann spürt man auch, wie Bernward hier aus tiefster Mysterienkenntnis die überlegene geistige Größe des Christentums entschleiert.

Auch daß durch die Säule betont ist, wie auf diesem Wege die eigene innere Aufrechte zu finden ist, kann man als nach Norden gerichtet

* H. J. Adamski, Christussäule im Dom zu Hildesheim, Hildesheim 1979.

empfinden: Hier ist eine neue Irminsul gesetzt! Sie empfängt ihren Sinn nicht von der außen wandelnden Sonne, sondern von dem Christus in uns. Sie lenkt die Seelen nicht in kosmische Weiten, wo jetzt nur noch Götterdämmerung zu erfahren ist, sondern zeigt den Weg der Innenwendung. Was man an Bernwards ganzem Baukonzept ablesen kann, vollendet sich in der Säule, mag sie nun in Kirchenmitte oder – was jetzt naheliegt – beim Westaltar, im Bezirk der Mönche gestanden haben.

Den germanischen Völkerschaften war eine besondere Beziehung zur Ich-Entfaltung mitgegeben. Sie durchliefen erst spät Entwicklungsstufen, welche die großen Völker des Ostens als Träger der alten Hochkulturen (Indien, Persien, Ägypten-Chaldäa) längst hinter sich hatten. Weil aber damals die Ich-Fähigkeit noch nicht erstarkt war, bildete sich die Tendenz zur Unpersönlichkeit aus. Bekannt ist die Anonymität der östlichen Ikonenmaler – nicht nur, indem sie auf die Zeichnung ihres Namens, sondern auch, indem sie auf die Entfaltung eines eigenen Stils, einer eigenen künstlerischen Sprache verzichteten. Sie wiederholten möglichst getreu, was schon gegeben war. Diese von Byzanz nach Rom übergreifende Sitte zerschellte an der Ich-Disposition der mitteleuropäischen Völker.

Als die Germanen in die Entwicklung eintraten, besaßen sie schon ein viel stärker ausgeprägtes Ich-Bewußtsein. Hier lag auch ihre Aufgabe für die Weiterentwicklung der Kultur.[39]

Bernward ist ein Beispiel für diese Seelenhaltung, und dies so stark, daß man den Eindruck haben kann, er habe sie vorbildhaft vorleben wollen. Im künstlerischen Schaffen hielt er nichts von Anonymität, sondern verband alles mit seinem Namen, was neu durch ihn in die Welt trat. Wichtig aber ist für ihn, daß das berechtigte Ich-Bewußtsein nicht in egoistische Niederungen absinkt. Es ist ja eigentümlich, daß in der deutschen Sprache die Initialen des Namens Jesus Christus das Wort ICH ergeben. Und so ist die Säule, die mit Jesus beginnt und zum Jesus-Christus übergeht, die gründet auf dem Moment des großen Ich-Einschlages bei der Jordan-Taufe, im wahrsten Sinne des Wortes ebenso die Christus- wie die Ich-Säule.

Außer der Ehernen Schlange aus der Frühzeit der israelischen Geschichte gibt es noch etwas im Alten Testament, an das man bei dem Thema «Eherne Säule» denken könnte: das sind die beiden Metallsäulen, die Hieram vor den salomonischen Tempel setzte.

«Und machte zwo eherne Säulen, eine jegliche achtzehn Ellen hoch . . ., und machte zween Knäufe, von Erz gegossen, oben auf die Säulen zu setzen, . . . und machte an jedem Knauf zwo Reihen Granatäpfel umher an einem Reif, . . . und die Knäufe waren wie die Rosen vor der Halle . . ., und der Granatäpfel waren zweihundert . . . Und er richtete die Säulen auf vor der Halle des Tempels . . . und es stand also oben auf den Säulen wie Rosen. Also ward vollendet das Werk der Säulen. Und er machte ein Meer . . .» (1 Könige 6. u. 7. Kap. / 2 Chronika 3. u. 4. Kap.)

Diese ehernen Säulen gingen dem Guß des Ehernen Meeres voran. Hätte Bernward, wenn ihm längere Lebenszeit gegönnt gewesen wäre, auch noch ein «Ehernes Meer» gegossen – vielleicht als Taufbecken wie Reiner von Huy? Oder hat er das Geheimnis des Ehernen Meeres mit in die Säule einbezogen?

Bernwards Säule steht nicht auf Erde und schon gar nicht auf dem Urnengrab eines Verstorbenen, wie bei Trajan – sie steht auf Wasser. Daß die mitgegossene Plinthe (der Sockel) an ihrer Oberfläche wie wellendes Wasser gestaltet ist, gehört zu den Rätseln der Säule. Männer mit Krügen knien an den vier Ecken der Plinthe, teils gießend, teils mit nach oben gerichtetem Blick, wie auf die richtige Stunde wartend. «Wer an dieser Säule seine Seele aufrichtet, baut an der Zukunft und schafft damit ein kleines Stückchen Ehernes Meer» – ist es so gemeint?

Das Wasser, das um den Fuß der Säule wellt, führt aber noch zu einem anderen Begriff; er nahm innerhalb der christlichen Einweihungsschulung einen zentralen Platz ein. Das erste Erreichnis auf diesem Übungswege hieß: *Fußwaschung*. «Die Fußwaschung bedeutet das Gerne-Dienen-Wollen, das Sich-Neigen in All-Demut.» Das höchste Vorbild ist die Fußwaschung, die Christus an den Jüngern vollzog. Dem Schüler, der sich lange Zeit Demutsübungen hingegeben hatte, zeigte es sich in doppelter Weise an, wenn er für diese Stufe reif geworden war.

«An einem äußeren und einem inneren Symptom erkennt er, daß er soweit ist. Das äußere Symptom dafür ist: er fühlt seine Füße wie von

Wasser umspült. Das innere Symptom ist eine astrale Vision, die ganz gewiß auftritt: er sieht sich selbst einer Anzahl von Menschen die Füße waschen. Dieses Bild taucht in seinen Träumen auf..., und jeder hat dieselbe Vision.»[40]

Entwickelte sich der Mönch an der Säule übend bis zu jener Stufe, die oben durch die Fußwaschung der Maria Magdalena gekennzeichnet ist, dann empfand er zugleich unten wellendes Wasser um seine Füße. Der Charakter der Säule zeigt sich als Symbol und Schulungsmittel zugleich.

Bernward betont in unüblicher Weise, daß Maria Magdalena wirklich eine Fuß*waschung* vollzieht. In der Bibel (Joh. 12,1) ist «von köstlicher Narde» und von «Salbe» die Rede, die allerdings doch wohl flüssig gewesen sein muß, da Maria die Füße ja mit ihren Haaren trocknete. Bernward läßt nicht das übliche Salbgefäß sehen, sondern der Fuß Christi wird in einem richtigen Becken gebadet.

Von hier aus läßt sich auch eine Ahnung gewinnen, wie das Kapitell ausgesehen haben mag. Zwischen den letzten Szenen des Spiralbandes – Fußwaschung und im auslaufenden Zwickel der Ritt nach Jerusalem – und dem Kreuz, das alles bekrönte, liegen die entscheidenden Szenen der Passion: Abendmahl, Fußwaschung durch Christus und Gefangennahme. Sie werden am Kapitell dargestellt gewesen sein. Sollte die Fußwaschung Christi über der Fußwaschung der Maria Magdalena gelegen haben, so würde das Abendmahl über der Erweckung des Lazarus zu sehen gewesen sein. Sicher ist die Säule einschließlich dem Kapitell eine einzige große Komposition gewesen.

Wir wollen aber den oberen Teil jenseits der Ehebrecherin-Szene noch genauer betrachten.

Zweimal Lazarus

Das größte Rätsel in der Szenenfolge der Bernwardsäule liegt darin, daß er nicht nur das Täuferschicksal in das Christusleben, sondern plötzlich auch eine Parabel (eines der von Christus gegebenen Gleichnisse) in zwei ausführlichen Szenen einflicht. Es ist die Parabel vom reichen Mann und vom armen Lazarus, die bei Lukas 16, 19-21 erzählt wird:

«Es war aber ein reicher Mann, der kleidete sich mit Purpur und köstlicher Leinwand und lebte alle Tage herrlich und in Freuden. Es war aber ein Armer mit Namen Lazarus, der lag vor seiner Tür voller Schwären und begehrte sich zu sättigen von den Brosamen, die von des Reichen Tische fielen; doch kamen die Hunde und leckten ihm seine Schwären.»

Das ist im ersten Bilde gegeben. Die Architekturandeutung zeigt, daß der Reiche in einem Palast wohnt. Er ist nicht nur reich, er hat Macht, er trägt eine Krone. Der arme Lazarus hat eine Krücke in der Hand, mit Hilfe derer er sich wohl nur fortbewegen kann. Er ist klein neben dem Reichen, der sich nicht um ihn kümmert, ja, der sich neben der Armut nur noch stolzer fühlt. Die zwei Tiere scheinen für Lazarus zu bitten.

In der nächsten Szene folgt die Fortsetzung zum Text:

«Es begab sich aber, daß der Arme starb und ward getragen von den Engeln in Abrahams Schoß. Der Reiche aber starb auch und ward begraben. Als er nun in der Hölle und in der Qual war, hob er seine Augen auf und sah Abraham von ferne, und Lazarus in seinem Schoß. Rief und sprach: Vater Abraham, erbarme dich meiner und sende Lazarum, daß er das Äußerste seines Fingers ins Wasser tauche und kühle meine Zunge, denn ich leide Pein in dieser Flamme.

Abraham aber sprach: Gedenke, Sohn, daß du dein Gutes empfangen hast in deinem Leben, und Lazarus dagegen hat Böses empfangen, nun aber wird er getröstet und du wirst gepeinigt.

Und über das alles ist zwischen uns und euch eine große Kluft befestigt, daß die da wollten von hinnen hinabfahren zu euch, können nicht, und auch nicht von dannen zu uns herüberfahren.

Da sprach er: So bitte ich dich, Vater, daß du ihn sendest in meines Vaters Haus, denn ich habe noch fünf Brüder, daß er ihnen bezeuge, auf daß sie nicht auch kommen an diesen Ort der Qual.

Abraham sprach zu ihm: Sie haben den Mose und die Propheten, laß sie dieselbigen hören. Er aber sprach: Nein, Vater Abraham, sondern wenn einer von den Toten zu ihnen ginge, so würden sie Buße tun.

Er sprach zu ihm: Hören sie Mosen und die Propheten nicht, so werden sie auch nicht glauben, ob jemand von den Toten auferstünde.»

Die Parabel-Darstellung folgt auf die Disputation der Pharisäer mit Christus: Wir sehen eine Gruppe von Männern, deren Häupter ohne Nimben sind, also keine Jünger, eine Gruppe, die sich gewissermaßen zuspitzt in der abwärtssinkenden Geste des vorderen Mannes. Solche nach unten zielende Geste sieht man bei den Menschen vor Christus sonst nie.

Lukas gibt in diesen Kapiteln eine Folge von Auseinandersetzungen mit den Pharisäern, die immer wieder in ein Gleichnis einmünden. «Man stellt sich die Frage, was den Künstler bewogen haben mag, gerade dieses Gleichnis zu wählen und nicht ein anderes, das vielleicht stärker auf die Haltung der Pharisäer Bezug nimmt. Der Übergang von dem einen zum anderen wäre dadurch nahtloser hergestellt worden.» (Adamski)

Die grundsätzliche Frage wird sein, warum überhaupt eines der vielen Gleichnisse in die Christus-«Biographie» eingeschoben wurde. Das Christusleben hätte noch viele Ereignisse hergeben können, um das Spiralband zu füllen, auch sind manche Szenen äußerst gedrängt aneinander gereiht, während die Parabel breiten Raum für ihre zwei Szenen hat. Sie muß für Bernward von spezieller Bedeutung gewesen sein.

Zunächst wird man einfach bemerken, daß dem Namen Lazarus dadurch ein größeres Gewicht gegeben ist. Oben die Lazarus-Erweckung, und zwei Bänder darunter der arme Lazarus! Johannes der Täufer und Lazarus sind so die beiden männlichen Namen, die am meisten «zitiert» werden. Daran ließen sich manche Gedanken knüpfen, auch in Zusammenhang mit Hieram, die jetzt aber nicht ausgeführt werden können.

Indes ergibt sich ein erstaunlicher Gesichtspunkt aus einem Vortrag Rudolf Steiners «Über die Auferweckungen in den Evangelien» (noch unveröffentlicht).* Darin führt er aus: «Wir müssen uns daran erinnern, daß die Kulturen, die hier auf Erden entstehen und vergehen, einen Keim in sich bergen, der befruchtet werden kann von dem Christusimpuls, und der zur erneuten Blüte kommen wird in den Zeitperioden, die nach dem Mysterium von Golgatha verlaufen. Was die drei Magier aus dem Morgenlande als Kulturkeime dem Jesuskind geopfert haben, das wird von dem Christus auferweckt werden, das enthält die Kräfte, welche die drei späteren Kulturperioden wirklich mit dem Christusimpuls durchdringen können.»

Von den sieben großen nachatlantischen Kulturperioden, die Rudolf Steiner zählt, bildet die griechisch-lateinische Epoche als vierte die Mitte. Es ist eben die, in welche das Christusereignis fällt. Die drei vorhergehenden Epochen spiegeln sich auf höherer Stufe in den drei nachfolgenden so, daß in der fünften (unserer Epoche) sich die dritte (ägyptisch-chaldäische) spiegelt, in der sechsten die zweite (Ur-Persien), in der siebenten dann die erste (Ur-Indien).

* Erscheint in dem Band: Zur Geschichte und aus den Inhalten der esoterischen Schule, GA 264.

Als «Realsymbol» – nennen wir es einmal so – stehen für die ersten drei Epochen die Auferweckungen, die in der Bibel geschildert sind: die des Jünglings zu Nain, des Lazarus und des Töchterleins des Jairus. Letzteres steht für Ur-Indien, das sich in der siebenten Epoche auf neuer Stufe wiederholen wird. Der Jüngling zu Nain ist eigentlich der «Jüngling zu Sais», die fragende Seele der ägyptisch-chaldäischen Zeit, die als die dritte sich in unserer fünften Epoche spiegelt; für die mittlere urpersische Epoche, die sich in der sechsten spiegeln wird, steht die Erweckung des Lazarus (die wiederum in einer hier nicht zu besprechenden Weise mit der Hieramströmung in Verbindung steht).

Nun heißt es bei Rudolf Steiner:

«In eigentümlicher Weise ist in das Lukas-Evangelium hineingeheimnist eine Parabel, die hinweist auf die geistigen Verhältnisse des 6. Kulturzeitraumes. Wir haben gesehen, daß dieser Zeitraum, der die Auferstehung des zweiten Zeitraumes bedeutet, von dem Christus-Jesus vorbereitet wird dadurch, daß er den Lazarus auferweckt... Mit dem Namen des Armen aus der Parabel wird hingedeutet auf den Zusammenhang mit dem Lazarus des Johannes-Evangeliums. Und daß wir es mit der sechsten nachatlantischen Kulturperiode zu tun haben, drückt in der Parabel der Reiche aus, indem er sagt: ‹Ich habe noch fünf Brüder›, die dann auch alle unbekehrt sind. Sie sind derjenige Teil der Menschheit, der im sechsten Zeitraum noch nicht den Christus in sich aufgenommen hat, und der daher dem Bösen verfallen muß.»[41]

Wie drastisch zeigen die Gesten des reichen Mannes in der Hölle sein Verhaftetsein im Bösen: die Faust, das rücksichtslose Machtprinzip, verhärtet und geballt, und der ausgestreckte Zeigefinger, rückgewendet auf sich selbst: ganz in sich befangenes, nur sich selbst in hochmütiger Bedeutung anerkennendes egoistisches Wesen. Wie verkrampft ist das Gesicht mit den heruntergezogenen Mundwinkeln und dem vorstoßenden Kinn. Ein Menschenwesen, das so in sich selber gefangen ist, daß es nichts glauben, nichts Höheres in sich aufnehmen kann. Wie Abraham in der Parabel sagt: «So werden sie auch nicht glauben, ob jemand von den Toten auferstünde.» Sie können das Wesen des Auferstandenen nicht in sich aufnehmen.

Die sechste Epoche ist eben jenes Wassermannzeitalter, in dem der Guß des Ehernen Meeres gelingen soll, in dem die finsteren Gesellen ihr unreines Wesen nicht mehr sollen hineinmischen können, in dem eine Trennung, «eine Kluft», wie Abraham sagt, gesetzt ist zwischen denen, die sich der durch Christus geführten Entwicklung anschließen, und denen, die es nicht tun.

Unter diesem Gesichtspunkt hat die Lazarus-Parabel an der Säule ihren tiefen Sinn. Sie korrespondiert dann auch wieder mit der Säulenbasis, die an den Guß des Ehernen Meeres erinnert.

Auch der Moment, in dem diese Parabel an der Säule auftritt, wird verständlich. Wer die Szene der Disputation mit den Pharisäern innerlich intensiv nacherlebt – diese Szene, in der nichts von Christus zu den Menschen überfließen kann, weil sie es nicht annehmen, wo sich seine Hand von ihren disputierenden Geistern und Gesten wegwendet, in dem entsteht die Frage: «Wo führt das hin? Was wird mit jenen, welche sich dem Christus-Impuls grundsätzlich verschließen?» Die Parabel gibt die Antwort. Den Zusammenhang versteht man allerdings nur, wenn man den Bezug zum sechsten Zeitalter und dessen Charakter kennt.

Hier ist auch der Punkt, wo sich der «Verduner Altar» noch einmal in Erinnerung bringt. Sein Meister läßt in der Tiefe des Ehernen Meeres Fische schwimmen, und zwar *sechs* an der Zahl. Vier sind vollkommen zu sehen, zwei blicken nur mit ihren Köpfen von rechts und links herein.

Es war die vierte Epoche, in welcher der Altar geschaffen wurde; die fünfte (unsere) und sechste Epoche waren noch Zukunft und müssen erst vollendet werden. Ist auch hier auf dieses Geheimnis angespielt?

Wenden wir jetzt, nach all diesen Erfahrungen an der Säule, unseren Blick noch einmal zum Anfang des Reliefbandes zurück und stellen die Frage nach der rätselhaften dritten Gestalt bei der Jordantaufe neu. Könnte dieser Heilige als Repräsentant, als Vorbild der Meditierenden gemeint sein, die mit dieser Szene – in Andacht – ihre Betrachtungen beginnen? Die Stola mit dem verzierten Rand könnte auf einen Priester deuten. Es scheint, als trage er etwas in seinen Händen, was aber nicht mehr genau auszumachen ist, denn die schlechte Behandlung, welche der Säule jahrhundertelang zugemutet wurde, hat ihre Spuren hinterlassen und da und dort Deformierungen hervorgerufen. Man könnte aber sagen: mit der Bestimmung dieser Säule als Schulungs-Instrument könnte diese (vielleicht) szenenfremde Figur in Zusammenhang stehen. Bernward könnte durchaus einen bestimmten Heiligen als Vorbild gemeint haben.

Dem freilich stellt sich wieder entgegen, daß dieser Heilige soviel größer noch als der Täufer dargestellt wird. Auch würde man denken, daß er geeigneter rechts stünde, der ganzen Szenenfolge verehrend zugewendet. Hier aber wendet er allem Folgenden den Rücken und ist lediglich auf die Taufszene konzentriert.

Stellen wir uns noch einmal vor die Seele: Mit dem Täufer in Zusammenhang – in ihm wirksam – wurde der Engel gedacht, der ihn als Bote Gottes lenkte und der als solcher größer war als der sterbliche Mensch Johannes. Dieses höhere Wesen bereitete durch ihn das Ereignis der Taufe vor.

Eine andere Einwirkung (die den Boten nicht ausschließt) strömte dadurch in ihn ein, daß er als der wieder inkarnierte Elias in der Bibel bezeichnet wird. (Auf diesen Punkt, im Täufer den wieder inkarnierten Elias zu sehen, scheint auf der Holzdecke von Zillis hingewiesen zu sein. Diese alte romanische Decke (um 1130) zeigt hinter dem predigenden Johannes einen Mann mit Aura, der ihn offenbar inspiriert. Es ist ein weißhaariger bärtiger Greis, in dem auch die Kunstforschung Elias vermutet.)

Um eine solche Eliasgestalt handelt es sich hier aber nicht, auch steht sie nicht hinter dem Täufer (als frühere Inkarnation), sondern ihm gegenüber. Und es ist ein junger, unbärtiger Mann. Während der Täufer handelt, betet er oder bringt etwas dar.

Wagen wir einen weiteren Gedankenschritt, fragen wir: Könnte hier Johannes der Evangelist gemeint sein? Könnte diese Säule eine spezielle Johannes-Betonung haben? Könnte das Johannes-Evangelium als Grundlage dieser Schulung eine bevorzugte Rolle spielen?

Johannes war auch der Schreiber der Apokalypse, als solcher wird er neben den Bildern der Schauung in den meisten Fällen auch selbst abgebildet. Freilich liegt das dort nahe, weil Johannes in der Ichform schildert: «Ich sah . . . ich hörte . . .»

Will Bernward den Evangelisten hier ähnlich als Zeugen anführen? Zwar beginnt auch das Markus-Evangelium gleich mit der Schilderung des Täufers, aber im Johannes-Evangelium ist besonders auffällig, wie nach den großen Worten des Prologs unmittelbar folgt: «Es war ein Mensch, von Gott gesandt, der hieß Johannes.»

Es springt gewissermaßen dieser kosmische Christus, der eben als Wort, Leben und Licht beschrieben worden ist, ohne Übergang in die Täufer- und Taufgeschehnisse herein. Mit Worten ist da eine Art Taufszene gebildet: oben das geistgewaltige Christuswesen und unten der Mann Johannes, der von einer bestimmten Art sein muß, damit der Herabstieg des Christus durch die Taufe möglich wird. In seinem Zeugnis spiegelt sich das vorher geschilderte Himmlische wider: «Er (der Täufer) war nicht das Licht, sondern er zeugte von dem Licht... Nach mir wird kommen, der vor mir gewesen, denn er war eher denn ich.»

So gesehen, würde der Beginn der Reliefreihe unmittelbar mit deren letzten Szenen korrespondieren, denn die Lazarus-Geschehnisse (Maria und Martha vor Christus, Erweckung des Lazarus, Gastmahl mit Fußwaschung und auch der Ritt nach Jerusalem) werden nur im Johannes-Evangelium geschildert. Ebenso das Geschehnis mit der Ehebrecherin.

Wenn wir wieder auf einen esoterischen Aspekt unseren Blick lenken würden (es kann das nur ganz im allgemeinen geschehen), so könnten wir eine Anschauung finden, welche sagt: Der Täufer und ebenso dieser Evangelist heißen nicht zufällig beide Johannes. Dadurch wird angezeigt, daß von dem (inzwischen verstorbenen) Täufer eine starke geistige Einwirkung auf den Evangelisten gleichen Namens ausgegangen ist. Es ist daher in diesem Evangelisten ganz besonders alles das lebendig und gegenwärtig, was der Täufer auf Erden erlebt hat. (Siehe auch den Einschub der Täuferszenen an der Säule.)

Anders ausgedrückt: Der Name Johannes ist nicht (nur) ein Eigenname, sondern er bezeichnet das Erreichen einer bestimmten geistigen Stufe. Die diese Johannes-Stufe erreicht haben, wirken als «Johannesse» miteinander.

Es würde dies heißen, daß der Täufer mit seinen Erfahrungen und Werken stark in Johannes dem Evangelisten gegenwärtig wäre, wie andererseits der Täufer teilnehmen und mitwirken würde an allem, was der Evangelist vollbringt.

Daß eine solche Anschauungsweise existierte, davon gibt es in späterer Zeit in der bildenden Kunst mancherlei Spuren. Auffallend viele Altäre sind den «beiden Johannes» gewidmet. In besonderer Weise kommt dieser Überlieferungsstrom aber zum Vorschein bei dem großen Bild des Malers Albrecht Altdorfer «Die beiden Johannes auf Patmos» (um 1500, Museum Regensburg, früher München). Dort sitzt dem schreibenden Evangelisten der (längst verstorbene) Täufer als *Diktierender* gegenüber. Auch dort ist der Täufer rechts, der «andere» Johannes links; das Lamm mit dem Kreuzstab liegt zwischen ihnen.[42]

Was ebenfalls den Gedanken auf Johannes bringen könnte, ist der Typ des bartlosen jungen Mannes.

Noch einmal muß uns der Verduner Altar in den Sinn kommen. Überraschenderweise läßt auch Meister Nikolaus bei der Jordantaufe einen bartlosen Jüngling mit Hauptesaura gegenwärtig sein. Er steht hier aber hinter dem Täufer und wirkt wie dessen Helfer, denn er hält hier eindeutig das Gewand des Täuflings über den Armen. Ein Engel ist er nicht, es fehlen ihm die Flügel. Auch hier müßte sich das Bedenken erheben, daß es zur Zeit der Taufe noch keine Jünger gab. Wer also soll dieser Jüngling sein? Freilich ist diese Szene nicht so angelegt wie bei der Bernwards-Säule, die eine Frage geradezu provoziert. Alles scheint hier glatter, harmloser und selbstverständlicher. Vielleicht hat Nikolaus die Tiefe dieser Überlieferung, die uns an der Bernwards-Säule zum ersten Male faßbar wird, nicht so genau gekannt und deshalb diesen «anderen» nicht so bedeutungsvoll gestaltet? Da er ihm aber auch eine Hauptesaura gibt, muß zumindest die Ahnung eines verborgenen Zusammenhanges noch mitgeschwungen haben.

Nun gibt es in der Bibel, und wiederum nur bei Johannes, in Verbindung mit der Taufszene ein Rätsel. Am nächsten Tage ist der Täufer wieder an der Taufstelle, und zwei seiner Anhänger stehen in seiner Nähe. Da wandelt in einiger Entfernung der gestern von ihm getaufte Jesus vorüber. Der Täufer sagt: «Siehe, das ist Gottes Lamm.» Daraufhin folgen die beiden bisherigen Täuferjünger Jesus nach und begleiten ihn zu seiner Herberge. Der eine ist Andreas, der Bruder des Simon (Petrus), der seinem Bruder berichtet: «Wir haben den Messias gefunden.» Woraus hervorgeht, daß die beiden Anhänger des Täufers nun Christus in seiner ganzen Bedeutung erkannt haben. Es wird aber im Johannes-Evangelium nicht gesagt, wer denn der zweite Jünger gewesen sei. Daraus ist schon geschlossen worden, daß es der Schreiber des Johannes-Evangeliums und der Apokalypse selber war. Dieser Evangelist wird ja von vielen Interpreten durchaus nicht als identisch mit dem *Jünger* Johannes angesehen. Rudolf Steiner bezeichnet – und das mag wiederum mit einer alten christlichen Geheimlehre, die Bernward gekannt haben könnte, übereinstimmen – *Lazarus* als denjenigen, der im Rang und unter dem Namen Johannes diese Schriften verfaßt hat. Für Lazarus und gleicherweise für den Jünger, den man gemeinhin Johannes nennt, der beim Abendmahl an der Brust des Herrn lag, wird in der Bibel das Wort gebraucht, daß der Herr «ihn liebhatte». Auch die Komposition und die Berichte des Johannes-Evangeliums bieten zu diesem Gesichtspunkt auffallende Anhaltspunkte.*

* Siehe Rudolf Steiner: «Das Johannes-Evangelium» GA 103; «Das Johannes-Evangelium im Verhältnis zu den anderen Evangelien» GA 112; «Die Apokalypse des Johannes» GA 104 und andere Schriften.

Es wäre also zu fragen, ob mit diesem Jüngling bei der Taufszene jener Anhänger des Täufers gemeint sein könnte, der vom Evangelisten nicht benannt wird, weil er es selber ist und sich dahinter das Geheimnis verbirgt, daß er damals noch Lazarus und ein Anhänger des Täufers war. Seine starke Verbindung mit dem Täufer drückte sich später in der geistigen Übernahme des Namens Johannes aus.

Dann würde die Säule von ihrer ersten Szene an auf das Zusammenspiel des Täufers und des Lazarus-Johannes hindeuten. Die Komposition würde sich als geradezu vollendet erweisen. Es würde die Säule zugleich – gewissermaßen vorbildhaft – den «Aufstieg» des Evangelisten nachzeichnen von dem noch weltlichen Jüngling im Umkreis des Täufers bis zur Erweckung, die ihn vom Lazarus zum Johannes verwandelt.

Der meditierende Mönch würde dann auf einen «Johannesweg» gewiesen, um nach seinen Möglichkeiten dem großen Vorbild anhand der Stationen, die dieses Evangelium offenbart, nachzufolgen. Geistiger Entwurf der Säule und Inhalt des Szenenganges zeigten sich durch eine genial gehandhabte Komposition zur Einheit verschmolzen. Die besondere Stellung und Größe, die Bernward dem Jüngling bei der Taufszene gibt, wären verständlich. Verständlich auch, daß er allem Nachfolgenden den Rücken kehrt, denn er schaut dem nicht zu, sondern es entwickelt sich aus ihm selbst. Alles, was er in seinem Evangelium sagen kann – und es beginnt erst bei der Jordantaufe –, entsteht aus der Christuskraft, die durch ihn hindurchwirkt; und ein Mittler dabei ist der Täufer.

Es soll diese Überlegung, der Evangelist, dessen Bericht entscheidende Szenen für die Säulenreliefs entnommen wurden, könne hier als Musterbeispiel eines Meditierenden selbst den Anfang in die Versenkung dieser Szenen geben, nur ganz offenlassend ausgesprochen werden.

Rückblick auf die Johannes-Miniatur

Wir wollen an dieser Stelle aber auch noch einmal rückblicken auf jenes ungewöhnliche Bild der Jesusgeburt, das Bernward in seinem großen Evangeliarum an den Anfang des Johannes-Evangeliums stellte. Die Identifizierung der unteren Gestalten mit Gäa und Okeanos ist sicher nicht falsch, aber Bernward muß Gründe gehabt haben, daß ihm an solcher Darstellung lag. Wenn man den fünften der Vorträge liest, die Rudolf

Steiner unter dem Titel «Ägyptische Mythen und Mysterien» gehalten hat (GA 106), wird man unwillkürlich an dieses Bild erinnert. Gewiß entspricht es nicht ganz, denn das dort Geschilderte ist eigentlich noch undarstellbar. Rudolf Steiner beschreibt ein frühes Entwicklungsstadium unseres Planeten und damit auch der Menschheit – eine Zeit, wo Sonne, Erde und Mond noch beieinander und ein einziger Weltenkörper waren, wobei unter «Körper» noch nichts eigentlich Festes vorzustellen ist, sondern wo alle Ingredienzien der zukünftigen Entwicklung sich noch in einem Licht-Gas-Wärme-Zustand befanden. Dann begann sich die Sonne herauszulösen, der Dunst kühlte sich zu Wasser ab. Dieses Wasser konnte vom Licht nicht mehr durchdrungen werden. Der Mensch mußte sich jetzt in einer Art verkörpern, daß sein unterer Teil im Wässerigen lebte. «Die Menschen mußten nun sozusagen ihre früher lichtdurchglühte Gasgestalt hineinsenken in die trüben Wasser und sich dort verkörpern ... Der Mensch wurde eine Wassergestalt, jedoch keineswegs ganz. Niemals war der Mensch ganz ins Wasser hinuntergetaucht ... so daß der Mensch lebte zum Teil im dunkeln, lichtberaubten Wasser ... Das ist die Stufe, die der Mensch damals in seinem Leibe erreicht hatte, die wir heute degeneriert festgehalten sehen in den Fischen ... Wir müssen uns etwa einen Goldfisch denken ..., mit großer Beweglichkeit, aber mit dem Gefühl von Wehmut, weil das Licht dem Wasser genommen war. Es war eine tiefe, tiefe Sehnsucht, die da entstand, das Verlangen nach dem Licht rief die Sehnsucht hervor. Es gab einen Augenblick in der Erdenentwicklung, in dem die Sonne noch nicht ganz heraus war aus der Erde; da kann man jene Gestalt noch durchglüht sehen von Licht, die Menschen im oberen Teil noch auf der Sonnenstufe, unten schon in der Gestalt, die in der Fischform festgehalten ist.»

Liest man diesen Text und blickt dabei auf Bernwards Miniatur, so erscheint sie einem wie eine verhüllte Erinnerung, wie eine Andeutung, daß Mensch und Erde solche frühen Stufen durchgemacht haben. Die beiden Goldfische im Vordergrund sind ja recht auffällig, und jenes Wasserwesen erscheint wie klagend. Es kann an den Sehnsuchtsruf erinnern, den in Strindbergs «Kronbraut» ein auf- und abtauchender Wassermann ausstößt: «Ich erhoffe, ich erhoffe, daß der Erlöser lebt!»

Das Herausgehen der Sonne war kein mechanischer Vorgang, sondern wurde dadurch bewirkt, daß sich die hohen Sonnenwesen, in ihrer Mitte der Christus, jetzt von dem Erdplaneten zurückzogen; sie entließen ihn in weitere Stufen seiner Entwicklung, die sie nun aber von außen begleiteten.

Auf der Miniatur kann man in den Schwüngen des oberen Teiles einerseits ein Herabsenken, man kann darin aber auch ein Herausheben sehen. In der Doppeldeutigkeit des Bildes liegt das auch beschlossen: was sich einstmals heraushob, kommt mit dem Christusereignis geistig wieder zurück.

Dem Fortgehen der lichthaft-höchsten Wesen sieht der zum Teil nun an das verdichtete Wasser gefesselte Mensch mit Wehmut nach. Er empfindet die Dunkelheit des Wassers, und «das Verlangen nach dem Licht rief die Sehnsucht hervor».

Auf der Miniatur ist es eben gerade dieser untere Teil, mit dem der Mann verbunden ist, der so klagend-sehnsüchtig nach oben ruft. Damit drückt sich noch ein anderes aus: Wenn auch das Licht in die zu Wasser verdichtete Substanz keinen Eingang mehr fand, so blieb doch der *Ton* darin! «Von Anfang an war die Erde nicht nur glühend, leuchtend, sondern auch tönend, und der Ton war in der Erde geblieben, so daß als das Licht herausging, innerlich das Wasser zwar dunkel wurde, innerlich aber auch vom Ton durchdrungen wurde, und der Ton war es, der dem Wasser gerade die Gestaltung, die Form gab... Der Ton war eine formende Kraft. Und die war es, die auch den Leib aus dem Wasser herausgeformt hat. Das war die Kraft des Tones, die noch in der Erde geblieben war. Es ist der Ton, es ist der Klang..., aus dem heraus sich formt die Menschengestalt.»

Fragen wir jetzt noch, warum Bernward dieses Bild zu dem Text: «Im Urbeginne war das Wort» gestellt hat? Durch den Ton, den Klang, den Laut ist vor Äonen am Menschen und seinem Planeten geformt worden. Daß das Wasserelement Klang und Ton hat, wird auf dem Bild durch das geöffnete Maul des Wasserwesens angezeigt.

Bernward stellt so zu dem Schöpfungsprolog des Johannes-Evangeliums ein Bild der Werdeprozesse von Welt und Mensch. Die Schriften des Johannes sind die Urschriften der christlichen Esoterik; die Anknüpfung daran ergibt sich von selbst. So bot auch das Evangeliar mit seinen Miniaturen den Mönchen Anhaltspunkte für ihre Schulung.

Daß Bernward sich in der Abteikirche St. Michael begraben lassen wollte und nicht, wie es ihm als Bischof zustand, im Dom, bekommt einen neuen Hintergrund. Nicht nur, weil er sich ‹seiner Lieblingsgründung› und seinem größten architektonischen Werk verbunden fühlte, sondern offenbar, weil hier der Quell seiner eigentlichen geistig tiefdringenden Wirksamkeit am stärksten floß. Bernward war ein geistiger Lehrer!

Kurz vor seinem Tode ließ er sich selbst als Mönch in das Kloster aufnehmen. Sein Geheimbuch, das den Kampf Michaels mit dem Drachen als Titelbild zeigte, hinterließ er nicht dem bischöflichen Nachfolger, sondern dem Abt Goderamnus. Vermutlich sollte dieser die Schulung weiterführen.

Man kann auch die Säule als «Geheimbuch» bezeichnen – ein offenes Geheimnis, für jedermann sichtbar und doch verschlossen.

In seinem Testament hat Bernward das Kloster mit sehr reichen Schenkungen begabt, damit die Mönche sich «zum Nutzen der Lebenden einer heiligen Betrachtung hingeben» können. Die Säule kann ahnen lassen, was Bernward unter *heiliger Betrachtung* im wahrsten Sinne des Wortes verstand. Da war nicht friedliches Wohlleben, eingerahmt von frommen Gedanken gemeint, wofür er die Zukunft des Klosters sichern wollte, sondern es wurde eine strenge esoterische Schulung durchgeführt. Und die heidnischen Mysterien wurden in vollem Bewußtsein in die christlichen umgewandelt.

Blickt man von hier aus auf die Leuchter zurück, die Bernward schon gleich zu Beginn der Klostergründung für den kultischen Dienst in der Kreuzkapelle den sieben Mönchen übergeben hatte, so sieht man die konsequente Linie, die von Anfang alles durchzieht. Daß Goderamnus diese Leuchter Bernward ins Grab legte, könnte aus einer Vorahnung dessen gekommen sein, was sich nach Bernwards Tod an Feindlichem gegen sein Kloster richten wird.

Raumsymbol und Zeitenfluß

Die Tempellegende führt gleichnishaft zum Bau des Salomonischen Tempels zurück und gewinnt an ihm auch Bilder der Prophetie. Jedoch ist der Salomonische Tempel als Gleichnis einseitig. «Ein Gegensatz ist zwischen dem Wesen des Salomonischen Tempels und dem Wesen des Christentums. Der Salomonische Tempel faßte zusammen in wunderbaren, großartigen, zum Teil gigantischen Symbolen dasjenige, was die Weltanschauung des Alten Testamentes in sich geschlossen hat. . . . Dieser Salomonische Tempel ist aber doch ein Bild des Weltenalls, welches in einer gewissen Beziehung einseitig ist. Der Salomonische Tempel ist nämlich ein Raumbild des Weltenalls, ein Bild, das räumliche Verhältnisse, räumliche Gestalten zu Hilfe nimmt, wenn die Geheimnisse dieses Weltenalls ausgedrückt werden sollen. ... Man möchte sagen: Dasjenige, was eingeflossen war in die ganze alttestamentliche Offenbarung, es äußerte sich nach diesen zwei Seiten: nach der Seite, die äußerlich, exoterisch gegeben war im pharisäischen und sadduzäischen Judentum, nach der anderen Seite esoterisch durch dasjenige, was gegeben war in den geheimnisvollen Symbolen des Salomonischen Tempels ...

Das alte Weltenwissen, die alte Weltanschauung war zusammengeflossen in dem Salomonischen Tempel, aber diese alte Weltanschauung barg nichts mehr von dem, was sie groß gemacht hätte. Ein Neues mußte in die Weltentwicklung eintreten. Und so fließen in der Zeitentwicklung unmittelbar zusammen der Niederbruch des Salomonischen Tempels und der Aufgang, die Geburt des Christentums. Der Salomonische Tempel – ein symbolisches Raumesbild des Welteninhalts; das Christentum, zusammengefaßt als *Zeit*erscheinung: ein neues Weltenbild.

Beim Christentum ist nicht die Hauptsache irgend etwas, was als Raumesbild auftreten kann; beim Christentum ist das Wesentliche, daß man versteht: Die Erdenentwicklung ging bis zum Mysterium von Golgatha, das Mysterium von Golgatha hat eingegriffen, dann geht es durch den in die Menschheit sich ausgießenden Christus in dieser oder jener Weise weiter. *Das Christentum versteht nur derjenige, der es auffaßt durch Bilder, die in der Zeit ablaufen.**

Dieses gravierende Wort scheint bei der Bernwardssäule geradezu Pate gestanden zu haben. Das christliche Element erfaßt durch «Bilder, die in der Zeit ablaufen» – genau das ist das Charakteristikum des Reliefbandes. Eine Szene reiht sich an die andere; immer ist zugleich ein Teil der vorhergehenden und der nachfolgenden Szene zu sehen, immer ist man in einem Zeitverlaufe darin, der wie ein Fluß von einem Ereignis zum anderen weiterführt.

Das Christentum kann nichts Statisches sein. Wir müssen unsere Seele dauernden Verwandlungen, immer neuen Aufgaben und Prüfungen, immer neuen Erfahrungen und Bereicherungen öffnen und aussetzen. «Das Werden, hingestellt nach dem Sein», so verhält es sich zur Weisheitsverfassung der alten Welt, die sich im Salomonischen Tempel ein Raumsymbol schuf. Die zwei erzenen Säulen Jachim und Boas vor der Tempel-

* Rudolf Steiner «Wie kann die Menschheit den Christus wiederfinden?», GA 187.

tür waren symbolische Zeichen. Die Bernwardssäule ist mehr als ein Symbol; sie verlangt Regsamkeit und entwickelt Regsamkeit. Im Zeitverlauf geht man um die Säule herum, während man sie betrachtet. So ist sie wie eingetaucht in das flüssige Element, wie es das flutende Wasser auf der Plinthe zeigt, und will uns mitnehmen in den Strom der Christusereignisse. Mit dem wellenden Wasser des Jordanflusses beginnen die Reliefs; wer nicht unterzutauchen wagt, der gewinnt die Taufe nicht, die das Tor zu allem Folgenden eröffnet.

Welch ein Gegensatz zu den Kaisersäulen Roms! Sie stehen auf Asche. Hier quillt das Leben. *Das* ist Bernwards Antwort auf den Anblick der Säulen, den er in Rom erlebt haben mag.

Die Christussäule ist wohl das letzte Vermächtnis Bernwards an seine Benediktiner-Abtei, und man kann sich gerade an ihr klarmachen, was es für Goderamnus und seine Mönche bedeutet haben mag, als Godehard, der neue Bischof, sie nach dem Tode Bernwards zwangsweise aussiedelte. Er trennte sie von der Michaelskirche und allen darin befindlichen Werken und verlagerte das Kloster an einen anderen Ort.

Mit Godehard wehte ein anderer Wind. Nicht nur die Herkunft zeigt große Verschiedenheit – Bernward stammte aus dem hohen Adel Niedersachsens, Godehard kam als Bayer, von einfacher Abstammung, in diese religiöse Metropole, die ihren Glanz im wesentlichen durch Bernward erhalten hatte. Die von Bernward gegründete Benediktiner-Abtei war das erste Männerkloster in der ganzen Diözese Hildesheim. Godehard, wie gesagt, «vertrieb» die Mönche. Aber die Empörung scheint so große Wellen geworfen zu haben, daß er sie wieder zurückholen mußte.

Doch darüber wird später zu sprechen sein. Wir wenden uns nun dem Stein-Sarkophag zu, den sich Bernward nach Thangmars Mitteilung selber gearbeitet hatte.

Bernward als Stein-Bildhauer für seine eigene Grablege

Er schlug sich aus Sandstein einen Sargkasten von etwas mehr als zwei Metern Länge, 62 cm Breite und 40 cm Höhe. In den Boden arbeitete er eine Vertiefung für Kopf und Hals ein. Auf den oberen Rand meißelte er die Worte: «Bernwardus EPS» und fügte die jahrhundertealte Bischofsformel hinzu: «servus servorum Christi», d. h. «Knecht der Knechte Christi».

Den schweren Sargdeckel, gleichfalls aus einem Stück, arbeitete er giebelförmig und schmückte ihn mit neun Brustbildern von Engeln – fünf auf der einen, vier auf der anderen Längsseite: die neun Hierarchien! In die Zwischenräume setzte er je sieben Formen, die man als Flammen deutet, vielleicht die sieben Leuchter der Apokalypse symbolisierend, welche dort für die sieben Geister Gottes stehen. Im Giebeldreieck der einen Schmalseite steht das Lamm mit der Kreuzaura (auch ein Bezug zur Apokalypse), ebenfalls zwischen sieben Flammenbergen. Die andere Stirnseite trägt nur ein einfaches Kreuz. Um die Flachreliefs der Engel läuft eine Schrift, welche Worte aus dem Buch Hiob wiedergibt:

«Ich weiß, daß mein Erlöser lebt. Und am jüngsten Tage werde ich von der Erde auferstehen. Und ich werde umgeben werden mit meiner Haut und in meinem Fleische Gott, meinen Heiland, sehen. Ich selbst werde ihn sehen, und meine Augen werden ihn anschauen, nicht ein anderer. Diese meine Hoffnung ruht in meiner Brust.»

Auch das «Buch Hiob», die Geschichte des Mannes, dessen Elend, aber auch dessen Frommheit sprichwörtlich geworden ist, wurde im Mittelalter Salomo als Verfasser zugeschrieben. Thangmar betrachtet in seiner Chronik Bernward wie einen neuen Hiob, der seine vielen Beschwernisse in großer Geduld und ungebrochenem Glauben trug. Hiob brach mitten in seinen Klagen in jene Bekenntnisworte aus: «Ich weiß, daß mein Erlöser lebt, ... ich selbst werde ihn sehen ... und kein anderer;» das heißt: Ich werde derselbe sein, mein Ich wird ihn sehen! – Die Worte des Hiob sind im Alten Testament eine Besonderheit, da sie ja vor der Zeitenwende gesprochen wurden.

Dieser Sarkophag sollte in eine Gruft versenkt werden, blieb also für die Augen der Nachwelt unsichtbar. Um die Gruft zu bedecken, arbeitete

Der Sargkasten Bernwards

Bernward eine große Platte aus. Von einem Flechtbandmuster umgeben zeigt sie im Mittelfelde ein Kreuz, das auf den Fuß eines Baumes aufgesteckt ist. Im Schnittpunkt der Balken steht wieder das Lamm, in vertieften Rundungen umgeben vom Viergetier: dem Adler oben, dem Menschen oder Engel unten, links dem Löwen, rechts dem Stier.

Unter dem Menschen – und nur dort! – sind wieder sieben solcher «Flammen» zu sehen, und sieben Astansätze zeigt der Stamm. Wir erinnern uns an die sieben Äpfel in der Sündenfallszene der Tür. Auch hier kann es sich nicht um Zufall handeln.

«Etwas Neues und in der Zeit Unvergleichliches an der Arbeit des ‹Vortragekreuzes› auf der Grabplatte ist die Tatsache, daß die Kreuzarme

Die Abdeckpla
der Gruft

Der Sargdeckel

als regelmäßig gehöhlte Kehlen gegeben sind, die vom Zentrum aus, dem heilspendenden Lamm Gottes, zu den weitertragenden Evangelisten führen. Diese Tatsache läßt . . . den Gedanken treffend erscheinen, daß die Hohlkehlen der Kreuzarme sozusagen als Strombetten des Heilsstromes gedacht seien.» (Ulrich Teuscher in «Bernward und Godehard von Hildesheim»). Auf dieser Platte ist eine Schrift eingegraben:

«Pars hominis Bernwardus eram. Nunc premor in isto sarcofago diro vilis et ecce cinis. Pro dolor! Officii culmen quia non bene gessi. Sit pia pax animai. Vos et Amen canite.»

Was etwa so übersetzt werden kann:

Teil des Menschen Bernward war ich;
jetzt bedrückt der Sarg, siehe,
wertlose Asche.
Ach Schmerz!, weil des hohen Amtes ich nicht wohl gewaltet.
Möge die Seele göttlichen Beistand erlangen;*
Erhebt die Stimme und singt das Amen dazu.

Diese Worte meißelte Bernward zu seinen Lebzeiten in den Stein. Das Sterbliche des Menschen Bernward spricht in den ersten Zeilen, aber zugleich durchzogen von dem Ich der Persönlichkeit, denn Asche kann

* Pax kann auch als Friede oder Gnade gelesen werden.

nicht Ich zu sich sagen. In den weiteren Zeilen spricht die Seele, von dem großen, in ihr wohnenden Gewissen bedrückt, daß sie ihr irdisches Werk nur unvollkommen verrichtet hat. Der Name Christus wird nicht ausgesprochen, aber das Kreuz mit dem Lamm, neben welches die Worte geschrieben sind, zeigt, von wo er die göttliche Hilfe erhofft.

Der Sarkophag ist in der Krypta vor dem Marienaltar in die Erde versenkt. In der Altarkonche ist heute ein Mosaik angebracht; es zeigt Maria mit dem Kind, links von ihr Bernward, der das Bernwardskreuz in der Hand hält, und rechts Michael mit Schild und Speer.

III

BERNWARDS TOD UND SEINE UNMITTELBARE NACHWIRKUNG

Bernwards Tod

Bernward wurde bestattet, wie er es selbst angeordnet hatte, «nicht unter dem Hochaltar des von ihm so prächtig vermalten und herrlich ausgestatteten Domes, nicht in der altehrwürdigen Domkrypta, wie es ihm als Bischof zugestanden hätte, nicht unter der von ihm für den Hochchor des Domes geschaffenen kostbaren, stark vergoldeten Lichterkrone, sondern unter dem Chor der Mönche von St. Michael, in der Gruft der von ihm hauptsächlich für den Gottesdienst der Mönche erbauten Basilika» (Algermissen).

Bernward hatte wohl sein Ende nahe gefühlt, als er für den 29. September 1022, den Festtag des Erzengels Michael, die Weihe der Basilika angesetzt hatte. Denn ganz fertig war der Bau ja noch nicht.

In der Lebensbeschreibung durch Thangmar wird berichtet,[42a] daß Bernward, der dreißig Jahre sein Bischofsamt verwaltet hatte, zwischen der Michaelskirche und dem Kloster noch eine Kapelle zu Ehren des hl. Martin hatte errichten lassen. Diese muß damals kaum fertig gewesen sein, denn Bernward ließ sie durch Bischof Eggehard von Schleswig (der von den Heiden vertrieben worden war und bei Bernward Gastrecht genoß) einweihen, was höchstwahrscheinlich am 11. November, dem Festtag des hl. Martin, geschah. Am gleichen Tag legte er dort sein Bischofsgewand ab «und nahm das Joch der klösterlichen Gelübde auf sich. Als er dann in seiner letzten Krankheit fühlte, daß die Stunde seines Todes gekommen sei, ließ er sich in jene Kapelle tragen, indem er sagte, es gezieme sich, dort sein Leben zu beschließen, wo es ihm vergönnt gewesen sei, sich mit dem Kleide der Weltentsagung zu schmücken».

Da Bernward am 20. November starb, «durch lange körperliche Leiden geschwächt und aufgerieben», vergingen zwischen seiner Mönchseinkleidung und seinem Tode nur noch neun Tage.*

In dieser Thangmarvita heißt es weiter: «Er hatte den guten Kampf gekämpft, den Lauf vollendet, den Glauben bewahrt. Wir glauben, daß er den himmlischen Geistern beigesellt und unter Führung des Erzengels

* Algermissen in der Zeitschrift «Unsere Diözese», 2. Heft 1958.

Michael der seligen Unsterblichkeit teilhaftig geworden ist. Solange er lebte, opferte er sich Gott als Opfer der Gerechtigkeit. Nun ruht er, durch viele Zeichen wunderbar verherrlicht, in himmlischem Frieden... Sein Heimgang machte uns zu vaterlosen Waisen, die heilige Hildesheimer Kirche aber gleichsam zur Witwe... In der ganzen Stadt (erhob sich) Schmerz und Seufzen... Überall hörte man Trauer und Klage und einen fast untröstlichen Jammer aller Stände... Die Armen, Witwen und Waisen klagten, sie hätten ihren Vater verloren. Die Adligen wie das Volk bedauerten, daß der Vater des Vaterlandes, der Hort des Friedens, der weise Lenker der staatlichen Verhältnisse ihnen entrissen sei. Denn auf wunderbare Weise war dieser Mann allen alles geworden... Noch zu Lebzeiten hatte er angeordnet, daß die Bahre, auf der sein Leichnam zum Begräbnis getragen wurde, nicht – wie es bei der Bestattung einer Person von hohem Stande üblich ist – mit einer kostbaren Decke, sondern mit einem Bußkleide bedeckt werden solle.»

Der Tod Bernwards findet sich in den verschiedensten Chroniken auch anderer Städte vermerkt. Bernward wird dabei zuweilen als «Graf von Sommerschenburg» bezeichnet.

In den Hildesheimer Annalen (wo dieser Eintrag vielleicht von Abt Goderamnus formuliert wurde) folgen der Todesnachricht die Worte:

> Cui Deus aeterni praeset consortia Regni,
> Vivens arce Poli sit socius Lazari. Amen.
> Möge ihm Gott verleihen den Anteil am ewigen Reiche,
> daß er, Genosse des Lazarus,
> lebe in himmlischer Burg. Amen. (nach Algermissen)

Wobei der Bezug gerade auf den Namen Lazarus auffallen kann.

Die Krypta unter dem Hochchor von St. Michael wurde von Bernward mit einem Umgang versehen – was einer großen architektonischen Besonderheit gleichkommt. Es scheint, daß diese Idee dann in das Münster zu Basel gewandert ist, dessen Bau damals von Kaiser Heinrich II. gefördert wurde.[43] Auch Heinrich starb im Jahre 1024, zwei Jahre nach Bernward – die Liudolfinger Kaiserlinie war endgültig erloschen.

Daß in bezug auf die Architektur von St. Michael und die Anlage der Krypta mit dem Sarkophag ganze symbolische Zahlengebäude herausgelesen werden, wurde schon in den Kapiteln über den Michaelsbau erwähnt. Es wird dabei auch immer wieder der Name der Hruotsvita von Gandersheim genannt, die z.B. in einem arithmetischen Gespräch

«Sapientia» darstellt, warum die Zahl 28 die vollkommene Zahl sei. Man sieht daran, wie vieles an Kulturgut den Gebildeten auch in Niedersachsen gemeinsam war.

Zweifellos gehörte auch die Kenntnis der Schriften des Vitruv hinzu – mindestens für alle, die sich mit Architektur befaßten. Vitruv schrieb um 25 v. Chr., in Anlehnung an griechische Schriften, das zehnbändige Werk «De architectura». Es ist das einzige Handbuch für Architektur, das man aus der Antike kennt. Es war im Mittelalter hochgeachtet. Vitruv ist für die Architekten so etwas wie Hyppokrates für die Ärzte – er formuliert das Ideale und das Grundsätzliche dieses Berufes. Vitruv sagt vom Baumeister:

«Er muß daher nicht allein Naturgaben, sondern auch Lernbegierde besitzen; denn weder Genie ohne wissenschaftliche Bildung, noch wissenschaftliche Bildung ohne Genie kann einen vollkommenen Künstler machen.

Er muß fertig im Schreiben, erfahren im Zeichnen, der Geometrie kundig, in der Optik nicht unwissend, in der Arithmetik unterrichtet sein; er muß viele Geschichten wissen, die Philosophie fleißig gehört haben, Musik verstehen, von Medizin Kenntnis haben, mit der Rechtsgelehrsamkeit bekannt sein und mit der Sternkunde samt dem Himmelslaufe sich vertraut gemacht haben.»

Wenn man bedenkt, was alles von Bernwards Kenntnissen aufzuzählen war, vom Zeichnen und Malen bis zur Medizin, so kam er dem Idealbilde des Architekten außerordentlich nahe.

Rudolf Steiner stellt einmal die Frage: «Warum muß der Baumeister nach Vitruvs Anschauung dies alles kennen? – Aus dem Grunde, weil die Formen des Baues die Offenbarungen sind der höheren Hierarchien! Dessen war man sich bewußt.» Vitruv empfindet noch: «Wenn ich baue, darf nicht dieser endliche Mensch bauen, sondern da muß dieser endliche Mensch zum Werkzeug werden für ein Wesen höherer Hierarchien, das durch ihn wirkt.»*

Ähnlich spricht es sich in den Worten Bernwards aus, die er in seiner Stiftungsurkunde vermerkt: «. . . unter dem besonderen Schutze des heiligen Erzengels Michael und aller himmlischen Geister begann ich, mit höchster Aufopferung vor den Mauern der Stadt ein neues Kloster zu erbauen, im Norden unserer Kathedrale.»

* Rudolf Steiner «Gegenwärtiges und Vergangenes im Menschengeiste» 13. 4. 1916, GA 167.

Geisteskampf

Abt Goderamnus starb am 31. Juli 1030. Sein Nachfolger Adalbert führte den Bau von St. Michael zu Ende. Er wurde 1033, elf Jahre nach dem Tode Bernwards, von Bischof Godehard geweiht.

Godehard hatte in Wrisbergholzen (Holthusen) ein Kloster errichtet «und versuchte, die Benediktiner von St. Michael dorthin umzusiedeln, weil er glaubte, sie würden dort leichter nach ihren Ordensregeln leben können. Aber er brachte sie wieder nach Hildesheim zurück, als er merkte, daß sie damit nicht einverstanden waren und auch sonst Kritik geübt wurde; dabei heißt es ausdrücklich: ‹So überließ er doch alles, was der Herr Bernward der Kirche des hl. Michael übertragen hatte, gewissenhaft dem Abte Goderam und seinem Nachfolger Adalbert zum Ausbau des Klosters, ja, er verwandte nicht einen Fußbreit Landes und keinen einzigen Knecht und aus dem dorthin gestifteten Schatze nicht einen Heller zu seinem Nutzen.›» (Aus der Wolfhervita und aus Nowak in «Die Diözese Hildesheim» 1981.)

Aus diesen etwas merkwürdigen Texten läßt sich entnehmen, daß die nicht nur versuchte, sondern auch durchgeführte Umsiedlung noch unter dem Abt Goderamnus stattfand. Die Mönche dürften zweifellos nicht erst nach ihrer Umsiedlung deutlich gemacht haben, daß sie mit dieser Maßnahme nicht einverstanden waren. Wenn man bedenkt, daß Kloster und Abteikirche von Bernward gestiftet und mit Landgütern und Einnahmen versehen waren, die auch nach seinem Tode weitertrugen, und daß die Klostergemeinschaft zur Verwaltung dieser Güter und zur Betreuung der Basilika mit all ihren Schätzen verpflichtet worden war, wenn man ferner bedenkt, daß Goderamnus unter Bernward den Bau mitgeleitet hatte und an allem beteiligt war, so ist die Schwere des Eingriffs seitens des neuen Bischofs erstaunlich. Wenn dann betont wird, daß er nach der Zurückholung der Mönche die Stiftungen Bernwards nicht mehr antastete und dem Kloster überließ, was für dieses Kloster gedacht war, so kann man sich nicht des Eindrucks erwehren, daß er sich eben zuerst anders verhalten hat. Dabei wird nicht vorauszusetzen sein, daß Godehard sich persönlich bereichern wollte. Es liegt nahe, daß seine bayerische Frömmigkeit von so anderer Art war, daß sie die esoterischen Wege Bernwards nicht nur nicht verstand, sondern ablehnte, und daß es sich hier um eine Auseinandersetzung geistiger Intentionen handelte.

Die nachtodlichen Schicksale beider im Gedächtnis der Menschen tragen weiterhin die Kennzeichen ihres unterschiedlichen Wesens. Bernward bleibt auch jetzt zum Teil «Geheimnis», und trotz großer Verehrung geht er nicht sofort in jene Volkstümlichkeit über, wie es Godehard nach seinem Tode bald widerfuhr. Ja, Bernward ist *nie* volkstümlich in der Erinnerung der Nachwelt gewesen! Es ist schwer, zum Verständnis seines Wesens vorzudringen; etwas wie eine geheimnisvolle Schwelle ist davor gesetzt.

Heiligsprechung

Die Geschichte der Heiligsprechung beider Bischöfe ist so konträr, wie sie nur sein kann. Godehard hatte kurz nach dem Tode Bernwards, am 5. Dezember, in Hildesheim sein Amt übernommen. Er stand im gleichen Alter, wie Bernward etwa gewesen ist – er zählte 62 Jahre. Sechzehn Jahre lang leitete er das Bistum. War Bernward der Weltmann, der vielfältiges Wirken mit seinen Glaubenskräften verband, so scheint Godehard eine ausgesprochen mönchische Natur gewesen zu sein, der Zurückgezogenheit in Stille und Gebet das eigentliche Ideal war. Gleichwohl zeigte er sich durchaus tatkräftig. Er wird als einfache, gerade Natur, welcher auch der Humor nicht abging, geschildert. Godehard starb am 5. Mai 1038 und wurde in der Gruft des Domes beigesetzt. Schon 1131 erreichten seine Nachfolger die Kanonisation. Godehard war unter die Heiligen aufgenommen;[44] Bernward, der früher verstorben war, dagegen nicht. Nach der Kanonisation Godehards – wobei der Heiligsprechungsprozeß ohne Schwierigkeiten Schritt für Schritt vorangegangen war – suchte der Abt von St. Michael für Bernward das gleiche zu erreichen. Der Pilgerstrom zur Grabstätte Bernwards und die heilenden Wirkungen, die man dem dort geschöpften Quellwasser zuschrieb, waren wohl eindrucksvoll genug, um dafür Grundlagen zu bieten. Doch schrieb ein päpstlicher Legat, Kardinal Oktavian, an den amtierenden Bischof Bernhard (der mit dem Gesuch des Abtes wohl einverstanden war und es unterstützte), «daß der Bitte des Abtes Burchard von St. Michael ... vorläufig nicht entsprochen werden könne, es sei aber gestattet, über dem Grabe Bernwards einen Altar zu errichten». Auch Erzbischof Heinrich von Mainz hatte im Oktober 1150 die liturgische Verehrung Bernwards gestattet, «mit Ausnahme der Erhebung seiner Gebeine».

Es vergingen Jahrzehnte. Im Sommer 1192 kam Cinthius, ein römischer Kardinal und päpstlicher Legat, der Dänemark besucht hatte, auf seiner Rückreise durch Hildesheim. Weil unter Bischof Berno heftige Kämpfe mit Heinrich dem Löwen tobten, wagte der Legat nicht, durch die kriegerisch aufgewühlte Gegend ohne kaiserlichen Geleitbrief zu reisen. Er wurde für mindestens drei Wochen in Hildesheim aufgehalten und nahm Wohnung beim Abt von St. Michael, damals Dietrich (Theoderich) II. Dort wurde er offenbar vom Geist Bernwards berührt, dem er in der Verehrung und in der Erzählung der Mönche und in Bernwards künstlerischen Werken begegnete, wie er auch die Wallfahrer an Bernwards Sarkophag wahrnehmen konnte. Er beschloß, sich für die Heiligsprechung Bernwards einzusetzen, prüfte Zeugen, ließ Wunder eidesstattlich bekräftigen und legte alles dokumentarisch fest, es durch sein eigenes Siegel und das des Bischofs Berno bestätigend. Dann reiste er weiter, und der Abt von St. Michael folgte ihm nach anfänglichem Zögern und holte ihn in Schaffhausen ein. Was nun folgt, ist eine mittelalterliche Abenteuergeschichte mit Gefangennahme durch Raubritter und vielen anderen Unannehmlichkeiten, welche die beiden erdulden mußten. Schließlich erreichten sie auf getrennten Wegen – der eine zu Schiff, der andere durch Mittelitalien – dennoch Rom.

Nun kam die Kanonisierung Bernwards schnell in Gang. Noch im gleichen Jahr, am Samstag vor Weihnachten, sprach Papst Coelestin III. Bernward heilig. Er wurde zum Patron der Goldschmiede ernannt, sein Tag ist der 26. Oktober.

Nach einer Heiligsprechung werden die «Gebeine erhoben». Sie sind nun Reliquien geworden. Auch das ging bei Bernward nicht ohne Schwierigkeiten vonstatten. Die Diözese war noch immer so von Kampfhandlungen beunruhigt, daß man die Feier der Gebeinerhebung verschob. Endlich, nach anderthalb Jahren, am 16. August 1194 war es soweit. Am Abend des 15. August, dem Tag von Mariä Himmelfahrt, stieg Bischof Berno mit dem Abt und den Mönchen in die Krypta von St. Michael. Nachdem man die Deckplatte entfernt hatte, öffnete man den Sarkophag. Man fand die sterblichen Überreste Bernwards mit einem Meßgewand bekleidet, zu seiten seiner Gebeine die Bernwardsleuchter, zu Füßen ein Weihrauchfaß.

Wegen des großen Volksandranges war die Graböffnung in aller Stille vorgenommen worden; auch die Mitglieder des Domkapitels wurden nicht dazu geladen. Darüber waren sie so ungehalten, daß sie an der Feier des nächsten Tages nicht teilnehmen wollten. Es mag sehr hitzig in dieser Nacht zugegangen sein, bis das Domkapitel nachgab und am nächsten Tag der Gebeinerhebung beiwohnte.

In feierlicher Prozession wurden nun jene Teile, die einst «Teil des Menschen Bernward» auf Erden gewesen waren, nach 172 Jahren durch St. Michael getragen und von da durch die Stadt hinüber zum Dom. «Hier wurde die erste heilige Messe zu Ehren Bernwards gefeiert, danach wurden, wiederum in großer Prozession, die Gebeine nach St. Michael zurückgebracht. Das Haupt des Heiligen und der rechte Arm sind später dem Dom übergeben und befinden sich noch heute, kostbar eingefaßt, im Hildesheimer Domschatz.» (Algermissen)

Ein Schrein aus Silber und Gold, den die Mönche von St. Michael gegen Ende des 14. Jahrhunderts für die Aufbewahrung seiner Gebeine arbeiten ließen, wurde 1546 vom Rat der Stadt eingeschmolzen, in Taler umgemünzt und als Beitrag für den Schmalkaldischen Bund verwandt.

Schlußgedanken

Fassen wir noch einmal kurz zusammen: Zur Zeit, als Bernward die Michaeliskirche erbaute, hatte die Entfaltung der mittelalterlichen Städtekultur noch nicht eingesetzt. Außer einigen Städten, die ihre Begründung den Römern verdankten (z. B. Trier und Köln), gab es nur offene Ortschaften von mehr bäuerlichem Charakter. Wurden sie zu Knotenpunkten und hoben sich mit einem bekannten Namen hervor, so deshalb, weil sie sich um einen Königssitz scharten (Pfalz) oder aber einen Bischofssitz in ihrer Mitte hatten. Diese als «frühstädtisch-ottonische Siedlungslandschaften» bezeichneten Orte waren manchmal «von einer größeren Zahl befestigter Adelsbauten durchsetzt. Stadtmauern gab es, von den ehemaligen Römerstädten abgesehen, in der Regel noch nicht.» (Mrusek «Romanik»)

Wie wir hörten, hatte Bernward in Hildesheim Mauern und Befestigungstürme errichtet, um die Bevölkerung gegen Überfälle zu sichern. Daß es sich dabei nicht nur um heidnische Übergriffe handelte, sondern auch um Abwehr rigoroser Einfälle etwa des Grafen von Braunschweig (siehe Anhang), verrät dessen Ärger über Bernwards Befestigungsbauten. Bernward erhöhte durch sie aber nicht nur die Sicherheit, sondern er verschönte und bereicherte das Ortsbild und prägte dessen Eigencharakter aus; zugleich gab er der Stadt durch Kunst und Handwerk jene Impulse, die sie zu einem weitausstrahlenden Kulturzentrum machten. So steht das Hildesheim damaliger Zeit wie ein Wegweiser in Richtung jener Städtekultur, welche Europa zu seiner großen Blüte führen sollte.

Für Ortschaften ohne Befestigung waren die Schutzbauten Dome und größere Kirchen, (bei Pfalzen die Burgen) die, aus kompaktem Stein gebaut, auch in ihrer Anlage einen wehrhaften Charakter hatten und die Bevölkerung bei Gefahren aufnahmen. Daß sich den Kirchen in Mitteleuropa Türme zugesellten, unterstützte das Burgartige der Anlage, ebenso die hohen Westwerke. Im Süden – obgleich es auch dort für die Bevölkerung Gefahren genug gab – hatten die Kirchen niemals Türme, außer dem Campanile, dem freistehenden, vom Kirchenbau abgetrennten Glockenturm, der langsam Einzug hielt. Es kann also nicht nur der Schutzcharakter sein, der diese trutzigen nordischen Bauten herausforderte – sie waren zugleich Ausdruck einer Seelenhaltung. Dem Oberstock im Westwerk oder einem der Türme war, wie erwähnt worden ist, sehr oft eine Michaelskapelle eingebaut.

Bernward nimmt die Hierarchienkapellen nach innen, wobei die Michaelskapelle zwar im Zentrum und erhöht liegt, aber ebenfalls nach innen gewendet über den Hochchor hinweg in den Kirchenraum blickt.

Es kam ihm also nicht in den Sinn, seiner ungewöhnlichen Betonung der neun Hierarchien dadurch Ausdruck zu verschaffen, daß er der Kirche neun Türme geben wollte, wie es die Impression der späteren gotischen Baumeister von Chartres werden sollte. Nicht nach außen, auch nicht «als Wächter auf dem Turm gegen Gefahren» waren Michael und die übrige Engelschar angesprochen, sondern als Innenmächte und Seelenführer.

Durch die Betrachtung der Säule hat es sich noch deutlicher gezeigt: Bernward sah klar, daß die alte Seelenverfassung zum Absterben verurteilt war. Er wußte, daß man eine radikale Wendung machen muß: nach innen, zur Vertiefung. Der Baugedanke und die Christussäule zeigen so einen konsequenten Zusammenhang; sie sind aus dem gleichen Grunde entsprossen, und die Michaelskirche wäre nicht fertig gewesen ohne die Erzgußwerke.

Die Doppelchörigkeit des Baues – eine Chorapside im Osten und eine im Westen – war nicht Bernwards Erfindung, sondern hatte sich offenbar bei den Benediktinerabteikirchen schon früh ausgebildet. Schon der Klosterplan von St. Gallen (um 820) gibt der einschiffigen Kirche, die noch ohne Querhäuser ist, einen Altar im Osten und einen im Westen, hat aber zudem noch zwei Altäre in der Mitte. Dieser «Idealplan» einer ganzen Benediktinerklosteranlage ist jedoch nie ausgeführt worden.

Als Otto der Große um 955 in Magdeburg seinem neu gegründeten Erzbistum einen Dom erbaute, war auch dieser doppelchörig, aber Otto ließ aus Italien antike Säulen herbeischaffen (wie es auch Karl der Große für seine Pfalzkapelle in Aachen getan hatte), und noch manch anderes antikes oder byzantinisches Baumotiv durchwirkte seine Anlage.

Bei Bernward tritt die Besonderheit der Doppelchörigkeit zum ersten Male in einem konsequent durchgeprägten neuen Baustil auf. Daran kann sich die Frage entzünden: Was ist das für ein Baugedanke?

Die langgezogene Anlage gleicht dem aus Italien gekommenen Basilikatypus. Diesem aber ist eigen, daß man an der dem Altar gegenüberliegenden Schmalseite (meistens im Westen) eintritt und einen langen geraden

Weg zum Altar im Inneren des Kirchenschiffes vor sich sieht. Es ist eine *Weg*kirche, ein Hinschauen und Hingehen aus der profanen Welt zur kultischen Zone des Chores. Bernwards doppelchöriger Bau ist im Osten wie im Westen geschlossen, beherbergt er doch dort die Altarräume. Man tritt seitlich von der Längswand her in die Kirche ein und sieht sich im Inneren zwischen den zwei nach innen gewendeten Altarbereichen.

Ein anderer Bautyp, der da und dort von der christlichen Kirche, die in Europa noch keinen eigenen Stil gefunden hatte, übernommen wurde, war der sogenannte Zentralbau: ein überkuppelter Rund- oder Vieleckbau. Er kam aus dem Osten. Zu diesen Bauten aber gehört ursprünglich, daß sie im *Scheitelpunkt offen* sind! Man sieht es noch an der Hagia Sophia in Istanbul, am Pantheon in Rom und vielen anderen Rundbauten, bis hin zum kleinen Zwölfeckkirchlein von Drüggelte in Westfalen. Diese Bauwerke sind nicht nach innen gewendet, sondern es sind Erleuchtungsbauten, die von oben den Lichtstrahl aufnehmen – eine gewissermaßen noch immer etwas geöffnete Schädeldecke für die Offenbarungen aus der oberen Welt.

Den doppelchörigen Raumgedanken könnte man wie zwischen Basilika und Zentralbau liegend empfinden. Zentralbauten sind «in sich ruhende Gebilde, Symbole des Weltalls und des Himmels».* Sie sind gewissermaßen nach oben–außen zentriert; Basiliken sind nach vorne gerichtet – der Doppelchorbau aber ist nach innen gewendet. Die Zeit der Offenbarungen von oben–außen ist vorbei. Im Inneren soll der Mensch das ganze Weltall wiederfinden und dem Himmel, samt allen Hierarchien, sich öffnen. Das soll er lernen – unter der Führung des Michael. Vom Ost- wie vom Westchor her schaut es auf den Menschen, der sich im Kirchenraume bewegt. Diesem Zug zur Innenwendung entspricht es, wenn Bernward die Hierarchienkapellen nach innen verlegt und als Anleitung zum christlichen Weg die metallene Säule aufstellt. Seine Mönche sollten offensichtlich Pioniere in diesem Prozeß der Verinnerlichung sein.

Der Chor im Osten, Johannes dem Täufer gewidmet, wurde auch Morgenchor genannt. Der Westen, Michael geweiht, war dementsprechend der Abendchor. Er, Michael, dem sich die Germanenstämme innerhalb der neuen Religion von Anfang an am liebsten anschlossen, wird ihr Führer zur abendländischen Kultur.

Außer dem michaelischen Zug wurde deutlich, daß die johanneische

* Koepf: «Baukunst in fünf Jahrtausenden», Stuttgart.

Spiritualität – und ihre Sicht auf die Schöpfung als Hervorbringung des Logos – offenbar die Seelen besonders ansprach. Auch Bernwards gesamtes Werk speist sich stark aus diesen zwei Quellbereichen und will mithelfen, die Entwicklung in diese geistigen Ströme einzubetten.

Zur Gesamtheit des Baues würden noch die Fresken gehören, welche zweifellos die Wände bedeckt hätten. Bernwards Tod ließ ihn zu ihrer Ausführung nicht kommen. Und beklagen müssen wir den Verlust der Wandmalereien, die er im Dom anbringen ließ und vermutlich auch in mancher der von ihm gebauten Kirchen.

Eine Eigenheit Bernwards war es, seine Werke mit seinem Namen zu verbinden. Es wäre lächerlich, das für persönliche Eitelkeit zu halten. Wer sieht schon den Ziegel, wer liest die Inschrift hoch oben am Kapitell, wer bekommt den Zettel zu Gesicht, der in kleiner Öffnung im Kruzifixus liegt? Bernward muß einen anderen Grund gehabt haben, allem Neuen, das durch ihn in die Welt trat, sein Zeichen mitzugeben. Nicht eine Kultur der Anonymität, sondern eine der Individualität wird hier inauguriert. Es ist der Beginn unseres Jahrtausends.

Die Wertung Bernwards als Künstler hat Hoch- und Tiefpunkte gehabt. Konnte noch 1515 ein Schriftsteller* ihn mit dem größten Bildhauer der Antike, mit Polyklet vergleichen, so schlug bald danach Reformation und Bildersturm selbst das Kreuz auf der Säule als «Götzenbild» herab, und seine Werke hatten für lange Zeit nur noch Metallwert. Im 19. und besonders im 20. Jahrhundert hat sich das wieder geändert. Seine Werke sind berühmt, ohne populär zu sein. Ihre vielfältigen Rätsel erschweren Abhandlungen über sie. Nun aber scheint der Zeitpunkt gekommen, der es erlaubt, die in seiner Kunst verborgenen Geheimnisse mehr und mehr aufzuschließen. Man könnte das auch als ein Zeichen verstehen, daß Bernward gerade uns Heutigen viel zu sagen hat.

Man erblickt Bernward in einem neuen Lichte, wenn man wahrnimmt, daß hier etwas geschehen ist, was ganz selten vorkommt und noch seltener an seinem Entstehungspunkt zu fassen ist – daß nämlich aus den *Quellen der Esoterik* unmittelbar *Kunst* entsteht!

Man kann zwar innerhalb der mittelalterlichen Malerei und Plastik unzählige esoterische Motive als weitergetragene Tradition fassen, aber etwas wie die Bernwardssäule, die ohne Tradition plötzlich da ist und bei

* Henningus Pyrgallus Hildesianus.

der man gewissermaßen zusehen kann, wie Esoterik bildschaffend wird – Derartiges gehört zu den seltensten Funden, die man in Geschichte und Kunstgeschichte machen kann.

IV

ANHANG

Geschichtliches

Aus den Chroniken Thietmars, Thangmars und Wolfhers

Thietmar, Geistlicher und späterer Bischof von Merseburg, wurde am 25. Juli 976, vermutlich zu Halberstadt, geboren, war also ca. 16 Jahre jünger als Bernward. Er war ein Grafensohn, und seine Verwandtschaft reichte bis in das Kaiserhaus hinein. Allerdings lagen die Intentionen dieser Verwandten denen des Kaisers und Bernwards oft eher entgegengesetzt, und so stand gerade die Familie Thietmars, zuletzt im Streit um die Krone, auch zu Ekkehard in feindlichem Gegensatz. Durch Thietmar erfahren wir Näheres über die Ermordung Ekkehards. Er versucht sichtlich, gerecht zu sein. Die Ermordung verabscheut er, sieht aber bei Ekkehard insofern eine Schuld, als dieser «hochmütig» geworden sei. Wobei zu bedenken ist, daß Thietmar nur nach den mündlichen Berichten anderer – eben ihm Nahestehender – die Sache schildern kann.

*Chronik Thietmars – zur Ergänzung über Bernward, Ekkehard von Meißen und Thüringen und Mathilde von Quedlinburg**

Die erste Erwähnung, die Thietmar des «Grafen Ekkihard» tut, ist zugleich auch die erste Erwähnung Bernwards: am Anfang seines 4. Buches. Es hatte nach dem Tode Ottos II. der Herzog Heinrich von Bayern (Vater des späteren Kaiser Heinrich II.) die Krone für sich zu erlangen getrachtet und den Kronprinzen Otto III. entführt. Theophanu erlitt damals ihren größten Schrecken und Schmerz.

Unter den Fürsten, die sich nicht auf Herzog Heinrichs Werben einließen und die Rückgabe des Kindes Otto forderten, waren sowohl Bernward wie Markgraf Ekkihard, die damals beide noch recht jung gewesen

* Die Chronik Thietmars, Bischofs von Merseburg. Nach der Ausgabe Monumenta Germania übersetzt von J. C. M. Laurent, Berlin 1848.

sein müssen. Es fand ein Treffen auf der Burg Hesleburg (Asselburg) statt – möglicherweise die Stammburg Bernwards. Bernward wird bei Thietmar als «ein Geistlicher gräflicher Geburt» bezeichnet.

Gerberga, die Äbtissin von Gandersheim, war eine Schwester jenes aufsässigen bayerischen Heinrich. Es war die «Secundogenitur», die zweite Linie des ottonischen Kaiserhauses. Bei Gerberga war Herzog Heinrich gestorben, nicht – wie Thietmar berichtet – ohne seinem Sohne empfohlen zu haben, sich nie wider den Kaiser (eben Otto III.) zu erheben.

Heinrich, der Sohn, verhielt sich auch zu Otto III. loyal und war einer der jungen Fürsten, die ihn auf seinen Kriegszügen begleiteten. Ekkihard mochte schon da eine Art Nebenbuhler gewesen sein. Jedenfalls vertraute ihm Otto sowohl als Feldherrn wie als Freund ganz besonders. Als bei dem Aufstand in Rom, durch den Papst Gregor (Brun von Kärnten) gestürzt wurde, der Römer Crescentius sich in der Engelsburg verschanzte, gab Otto dem Ekkihard den Befehl, «den Turm des Theoderich (d. h. die Engelsburg) zu stürmen. Ekkihard ließ weder Tag noch Nacht ab, denselben anzugreifen, und erstieg ihn endlich vermittelst hochaufgeführter Werke».

Thietmar «springt» in seinen Berichten und kommt nach verschiedenen Abschweifungen wieder auf Früheres zurück. So auch immer wieder auf Ekkihard: «Von einem der edelsten Geschlechter des östlichen Thüringens leitete Markgraf Ekkihard (von Meißen) seine Abkunft her. Wie er allmählich sich dem Mannesalter näherte, machte er seiner ganzen Verwandtschaft durch die Reinheit seiner Sitten und durch bedeutende rühmliche Taten Ehre ... Nach vielen Kriegsmühen, die er mit seinem Vater Günther erduldete, kehrte er endlich mit Ehren wieder heim und heiratete darauf Suonehilde, die Witwe des Grafen Thietmar und Schwester Herzog Bernhards, welche ihm als erstes Kind eine Tochter namens Liutgerd gebar.»

Um diese Liutgerd gibt es später einen großen dramatischen Streit. Sie wird von einem Jüngling aus der Verwandtschaft Thietmars entführt, weil dieser mit Liutgerd als Kind schon verlobt worden sei. Ekkihard soll darin eingestimmt, sich aber später nicht mehr daran gebunden gefühlt haben. Er versuchte hinterher, «als er bei Otto III. sehr in Gunst war und über ihn unter allen Großen am meisten vermochte, ich weiß nicht durch welche Beweggründe verleitet, diesen auf das Bündigste geschlossenen Vertrag auf alle Weise wieder rückgängig zu machen ... Da der Kaiser sich damals mit Ekkihard in Italien aufhielt, so war die Sorge für das Reich der hochwürdigen Äbtissin Mathilde anvertraut, in deren Stadt Quedlinburg das Mädchen erzogen ward. Die Äbtissin nun hielt einen Reichstag zu Darniburg (Derenburg). Während dessen erstieg Wirinhari (der Bräutigam in spe), nicht, wie ich glaube, auf Anraten seines Vaters, sondern aus Liebe zu der Jungfrau und aus Furcht vor der ihm bevorstehenden öffentlichen Beschimpfung (wenn er als Bräutigam ausgeschlagen würde) mit meinen Brüdern Heinrich und Fritherich und anderen trefflichen Rittern Quidlingaburg, entführte seine widerstrebende und wehklagende Braut mit Gewalt und kam vergnügt und wohlbehalten nach Wallibiki».

Als Äbtissin Mathilde das erfuhr, «bat und befahl» sie den auf dem Reichstag anwesenden Fürsten, die Jungfrau wieder zurückzubringen und den Entführer zu bestrafen. Die Ritter säumten nicht, und nach mancherlei Zwischenfällen erschien der Entführer auf einer Versammlung zu Magdeburg vor Mathilde und den Fürsten. «Vor einer sehr zahlreich zusammenströmenden Menge erschien Wirinhari samt seinen Mitschuldigen mit nackenden Füßen, warf sich auf die Knie nieder und gab die Geliebte heraus. Indem er dann Besserung gelobte, erlangte er Verzeihung. Die in jeder Beziehung ehrwürdige Mathilde aber nahm nach Beendigung dieser Unterredung Liutgerde mit sich, nicht um sie auf immer zu behalten, sondern nur, um sie in ihrer großen Gottesfurcht zu befestigen. Diese ihre gute Absicht konnte sie indes nicht ausführen; ihr plötzlicher Tod hinderte sie daran. Denn wenige Tage nach ihrer Ankunft (in Quedlinburg) erkrankte sie plötzlich, ließ den Bischof Bernward von Hildesheim rufen, und nachdem sie von ihm die verlangte Vergebung ihrer Sünden erlangt hatte, verließ ihr Geist am 6. Februar die irdische Hülle, welche in der Kirche zu Häupten ihres Großvaters, König Heinrich I., bestattet ward.»

Im Jahre 1000 zog der junge Kaiser nach Polen (Gnesen), wo der von ihm verehrte Athelbert (Adalbert) den Märtyrertod gestorben war. Auf dem Rückweg «reiste er dann geradewegs nach Meißen, wo er von dem hochwürdigen Bischof Eged und dem Markgrafen Ekkihard, auf den er besonders viel hielt, mit allen Ehren eingeholt wurde.»

Nach dem Tode Ottos in Paterno wird sein Leichnam über viele Stationen nach Deutschland gebracht, wo nun Heinrich bei Fürsten und Volk Stimmung für seine Nachfolge zu machen sucht und den Leichnam Ottos längere Zeit in seinem Gebiet festhält. Inzwischen hatten die Beratungen um die Nachfolge begonnen, wobei Markgraf Liuthar, der Vater des Wirinhar, als Ekkihards Gegner auftrat und dessen Wahl durch einen Schachzug verhinderte.

Herzog Heriman von Alamannien und dem Elsaß hub der Krone wegen Streit mit Heinrich dem Bayern an, der mit in Aussicht gestellten Belohnungen viele Stimmberechtigte zu sich zu ziehen suchte. Ekkihard ließ deutlich erkennen, daß er nicht zu gewinnen war. Er «hielt es fürs Beste, sich gen Westen zu begeben, und sich mit dem Herzog Heriman und den übrigen dortigen Großen wegen seiner und des Reiches Angelegenheiten zu beraten. Nachdem er darauf am anderen Tage von seinen Verwandten Abschied genommen . . . kam er mit dem *Bischof Bernward nach Hillinishem (Hildesheim), wo er wie ein König empfangen und hoch geehrt ward.»*

Auf seiner Weiterreise wurde er aber in Palithi (Pölden) während der Nachtzeit überfallen. Man stieß ihm eine Lanze in den Nacken, schnitt ihm das Haupt ab und plünderte den Leichnam.

«Welches aber der Grund gewesen sein mag, der jene bewog, ein solches Verbrechen zu begehen, kann ich nicht zuverlässig angeben . . . Ich aber weiß nur soviel, daß Markgraf Ekkihard von Meißen eine Zierde des Reichs, eine Stütze des Vaterlandes, eine Hoffnung derer, die ihm anvertraut waren, ein Schrecken seiner Feinde und überhaupt ein vollendeter Mann gewesen wäre, hätte er nur in der Demuth verharren wollen.»

Nachdem Heinrich II. zum König gewählt und gekrönt war, erwähnt Thietmar eine Synode zu Throtmunni (Dortmund) im Jahre 1005, «wo der König den versammelten Bischöfen . . . sehr viele Übelstände der Kirche klagte und beschloß, durch gemeinsame Beratung derselben jene Mängel abzuwenden.» Hier wird unter den Versammelten auch «Berenward von Hildesheim» namentlich genannt.

Zur Hauptsache ist Thietmar freilich mit den Angelegenheiten Merseburgs befaßt. Es waren drei lang sich hinziehende Konflikte, welche die damalige Zeit in Atem hielten: der Gandersheimer Streit zwischen Willigis und Hildesheim; die Aufhebung des Bistums von Merseburg durch Otto II. und die von Heinrich II. geplante Gründung des Bistums Bamberg, bei welcher auch Komplikationen mit dem Klerus zu überwinden waren.

Auch im 5. Buche wird Bernward bei Thietmar noch erwähnt, anläßlich eines Empfanges des Königs in Merseburg.

Im 6. Buch erzählt Thietmar, wie er den schwerkranken Erzbischof von Magdeburg, Waltherd, in Giebichenstein (Ivicansten) aufsucht. «Den nächsten Tag begab ich mich zu Pferde dahin, und fand dort den Bischof Bernward von Hildesheim, der dahin teils der Einsegnung, teils der Heilung wegen, auf die er sich wohl verstand, zum Erzbischofe berufen war.» Diese Stelle belegt, daß Bernward einen guten Ruf als Arzt gehabt haben muß, sonst hätte der Erzbischof sich wohl in andere Hände begeben.

Im 8. Buch klagt Thietmar, der inzwischen Bischof von Merseburg geworden ist, über die Schikanen adeliger Nachbarn. Zum Vergleich führt er an, was andere Bischöfe in ähnlicher Art zu leiden haben oder hatten. Er beginnt mit Bernward, indem er sagt: «Bernward, der ehrwürdige Hirt der heiligen Kirche zu Hildesheim, wurde vom Grafen Bruno so bitter gehaßt, daß ihm von demselben sein Ritter Rim geschoren und fast geschunden wurde, und daß er nachher, als er mit ihm des Weges zog, ihn vor seinen Augen von dem jungen Altmann noch gar erschlagen sehen mußte.» (Über diese Zusammenhänge mehr bei Thangmar.)

Bevor wir zu Thangmars Chronik übergehen, noch einen Rückblick auf den Konflikt um Liutgerde: Einem späteren Eintrag Thietmars ist zu entnehmen, daß Liutgerde im ersten Regierungsjahr Heinrichs, im Januar, «da ihr Vater Markgraf Ekkihard gestorben war, zu ihrem Manne zurück-(kehrte), von dem sie ungerechterweise so lange getrennt gewesen war».

Thietmar kommt anläßlich ihres Todes wieder auf sie zu sprechen. Er sagt: «Ihr Gemahl, der Markgraf Wirinhari, beweinte sie voll unsäglichen Schmerzes, denn sie war die treue Hüterin seiner Seele und seines Lebens gewesen, und indem sie im Dienste des Herrn ihren Schweiß vergoß, und zwar mehr für ihn als für sich – denn sie fastete in der Kälte und unter unablässigen Gebeten und verrichtete Werke der Barmherzigkeit – schützte sie ihn vor den Nachstellungen seiner Feinde . . .»

Liutgerde hat also nach der Ermordung ihres Vaters den Entführer Wirinhari geheiratet, aber sie hat als Ehefrau und Markgräfin offenbar ein überstrenges Büßerleben geführt, und zwar mehr für ihren Mann als für sich. Thietmar, ein Verwandter des Wirinhari, sagte, sie schützte ihn damit vor Nachstellungen – es sieht aber eher so aus, als habe Liutgerde Bußübungen für die Seele ihres Mannes und ihre eigene getan. Da sie den Entführer geheiratet hatte, war der Frauenraub damit nun eigentlich ausgeglichen. Freilich erst, nachdem ihr Vater nicht mehr lebte, der sie gar nicht in die Familie des Wirinhari hatte geben wollen. Ihr jetziger Schwiegervater hatte die Wahl ihres Vaters zum König verhindert; – war der Haß dieser Familie an Ekkihards Ermordung schuldig? Was für ein Frauenleben! Liebte sie den ungestümen Wirinhari? Oder blieb ihr nichts anderes übrig, als sich als Spielball zwischen rivalisierenden Geschlechtern in diese Ehe zu fügen? Was lastete so schwer auf ihrer Seele und ihrer Ehe? Wie war das wohl mit Äbtissin Mathilde, mit der sie als ihrer mütterlichen

Erzieherin sich wohl eng verbunden gefühlt hatte? Mathilde starb so gar plötzlich, kurz nachdem sich Wirinhari vor Mathilde hatte demütigen und die geraubte Liutgerd hatte herausgeben müssen.

Und Ekkihard? Thietmar sagt, Liutgerde und Wirinhari seien als Kinder mit Einverständnis des Ekkihard verlobt worden, aber später, als Freund des Kaisers, wollte Ekkihard nichts mehr davon wissen. – Wollte Ekkihard mit seiner Tochter jetzt «höher hinaus?» Oder war Ekkihard, der deutlich im Impulsstrom darinstand, der die Ottonen durchwaltete, der mit Otto, mit Mathilde und mit Bernward Zusammenhang suchte –war ihm klar geworden, daß die Familie Wirinharis wesensgemäß auf einer ganz anderen Linie lag und feindlich gegen die Impulse der Ottonen gestimmt war? Wollte er deshalb seine Tochter nicht dem Wirinhari geben? Daß Bernward Ekkihard in Hildesheim bereits «wie einen König» empfangen hatte, zeigt zum einen, daß Ekkihard bereits so gut wie gewählt war, nur Liuthar hatte die Sache noch verzögert, und zum anderen, daß für Bernward nur Ekkihard als Nachfolger Ottos in Frage gekommen war.

*Thangmars «Das Leben des Bischofs Bernward von Hildesheim»**

Thangmar war nach eigener Angabe Priester, Bibliothekar und Notarius am Dom zu Hildesheim, später Dekan, ferner Vorsteher der dortigen Domschule. Er beschreibt, daß Bernward schon zur Zeit seiner Schülerschaft und dann als Jüngling vielen, sowohl hochgestellten Klerikern wie Adligen, aufgefallen ist und man sich um ihn bemühte. Neben Bernwards überragenden Begabungen schildert er aber vor allem seine moralische Festigkeit und seine große Geduld. Wenn man das Leben Bernwards betrachtet, möchte man glauben, er sei körperlich sehr kräftig und gesund gewesen, doch Thangmar erwähnt oft seine «zarte Leiblichkeit» und später seine häufige Erkrankung. Als Thangmar klar wird, daß er über Bernward eine Biographie zu schreiben habe, um die Tugenden des außergewöhnlichen Mannes den Späteren als Vorbild zu hinterlassen, wagt er nicht, das ohne Wissen Bernwards zu tun.

«Weil ich es nun als eine Verwegenheit erkannte, so etwas ohne sein

* Übersetzt von Hermann Hüffer, Berlin 1848.

Wissen zu unternehmen, ging ich ihn, nachdem ich lange gezögert... endlich bei günstiger Gelegenheit damit an. Zuerst widerstand er mir mit der Kraft seines Ansehens; denn in allen Dingen vermied er Prahlerei und die Gunst der Menge wie ein todbringendes Gift. Endlich... gab er nach und überließ meinem Gutdünken, was ich zusammenstellen wollte. Denn vom Knaben- bis zum Jünglingsalter war er mit mir umgegangen; wie ein Sohn dem Vater hing er aufs Innigste mir an und lebte mit mir; und in allen Bestrebungen seines Lebens konnte nichts meiner Kenntnis entschlüpfen, das ich nicht vollständig gewußt hätte... Er setzte mir oft, ohne aber je den Anstand zu verletzen, mit scharfen, aus dem innersten Verschluß der Philosophie geholten Fragen zu, und mit größter Leichtigkeit kam sein wißbegieriger Geist meinen Bemühungen entgegen.

(Über Bernward als Bischof). «Gott weiß es, daß er mit aller Anstrengung Tag und Nacht in göttlichen Dingen verharrte. Ebenso trieb er auch alle, die ihm anhingen, zu ähnlichen Bestrebungen fast über ihre Kräfte an, er ließ keinen Augenblick ungenutzt verstreichen. Nichtsdestoweniger (gab er) gemäß den Worten des Evangeliums auch dem Kaiser das Seine, denn dem Kaiser Otto III. war er mit bereitwilligstem Herzen nach Wissen und Können zu Willen. Deshalb erregte er gegen sich den Neid vieler.»

In bezug auf den Gandersheimer Streit schildert er Willigis als einen äußerst unbeherrschten Mann. «Aber (Bernward) ertrug die Heftigkeit dieses Mannes mit höchster Geduld und verwaltete mit mildestem Herzen, was Gottes und des Königs war.»

Die Ausmaße, die der Gandersheimer Streit annahm und seine vielen Etappen, in denen Papst, Kaiser und die Bischöfe damit befaßt waren, lassen sich gar nicht schildern. Willigis wurde sogar von seinen kirchlichen Ämtern dispensiert und mit dem Bann bedroht, doch wollte man es sichtbar mit dem verdienten Kanzler nicht bis zum Äußersten kommen lassen. Auch bei Willigis spielte nach Thangmar der Neid eine Rolle, Bernward so in der Gunst des Kaisers zu sehen. Dadurch kam «die Trübsal der Versuchung» in Bernwards Leben, des «frommen Mannes, dem, wie man vom heiligen Hiob liest, in damaliger Zeit keiner auf Erden ähnlich erachtet wurde». Willigis «trat der scharfsinnige Mann mit Würde und Festigkeit, nicht mit verwegener Kühnheit entgegen. Und nach jenem Wort des Paulus, ‹solange ich der Apostel der Heiden bin, will ich meinem Amte Ehre machen›, suchte er mit höchster Sorgfalt, solange er als Hirt der Kirche Christi vorstand, die Rechte seines Bistums in dem Stande der ihm zukommenden Ehre zu erhalten.»

Nach Thangmars Bericht war Bernward am 4. Januar nach der Jahrtausendwende in Rom angelangt. Der Kaiser «eilte ihm schleunigst aus seinem Palaste fast zwei Meilen bis nach St. Peter entgegen». Kaiser und Papst behandeln Bernward mit größter Zuvorkommenheit und besprechen sich mit ihm über viele wichtige Dinge. Der Papst beruft eine Synode von zwanzig Bischöfen. Nach deren Richtspruch wird Bernward in bezug auf Gandersheim im Rechte erklärt und erneut vom Papst bestätigt. Doch das war in Rom! Jenseits der Alpen wird der ausgesandte Legat des Papstes von Willigis und seinen Anhängern gar nicht ernst genommen und nur beschimpft. – Am 27. Dezember 1001 wird erneut eine Synode in Rom einberufen, zu welcher auch die deutschen Bischöfe kommen sollten. Bernward kann aus gesundheitlichen Gründen nicht schon wieder nach Rom reisen, er sendet Thangmar. Erwähnt wird als Teilnehmer auch der Bischof Notger von Lüttich. Durch diese Mission sieht Thangmar den jungen Kaiser bis kurz vor dessen Tod. Als er sich bei ihm verabschiedet und von Otto mit reichen Geschenken für sich und Bernward begabt wird, fällt ihm das kranke Aussehen des Kaisers auf, und auf seine Frage «gesteht» er ihm, «daß er etwas an Fieber leide». «Aber es nahte der Tag des Jammers, der Todestag des gütigsten Kaisers. ... Unterdessen gingen die Stimmen der Fürsten auseinander, da viele ohne Scheu und Gottesfurcht die Herrschaft des Reiches an sich zu reißen suchten. So kam es, daß ein Fürst namens Bruno, der die unerschütterliche Treue des ehrwürdigen Bischofs Bernward für den verehrungswürdigen Herzog Heinrich kannte und von ihm in seinen Unternehmungen gehindert zu werden fürchtete, eine möglichst große Schar zum Verderben des Bischofs und zum Schaden der Hildesheimer Kirche bewaffnete und wiederholte Raub- und Beutezüge gegen die Besitzungen und die Leute des Bischofs unternahm.»

Thangmar erwähnt Ekkihard überhaupt nicht, über den wir soviel bei Thietmar erfahren. Wahrscheinlich hat Thangmar, weil auf der Rückreise von Rom begriffen, diese Ereignisse nicht mitgemacht. Er ergreift die Feder erst wieder, als sich Bernward nun für Heinrich einsetzt und dessen Regierungszeit anhebt.

Das Verhalten Bernwards in den Wochen der Unentschiedenheit, wo die einzelnen Kronprätendenten sich durchzusetzen suchen, schildert Thangmar so:

«Dagegen legte (Bernward) nach Art des weisesten Baumeisters durch Gebete die Grundlage des neuen Reiches. Denn alle Scharen der Brüder und Schwestern, welche für die göttlichen Szepter unter seiner Fahne stritten, ermahnte er, unter so schwierigen Verhältnissen eifrigst zu beten und zu wachen. Auch er selbst suchte die Gnade Gottes durch strenge Enthaltsamkeit zu erflehen, was er aber allen verheimlichte.» Nachdem Heinrich II. gewählt war, «führten der Erzbischof Willigis und der Bischof Bernward nebst den übrigen Fürsten des Reichs den Herren Heinrich mit höchster Ehre nach Mainz, übergaben ihm am Sonntag nach Pfingsten die Regierung und die königliche Gewalt mit der Lanze des Herrn.» Am 10. August, dem Tage Laurentius, wurde in Paderborn Kunigunde von Willigis zur Königin gekrönt. Da in Gandersheim Gerberga gestorben war, sollte zu gleicher Zeit Sophia, des verstorbenen Kaisers Schwester, zu ihrer Nachfolgerin geweiht werden. «Sophia . . . benahm sich wieder wie gewöhnlich. Wie sie im heiligen Schleier ihren eigenen Bischof verschmäht hatte, so erachtete sie auch jetzt ihrer unwürdig, von ihrem Hirten und Vater die Regierung und Weihe zu empfangen und bat aus Übermuth und eitlem Stolz sich aus, von einem, der das Pallium trüge, geweiht zu werden. Der König (Heinrich II.), die Königin und die Fürsten waren ihren Wünschen geneigt; der Herr Bernward aber konnte sich nicht widersetzen und gab nach.» Gerechterweise muß man in Betracht ziehen, daß der Kampf, den Sophia gegen die verschiedensten Bischöfe von Hildesheim führte – der also nicht eigentlich persönlich gemeint war – vermutlich für das Stift als ein «reichsfreies», das nur dem Papst unterstand, geführt worden ist. Dem steht allerdings entgegen, daß immer wieder versucht wurde, Gandersheim als zur Diözese von Mainz gehörig zu erklären, was nur einen Diözesenwechsel bedeutet hätte. Die Schwierigkeit für Frauenstifte, und wenn sie noch so frei und nur dem Papst unterstehend erklärt wurden, war ja, daß sie immer abhängig von Priestern und Bischöfen blieben. Sie mußten männliche Beichtväter haben und die Weihen von Männern empfangen. Die geradezu groteske Streitgeschichte nahm nach Bernwards Tod eine überraschende Wende. Nachdem im Jahre 1007 Willigis und Bernward sich vor den Augen Heinrichs II. versöhnt hatten und Willigis seinen Bischofsstab an Bernward zur Bekräftigung seiner Rechte übergab, war zwischen Mainz und Hildesheim Friede. So auch unter Erkanbald, den Bernward selber zum Erzbischof weihte. Mit Aribo begann alles wieder von neuem, und erst Bernward, dann Godehard hatten mit ihm ihre Plage. Nun aber ereignete es sich, daß zwei Nichten der Äbtissin Sophia – nämlich die Töchter ihrer Schwester Mathilde, die den Grafen Ezzo geheiratet hatte –, die ihr im Gandersheimer Stift unterstanden, mit einigem Gefolge nach Mainz entflohen und in ein anderes Kloster gingen, das die Schwester des Aribo leitete. Nun gab es den großen Bruch zwischen Sophia und Mainz, und sie wandte sich hilfesuchend an Godehard, den Bischof von Hildesheim. Die Mädchen wurden zurückgebracht, entkamen aber später wieder. Von da an hielt Sophia zu Hildesheim.

*Wolfhers «Godehard-Vita»**

Wolfher war Domherr zu Hildesheim. Er hatte schon Bernward und dann den Übergang von Bernward zu Godehard erlebt. Er mag beim Tode Bernwards zwischen zwanzig und dreißig Jahre alt gewesen sein. Sein eigentlicher Förderer wurde Godehard. «Godehard schickte den sehr begabten jungen Priester auf die Klosterschulen zu Hersfeld a. d. Fulda und Altaich, damit er dort seinen Blick weite.» (Algermissen) Wolfher soll erst nach 1030 zurückgekommen sein. Dann hätte er das Drama der Aussiedlung des Klosters von St. Michael nicht unmittelbar miterlebt. Gleichwohl schildert er es, wenn auch begreiflicherweise knapp, da er ja zum Lobe Godehards schreibt. Doch konnte er die so einschneidende Angelegenheit wohl nicht verschweigen.

«Auch auf einem seiner Höfe, namens Holthusen, errichtete er ein Kloster und passende Wohnungen für die Mönche und weihete es im achten Jahr seiner Regierung in der Fastenzeit am 21. März zu Ehren des hl. Benedikt. Dorthin wollte er auch die Genossenschaft der Mönche versetzen, die sein Vorgänger bei uns in dem Kloster des hl. Erzengels Michael versammelt hatte, im Glauben, sie würden dort, dem menschlichen Verkehr entfernter, ihrer Ordensregel mit größerer Freiheit nachleben können. Als er aber bemerkte, daß dies dem irdischen Sinne sowohl der Seinigen als auch anderer mißfiel, und die Mißdeutungen einzelner ihm unerträglich waren, ließ er sie in ihre frühere Wohnung zurückkehren . . .»

Im «achten Jahre», das war 1030. Da Goderamnus bereits im Juli 1030 – nach der Rückkehr – starb, müssen Aussiedlung und Rückkehr wohl in wenigen turbulenten Monaten stattgefunden haben. Abt Goderamnus scheinen diese Ereignisse schwer mitgenommen zu haben. Sein Nachfol-

* Übersetzt von Hermann Hüffer, Berlin 1848.

ger Adalbert wurde nicht aus dem Kreis der Hildesheimer Mönche gewählt, sondern war ein Geistlicher, der zuvor der Benediktinerpropstei Johannesburg bei Hersfeld vorstand. In Hersfeld war Godehard von 1005–12 Abt gewesen, dorthin hatte er auch Wolfher geschickt. Das waren die Bezirke von Godehards geistiger Heimat. Wesenberg vermutet deshalb auch, daß Godehard seine Hand im Spiele gehabt und den Brüdern von St. Michael nun einen Mann seines Vertrauens vorgesetzt hat, «während er in dem von Bernward eingesetzten verstorbenen ersten Abt des Klosters einen Widersacher sehen mußte.» (Wesenberg)

Wolfher fährt fort, Godehards Wirken aufzuzählen:

«Obgleich er nun diese verschiedenen Bauten (vorher aufgezählte Kirchen usw.) mit dem größten Eifer betrieb, so überließ er doch alles, was der Herr Bernward seligen Angedenkens der Kirche des hl. Michael übertragen hatte, gewissenhaft dem Abte Goderam und seinem Nachfolger zum Ausbau jenes Klosters, ja, er verwandte nicht einen Fußbreit Landes und keinen einzigen Knecht und aus dem dorthin gestifteten Schatze nicht einen Heller zu seinem Nutzen.»

Eigenartigerweise folgt kurz nach obiger Passage die Nachricht:

«Auch in unserem Dome ließ er (Godehard) an der dunklen Stelle auf der westlichen Seite Öffnungen machen und dort die Türflügel, welche der Herr Bernward hatte gießen lassen, aufs schönste zusammenstellen. Vor ihnen begann er den Bau eines herrlichen Paradieses mit schönen Toren und hohen Türmen ...»

Hatte Bernward die Türen für den Dom bestimmt? Wenn ja, warum ließ er sie 1015 an St. Michael «aufhängen», anstatt sie im Dom an der dafür bestimmten Stelle anzubringen? – Hatte er sie aber für St. Michael bestimmt, wie kommt es, daß Godehard nun den Dom damit schmückt?

«Bei dieser Sicht der Zusammenhänge (nämlich zwischen Godehard und Adalbert) wäre es durchaus möglich, daß die Türen seit dem Beginne der Amtszeit Adalberts ganz legal an den Dom gekommen sein könnten.» (Wesenberg S. 174)

Wenn Bernward die Türen nicht für den Dom, sondern für St. Michael bestimmt haben sollte, so wäre aber die Überführung auch dann nicht «ganz legal» gewesen, wenn der neue Abt zugestimmt hätte.

Am 1. November stellte Bernward den großen Stiftungsbrief für St. Michael aus, ein Testament «Im Namen der heiligen und unzertrennlichen Dreifaltigkeit» ... Bernward überweist dem Kloster «nicht weniger als 466 Hufen Landes, 19 Höfe, 10 Zehnten und 13 Kirchen, zu welchen noch durch eine kaiserliche Urkunde die Kirche von Holthusen komme sowie die Kapelle des hl. Kreuzes und die des hl. Martinus, welche er als Bischof dem Kloster einverleibe». Dann fährt er fort: «Mit Ausnahme dessen, was ich an liegenden Gütern, Lichterkronen, goldenen Kelchen, Leuchtern, Stoffen und anderen kirchlichen Zierraten dem Altare der hl. Maria im Dome gab, schenke ich alles dem Kloster, damit die Diener Christi, frei von jedem irdischen Dienste, in Frieden ruhig ihre Tage hinbringen und sich zum Nutzen der Lebenden einer heiligen Betrachtung hingeben. – Verhandelt zu Hildesheim im Jahre 1022.»

An Bernwards Testament, das er nach eigenen Worten mit dem Kaiser und dem Erzbischof beraten hatte, sieht man, daß ihm sehr wohl bewußt war, wie bedroht das Kloster St. Michael nach seinem Tode sein würde. Er sucht die Schenkungen seines Vermögens, die dem Kloster die Existenz gewährleisten, mit kraftvollen Worten zu sichern:

«Wenn aber einer meiner Nachfolger* oder irgend jemand weltlichen Standes diese Stiftung beeinträchtigen oder sich erfrechen sollte, sie frevelhafterweise an sich zu reißen, so schließe ich ihn mit dem Schwert des göttlichen Wortes von Gott und seinen Heiligen aus. Der schwerste Fluch soll auf ihm lasten, des Segens soll er verlustig gehen, und solchermaßen, ausgetilgt aus Himmel und Erde, soll er seinen Teil haben mit Judas und denen, die das Reich Gottes als Erbteil besitzen wollen. Zudem mögen unsere Erben mit Gottes und unserer Erlaubnis das Ihrige zu ihrem Nutzen wieder an sich ziehen, wenn sie einen fremden Eindringling auf ihren Gütern hausen sehen.»

Es ist anzunehmen, daß Bernward mit den starken Worten nicht nur ein Vermögen, sondern einen Impuls zu schützen bestrebt war.

Man soll ja der Geschichte gegenüber auch manchmal denken: «Was wäre geschehen, wenn ...?» Wenn zum Beispiel Ekkihard nicht ermordet, sondern Kaiser geworden wäre? Dann hätte St. Michael vermutlich einen Schützer gehabt, der Bernwards Intentionen nicht hätte beeinträchtigen

* Nämlich auf dem bischöflichen Stuhl!

lassen. Ekkihard wäre sicher auch nicht auf Godehard als neuen Bischof verfallen. Godehard war Bayer, und Heinrich der Bayer, jetzt Kaiser, kannte ihn von früher her. Alles verlief durch diesen Mord nun in ganz anderen Bahnen. An Hildesheim kann das, als an einem Beispiel, deutlich werden.

Zu Theophanu

«Theophanu war, obgleich als Weib nicht frei von der Schwäche ihres Geschlechts, doch voll bescheidener Festigkeit, und führte, was in Griechenland selten ist, einen vortrefflichen Lebenswandel. Sie wahrte, indem sie mit wahrhaft männlicher Kraft über ihren Sohn wachte, das Reich; die Frommen in jeder Weise begünstigend, die Hoffärtigen aber schreckend und demütigend.»

Thietmar, 4. Buch

Die Regierungszeit der Theophanu ist einer der geschichtlichen Augenblicke, an dem deutlich wird, wie sehr die Zählung der Herrschaftsepochen eine Fiktion ist. Denn Otto III. hat natürlich nicht, wie am Beginn des Buches bei Anführung der offiziellen Daten vermerkt werden mußte, seit 983 regiert; er war ja erst drei Jahre alt, als sein Vater starb. Theophanu und anschließend Adelheid werden, obgleich sie die volle Regierungsgewalt ausübten, offiziell nicht registriert. Dieses Unterschlagen weiblicher Regierungszeiten macht die Geschichte undurchsichtig, und zwar schon seit der Antike. Von Artemisia, der Gattin des Mausolos, über Galla Placidia und Amalasuntha, Theoderichs Tochter, gibt es diese Pseudoregierungszeiten von Königen, die nicht der Wirklichkeit entsprechen und die Geschichte verfälschen.

Zu Hruotsvita von Gandersheim (etwa 935 bis etwa 1002)

Ihr Gesamtwerk war in drei Büchern zusammengefaßt, die sie jeweils mit Prosavorworten und Verswidmungen versah. Verloren sollen die

Lebensbeschreibungen der beiden Kirchenpatrone von Gandersheim sein: des Anastasius und des Innocentius. In das erste Buch nahm die Dichterin ihre acht in Versen geschriebenen *Legenden* auf, in das zweite die sechs *Dramen* und in das dritte ihre zwei großen *Versepen* – das eine Epos ist die Geschichte der Ottonen von Otto dem Großen an, das andere die Geschichte des Stiftes Gandersheim. Das erste und das dritte Buch ergeben zusammen rund 5600 Verse, dazu kommen die Dramen.

Für ihre christliche Legendendichtung – ein Gebiet, auf dem sie eine frühe, einsame Stimme war – griff sie auf apokryphe Schriften zurück, die im Stift Gandersheim reichlich zugänglich gewesen sein müssen. Als man sie darauf aufmerksam machte, daß diese Schriften von der Kirche nicht anerkannt werden, ließ sie sich dennoch nicht beirren, sondern zeigte eine beachtliche Eigenständigkeit, die vielleicht auch einen Hinweis darauf gibt, eine wie starke Hinneigung in den gebildeten Kreisen dieser Gegend zu solcher Literatur bestand. Überraschend ist der Grund, aus dem Hruotsvita es ablehnte, ihre auf den Apokryphen basierende Dichtung zu vernichten. In der Vorrede zu ihren Legenden schreibt sie:

> «Wenn man mir aber vorwirft, daß ich gewisse Stellen dieses Werks,
> den Apokryphen hab entnommen,
> und diese bei mir Anerkennung fanden,
> so ist das nicht der Fehler einer falschen Ansicht,
> sondern ein solcher aus Unwissenheit...
> Doch als ich davon hörte,
> da hab ich die Vernichtung abgelehnt,
> weil, was zunächst als falsch erscheint,
> vielleicht viel später sich als wahr erweist.»*

* Übertragen von Helmut Knauer in «Legenden», Mellinger, Stuttgart 1964.

Einige Zitate zu Bernwards Werk

Stimmen zur Bernwards-Tür

«Die mitgeteilten Proben lassen erkennen, daß der Künstler von einer Motivierung in der Darstellung so wenig Begriff gehabt, daß er gewiß oft (wie z. B. bei der Verkündigung, der Geburt etc.) gerade das Gegenteil von dem, was er wollte, ausgedrückt hat. Von Formkenntnis und Stil kann keine Rede sein, so wenig als von irgendeiner künstlerischen Anordnung.»
(G. Förster «Denkmale deutscher Bildnerei und Malerei II., 19. Jh.»)

«Das Gebiet großfiguriger Bildnerei ist den germanischen Völkern von den Ursprüngen her fremd. In ihrer reichen ornamentalen Phantasie, die rein linienhaft-musikalisch eine ganz gegenstandsfreie Kunst zu entfalten vermag, fehlt der Sinn für körperhaft geformte Leiber... Das Erzählen mit leibhaft geformten Figuren bedeutete in ottonischer Zeit immer noch so etwas wie die Eroberung eines neuen Kunstgebietes. Man muß sich diese Tatsachen vergegenwärtigen, wenn man vor die Hildesheimer Erztür des Bischofs Bernward tritt... Sie steht als eine der kühnsten Taten der Bildnerei im Norden da... An kunstgeschichtlichen Voraussetzungen bleibt nicht viel aufzuzählen... die originale Leistung der Bernwardstür, das Erregende einer noch nie gewagten Tat im germanischen Norden, das Überraschende der künstlerischen Ausdrucksmittel... Wir sehen hier diejenige Tür, die sich innerhalb der abendländischen Kunst am weitesten und sehr radikal von der Antike entfernt... Der starke künstlerische Eindruck, den der Betrachter von den Darstellungen besonders des linken Türflügels empfängt, beruht eben auf der ungemein kräftigen und lebendigen Empfindung für das Dramatische und ‹Menschliche› in der Geschichte Adams und Evas... Die Begebnisse im Paradies sind im Mittelalter kaum je wieder so ursprünglich empfunden wie an der Hildesheimer Tür. Das sind in der Tat die ‹ersten› Menschen, die noch in der Nähe des schaffenden väterlichen Gottes atmen; sie versuchen ihre ‹ersten› Schritte – man kann sie nur mit Rührung verfolgen –, und sie verspüren zum ersten Male ihr Miteinandersein und die unbegreifliche Verstrickung in Schuld. Als sie aus dem Paradies von dem Erzengel mit dem Schwert hinausgewiesen werden, sind sie erwachsen. Eva dreht sich mit einer unbeschreiblichen Gebärde von Sorge, Zweifel, Nachdenklichkeit, Furcht und Verlangen zurück. Adam geht an die Tür; ganz ‹sachlich› wendet er dem Paradiese den Rücken.»

(O. Jantzen, Ottonische Kunst, Reinbek 1959)

«Es gibt Kunstwerke, an deren ausdrucksdichter Formenhoheit letztlich jede Deutung scheitern muß: Giottos Judaskuß, Dürers Apokalypse, die Bernwardstür zu Hildesheim.

Menschliches Urerleben wird im Bilde gebannt, Form, Aussage und Symbol werden untrennbar, wenn in den Sternstunden der Kunst, den Stunden größter entwicklungsgeschichtlicher Entscheidungen, Schöpfungen vollzogen werden. Einer solchen Sternstunde verdanken wir die Bronzetür des hl. Bernward.»

(W. Schadendorf, Die Bernwardstür in Hildesheim, München 1964)

Zum Bau St. Michael

«Anno dusent ein
Legte Barward den ersten Stein.»

(Vers in alten Jahrbüchern des Klosters St. Michael)

«Im Jahre 1022 waren die Seitenschiffe und die Mauern des Mittelschiffs bis zur Höhe der Dächer der Seitenschiffe vollendet. Man deckte das Mittelschiff vorläufig ein, und Bernward weihte am 29. September vor (oder im?) Westchore einen Kreuzaltar, welchem er die Reliquien und Schätze der Kreuzkapelle überwies ... Dunkle Schatten fielen aber schon auf die Festfeier. Sein Freund, Bischof Benno von Oldenburg, der von den Heiden aus seiner Stadt vertrieben und schon im Jahre 1018 zu Hildesheim gastlich aufgenommen worden war, geriet so sehr in das durch die Volksmenge in der Kirche entstandene Gedränge und wurde so hart mitgenommen, daß er nach wenigen Tagen starb.

Der Tod, welcher die Freunde getrennt hatte, sollte sie nur zu bald wieder vereinen.»

(S. Beissel, Der heilige Bernward v. Hildesheim, Hildesheim 1895)

«Zur ehrwürdigsten Ausstattung der Michaelskirche aus ottonischer Zeit gehört der Sarkophag Bernwards... Ein Steinkasten, ... der durch seinen figürlichen Schmuck auffällt. Denn auch die vornehmsten Gräber (auch der Könige und Kaiser) pflegen in ottonischer Zeit nichts Figürliches zu zeigen, oft nicht einmal etwas Inschriftliches zu tragen... Auch für Bernward können wir noch keine figürliche Grabplatte erwarten. Doch hat er den Schmuck seines Sarkophagdeckels sowie der Grabplatte auf eine so persönliche Weise entworfen, daß sich darin zusammen mit den Inschriften ein bestimmter religiöser und geistiger Bereich offenbart.»

(H. Jantzen, Ottonische Kunst, Reinbek 1959)

«Auf die ursprüngliche Grabplatte wurde im XIII. Jahrhundert eine andere gelegt, worauf Bernward, nach der Sitte der Zeit, im Tode ruhend dargestellt war... Alle diese Änderungen waren leicht auszuführen, weil die zu Rom vollzogene Heiligsprechung viele Pilger nach St. Michael zog und große Opfergaben brachte. Letztere ermöglichten auch, der Decke des Mittelschiffs jene herrlichen bis auf uns gekommenen Malereien zu geben...»

(S. Beissel, Der heilige Bernward v. Hildesheim, Hildesheim 1895)

Anmerkungen

1 Bernwards Abstammung väterlicherseits ist unklar. Man vermutet in Graf Eggihardus II. (Eckhard) seinen Vater. Dann wäre Bernward auf Burg Asleburg aufgewachsen. Seine Mutter war eine Tochter des sächsischen Pfalzgrafen Athelbero. Sein Bruder Tammo war später Graf des weitgedehnten Gaues Astfala, zu dem auch Hildesheim gehörte. Er war ab 1001 Truchseß bei Otto III. und mit ihm in Italien. Tammo hat also dort den Tod des Kaisers erlebt, während Bernward in Hildesheim war. Tammo war auch Vogt der Hildesheimer Kirche. Er war beim Tode Bernwards anwesend, den er um etwa 15 Jahre überlebte. Unter dem führenden Adel auf den Burgen ebenso wie in Klöstern und auf den Bischofssitzen hatte Bernward zahlreiche Verwandte. Besonders viele Frauen der Familie waren Äbtissinnen in den verschiedenen Damenstiften.

2 Otto I. und Adelheid, die Eltern Ottos II. und Großeltern Ottos III., waren beide in zweiter Ehe verheiratet. Otto hatte in erster Ehe die englische Königstochter Edgitha zur Frau, und Adelheid war 938 im Alter von sieben Jahren mit König Lothar von Italien vermählt worden. Nach dessen Tode heiratete sie mit zwanzig Jahren in der langobardischen Hauptstadt Pavia 951 Otto I. Nach dem Tode der Theophanu mußte sie noch einige Jahre für ihren Enkel Otto III. die Regentschaft führen. Da sie unter Otto II. und Theophanu als Regentin für Italien geamtet hatte, war ihre Residenz Pavia geblieben. Zur Zeit ihrer Regentschaft für Otto III. siedelte sie nach Ingelheim über.

3 Gerbert von Aurillac wurde zwischen 940 und 950 in der Auvergne geboren. Er studierte als junger Mann in Barcelona, in Spanien also, aber in einer Gegend, die nicht vom Islam unterworfen worden war. Wohl aber grenzte die arabistische Kultur in Spanien unmittelbar an, und Gerbert lernte davon so viel, daß die Legende sagt, es habe schließlich nur noch einen Mann gegeben, der – als weisester unter allen Sarazenen – ihn übertroffen habe. Diesem offenbar auch im Okkulten bewanderten Gelehrten habe Gerbert seinen höchsten Schatz entwendet: ein zauberkräftiges Zahlenbuch, mit dem er entfloh. Von Gerbert wird auch gesagt, er habe als erster die arabische Zahlenreihe im christlichen Europa in Gebrauch gebracht.
Gerbert war 991 Erzbischof von Reims geworden, aber vom Papst nicht anerkannt. Otto III. übergab ihm 998 das Erzbistum Ravenna und erhob ihn

999 zum Papst, wobei Gerbert den Namen Sylvester II. annimmt. Sylvester organisiert im Einvernehmen mit dem Kaiser die römische Kirche in Polen und Ungarn und gründet die Erzbistümer Gnesen und Gran, wodurch die bisherige Missionstätigkeit der deutschen Kirche dort unterbunden wird. Zitate des Briefwechsels Ottos III. mit Gerbert aus: Konrad Algermissen, «Bernward und Godehard», Hildesheim 1960, ferner aus «Das Wunder von Chartres» von Karl Heyer, Stuttgart [3]1983, und «Die Heiratsurkunde der Kaiserin Theophanu», Ausstellungskatalog Göttingen 1972.

4 Den Unterschied herauszubekommen, der in damaliger Zeit zwischen einer Nonne und einer Kanonisse bestand, ist schwierig. Hauptpunkte sind wohl diese: Zwar nahmen auch die Kanonissen den Schleier, brauchten aber weder das Gelübde der Armut noch des absoluten Gehorsams abzulegen. Ein Stift war zwar «eine fest geordnete geistliche Gemeinschaft, die die Angehörigen nach kanonischer Vorschrift zu den täglichen sieben Gebetsgottesdiensten verpflichtete, ... aber im Gegensatz zum Kloster unterstand ein Stift keiner Ordensregel». (Bert Nagel, Hrotsvit von Gandersheim)

5 Die heilige Lanze galt als Waffe des heiligen Mauritius. In ihr Blatt war ein großer Nagel vom Kreuz Christi eingefügt. Heinrich I., der Vater Ottos des Großen, hatte sie um die Mitte des 10. Jahrhunderts von König Rudolf von Burgund erworben. Dieser hatte sie von den Langobarden erhalten. Heinrich trat für diese Lanze die Stadt Basel an die Burgunder ab. Sie wird bei Thietmar aber auch als «die Lanze des Herrn» bezeichnet. Unter Konrad II. (1024–39) wurde dann als Aufbewahrungsort für die Lanzenspitze und einen Span vom Kreuze Christi das Reichskreuz geschaffen. Das war das «Heiltum», welches im ganzen Mittelalter hoch verehrt wurde.

6 Diesen Hintergrund zu sehen, veranlaßt ein Vortrag Rudolf Steiners vom 23. Sept. 1924 über den Zusammenhang von Hruotsvita und Plato, veröffentlicht in dem IV. Band «Esoterische Betrachtungen karmischer Zusammenhänge», GA 138.

6a Algermissen a. a. O. schreibt: «Auch mit zahlreichen alchemistischen Fragen hat sich Bernward befaßt und wahrscheinlich schon während der Jahre seiner Ausbildung in Hildesheim, in der Überzeugung von der Einheit und Wandlungsfähigkeit der Stoffe, Metallurgie und Farbentechnik erlernt und betrieben. Dabei scheint er – wahrscheinlich aber erst später – zu besonderen Erkenntnissen gekommen zu sein. Noch im 16. Jh. befand sich unter Aufsicht des Abtes von St. Michael im dortigen Kloster ein dem hl. Bd. zugeschriebenes Buch mit dem Titel: ‹A.K.SS. (Secretum secretorum), quod sub poena aeterna damnationis relinquo meis successoribus›; es hatte als Titelbild den Erzengel Michael, der mit erhobener Rechten ein gezücktes Schwert gegen einen Drachen richtete. Über den Inhalt des Buches, das 1634 zugrunde ging, ist nichts bekannt.» Dort auch weitere Literatur.

7 Ein speziell neues Element war im Hildesheimer Bau auch die «ausgeschiedene Vierung». Die Vierung öffnet sich, das bedeutet «ausgeschieden», nach allen vier Seiten hin in voller Breite und Höhe mit gleichgeformten Bögen. Eine vollständige Durchdringung der Längs- und Querrichtung entsteht. Die Vierung war, jedenfalls ist das in Hildesheim so zu denken, ohne spezielle Decke und wurde vom Vierungsturm her hell beleuchtet. Sie fügte also noch einen stark vertikalen Akzent hinzu.

8 Steht man in der Kirche und blickt zum westlichen Hauptchor, so fragt man sich etwas verwirrt, wie denn diese Michaelskapelle erreichbar gewesen sei bzw. noch ist. U. Teuscher schildert das so: Im Westen befindet sich..., in der Hauptachse der Kirche noch eine Altarstelle, die nur aus dem Hochchor «über Mauerstiegen durch den mannshohen Umgang unter dem Dach zugänglich war. Nur dem Führer der himmlischen Heerscharen konnte dieser Altar geweiht sein, von dem aus der Priester durch eine Öffnung in der westlichen Hochchorwand nach Osten zelebrierte.»

9 «In principo creavit Deus coelum et terram. Terra.»

10 Rudolf Steiner, «Perspektiven der Menschheitsentwicklung. Scotus Erigena und der Übergang von einer geistdurchdrungenen zu einer intellektuellen Weltauffassung» (GA 204).

11 Siehe H. Krause-Zimmer: «Erdenkind und Weltenlicht – spirituelle Motive in Weihnachtsdarstellungen», mit vielen Abbildungen (Stuttgart 1979).

12 Um diese Elfenbeinplatte, welche die Deesis darstellt (bei welcher also Maria den Hl. Geist und der Täufer das Vatergöttliche repräsentiert), steht geschrieben: «Sis pia, quaeso, tuo Bernwardo, trina potestas» – «Sei gnädig deinem Bernward, dreifaltige Macht.»

13 Siehe «Künstle, Ikonographie der christlichen Kunst I», S. 612. – Ein drastisches Beispiel für die erwähnte Überlieferung ist eine Miniatur von ca. 1150 (Floreffe Bible, Britisches Museum), bei welcher unterhalb der Kreuzigung ein Stier auf einem Opferaltar erstochen wird. Lukas steht daneben und hält sein geflügeltes Viergetier im Arm.

14 Daß dem Oceanus Federn aus dem Haupt wachsen, bezieht sich auf den fünften Schöpfungstag. Dort schuf Gott aus dem erregten Wasser sowohl Fische wie «Gevögel, das auf Erden unter der Feste des Himmels fliege. Und Gott schuf große Walfische und allerlei Tier, das da lebet und webet und vom Wasser erreget ward, ein jegliches nach seiner Art; und allerlei gefiedertes Gevögel, ein jegliches nach seiner Art» (1. Mose 20,21).

15 Siehe dazu Rudolf Steiner: «Die geistige Führung des Menschen und der Menschheit» GA 15, «Das Lukasevangelium» GA 114, «Das Matthäusevangelium» GA 123, «Exkurse in das Gebiet des Markusevangeliums» GA 124, «Von Jesus zu Christus» GA 131 u. a.
Siehe ferner das Buch der Verfasserin «Die zwei Jesusknaben in der bildenden Kunst», 2. Aufl., Stuttgart 1977, worin noch weitere Literatur angegeben ist.

16 Daß der Bogen um den Stern hier aus Schwarz-Weiß besteht und überhaupt viele kleine Schwarz-Durchbrüche im Bilde zu sehen sind, während es sie beim Geburtsbild zum Johannesevangelium überhaupt nicht gibt, wird den erstaunen, der das Charakteristikum der urpersischen Zeit (Hell-Dunkel, Weiß-Schwarz, Ahura Mazdao-Ahriman) und auch die Beziehung dieses Jesusknaben zum Zarathustra der urpersischen Epoche kennt.

17 Die Worte «Hoc opus ...» beziehen sich auf das ganze Evangeliar. Wie Algermissen vermerkt, bestehen Zweifel an der zeitgenössischen Darstellung. Es gehen Vermutungen auf eine gotische Arbeit, die später angefügt wurde. Doch widerspricht das der Inschrift, auch ist der Typus mit den beinahe winzigen Köpfen nicht gotisch. Vielmehr tritt dies durchaus zeitgenössisch auf, z. B. im Hitdakodex, wo bei der Darstellung im Tempel der Joseph und andere Gestalten ähnliche Proportionierung zeigen. – Die Eigenart, daß Maria einen Palmzweig trägt, kommt auch bei der noch zu besprechenden Bronzetür in der Verkündigungsszene vor. Es scheint, daß dies damals als Zeichen der Jungfräulichkeit galt; jedenfalls benutzt Thietmar in seiner zeitgenössischen Chronik einmal den Begriff: «Palme der Jungfrauschaft», wobei die Palme als eine Art Siegeszeichen aufgefaßt ist, wenn sich jemand bis zum Tode die Jungfräulichkeit erhalten hat.

18 Die gleichzeitige Zureichung des Schwammes mit dem Lanzenstich ist keine Erfindung Bernwards. Sie mag aus dem Byzantinischen kommen; der sogenannte «Kamm des Heribert» um 870, ein Elfenbeintriptychon aus dem 10. Jh. (Berlin), aber auch schon eine aus Palästina stammende Malerei auf Holz (Deckel eines Reliquienkästchens) aus dem 6. Jh. (Rom) zeigen das gleiche.

19 Diese Kleinigkeit, auf die kaum jemand achtet – man suche eine Parallele dafür! Mir ist es bisher nicht gelungen, ein anderes Kreuzigungsbildnis zu finden, das durch Abspreizung des Ringfingers vom Mittelfinger eine Zäsur zwischen Zwei und Drei deutlich macht.
Sollte die Segensgeste gemeint sein, so wäre es leicht gewesen, die zwei unteren Finger einzuklappen. Das ist auch eine Haltung, die sich als Geste rasch ergibt; versucht man dagegen, die Handhaltung des Gekreuzigten nachzuformen, so bemerkt man, daß einem das gar nicht leicht gelingen will.

Es ist keine «natürliche» oder unwillkürliche Fingerhaltung, sondern eine gewollte.
Ähnlich schwierig ist, die Geste herzustellen, wenn *alle* Finger etwas nach innen eingebogen sind. Diese Fingerhaltung findet sich bei einer Plastik, der Statue des Menschheitsrepräsentanten (Christus) von Rudolf Steiner. Auch hier ist diese Trennung deutlich und markant zu sehen. Es ist die einzige – relative – Parallele, die mir bekannt ist. Daß die Zäsur auch hier mit voller Absicht gegeben ist, zeigt sich daran, daß Ahriman in der Höhle unterhalb der Christusgestalt diese Geste nachzuahmen versucht. Sie gelingt ihm aber nicht oder nur in völlig verzerrter Weise, indem sich die Finger verkrampft zum Handrücken zurückbiegen. Luzifer in «Dirigiergeste» legt die Teilung zwischen Zeige- und Mittelfinger.
Für die von ihm begründete Bewegungskunst der Eurythmie gab Rudolf Steiner die Geste der geöffneten Hand und dabei die Trennung zwischen Mittel- und Ringfinger für die Stimmung der *völligen Hingabe* an. (Tatiana Kisseleff «Eurythmie. Erinnerungen aus den Jahren 1912–27.» Malsch/Karlsruhe o. J.)
Blickt man zurück auf den erwähnten Rückendeckel des Evangeliums mit der Madonnengestalt, so findet man auch dabei eine ungewöhnliche Fingerhaltung des Jesusknaben: an seiner erhobenen Linken sind drei Finger gerade aufgestellt, der Mittelfinger aber biegt sich dem Daumen zu. Man versuche es nachzumachen! Man wird finden, daß auch diese Geste schwierig ist – das heißt, daß hinter dieser Formung eine bestimmte Ausdrucksabsicht stehen muß.

20 Rudolf Steiner, der in unserem Jahrhundert – nahe der neuen Jahrtausendwende – auch dem Gebiet der Kleinodienkunst ganz frische Impulse gegeben hat, wies Bertha Meyer-Jacobs, die erste Goldschmiedin, die nach seinen Anweisungen arbeitete, auf Hildesheim hin: «Dr. Steiner machte mich darauf aufmerksam, daß auch der heilige Bernward sich mit dem Legieren von Metallen beschäftigt habe, und wies mich auf die Leuchter hin.» («Kleinodienkunst», Dornach 1929).
Frau Meyer-Jacobs starb schon 1930. In einem Nachruf beklagt Frau Marie Steiner es als einen unschätzbaren Verlust, daß ein geplantes Werk über Kleinodienkunst nicht mehr hatte beendet werden können:
«Es hätte zu uns gesprochen über den Werdegang der eigentlichen Kleinodienschöpfungen, der kostbaren Hinweise Rudolf Steiners für die Forderungen dieser Kunst, die einstmals geistigen Gesetzen entsprang, der sinnliche Ausdruck geistiger Geschehnisse war – in den Tempeln zunächst als Wissensschatz gehütet, Kunst schaffend, dann in die Außenwelt hinaustretend und allmählich das Wissen ihres Ursprungs verlierend.

Einen wunderbaren Aufschwung erlebte die Metallschmiedekunst im Mittelalter, und Hildesheim und das Kreuz des heiligen Bernward waren immer wieder die bevorzugten Wallfahrtspunkte für Frau Meyer-Jacobs.»
Abgedruckt in Zeitschrift «STIL – goetheanistisches Bilden und Bauen» III, Heft 3, Kirchzarten.

21 Rudolf Steiner «Kunstgeschichte als Abbild innerer geistiger Impulse», GA 292, XII. Vortrag, ebenso die folgenden Zitate.

22 Zur Ergänzung soll hier noch angemerkt werden, daß Rudolf Steiner in privaten Gesprächen offenbar häufig von Hildesheim gesprochen hat. Es war wohl 1979, als Frau Ilona Schubert, welche Rudolf Steiner in vielen privaten Gesprächen gehört hat, zu mir sagte: «Rudolf Steiner hat von einer Stadt im nördlichen Mitteldeutschland gesprochen, die ein großes Ausstrahlungszentrum für das Mittelalter gewesen ist, und das war Hildesheim.» Sie erinnere sich auch, daß Rudolf Steiner in einem Vortrag davon gesprochen habe, aber sie finde diesen Vortrag nicht mehr, sie suche ihn seit Jahrzehnten. Ob ich eine Ahnung hätte, wo das stehen könnte.
Mir war das ganz unbekannt, und da sie von einem «Zentrum» sprach, das dort bestanden habe, fragte ich sie, ob sie nicht die Externsteine meine. «Nein, nein», sagte sie, «ich weiß genau, daß es Hildesheim war.»
Es mag im Frühjahr 1981 gewesen sein, als ich sie auf der Straße traf und sie überraschend bei mir stehen blieb und die direkte Frage stellte: «Können Sie nicht einmal nach Hildesheim fahren?» Ich sagte, daß ich das für den Herbst anläßlich einer Vortragsreise geplant habe, aber ich fragte sie etwas ratlos: «Was soll ich denn dort?»
Sie sagte: «Wenn der Doktor von Hildesheim sprach, dann hatte man den Eindruck, dort müsse das Paradies sein! Man hätte fliegenden Fußes nach Hildesheim laufen wollen. Er sprach von dem Zauber, den die Kunstwerke dort ausstrahlen, das müsse man gesehen haben, dort müsse man hinfahren.»
Der Name Bernward war Frau Schubert nicht in der Erinnerung geblieben, aber daß es sich dabei um die Bernwardswerke gehandelt haben muß, zeigt der obengenannte Lichtbildervortrag. Ob es der Vortrag ist, an den sich Frau Schubert erinnerte, oder ob es noch einen anderen nicht mitgeschriebenen Vortrag gab, ist offen.
Frau Schubert starb am 26. Oktober 1983 (dem Tag des heiligen Bernward) mit nahezu 81 Jahren. Rückblickend ergibt sich der Eindruck, daß Rudolf Steiners Versuch, auf Hildesheim und die Bernwardskunst aufmerksam zu machen, nicht genügend aufgenommen worden ist. Frau Schubert hat das durch Jahrzehnte mit sich herumgetragen in dem Gefühl, daß da etwas verlorengehen könnte, worauf Rudolf Steiner so Wert gelegt hat. Es war

deutlich, daß sie – besonders jetzt im Alter – den Vortrag nicht suchte, um selbst damit zu arbeiten, sondern um eine Anregung Rudolf Steiners vor dem Vergessen zu retten. Schließlich hat sie versucht, diese Anregung mündlich an mich weiterzugeben.

23 Möglicherweise bedeutet die Existenz eines zweiten Dionysios im 3. Jahrhundert, daß bei Paris eine Pflanzschule der Athener Schule des Areopagiten (fußend auf den Lehren des Paulus) bestanden hat, wobei der Leiter jeweils den Namen Dionysios trug (vergleiche dazu: Emil Bock «Paulus»). Dann wäre es gar nicht falsch gewesen, wenn das Mittelalter in St. Denis eine Wirkensstätte des Areopagiten verehrte.

24 Eligius (entstellt: Elogius, oder auch mit Eulogius vertauscht, frz. St. Loy oder Saint Eloyen). Nach der zeitgenössischen Vita von Audoin (die später überarbeitet wurde) ursprünglich Hufschmied, dann Goldschmied. Eine Legende sagt, daß er störrischen Pferden das Bein ausriß, um es in Ruhe zu beschlagen, und dann wieder ansetzte. Davon gibt es zahlreiche Darstellungen.
Im Jahre 641 wird Eligius Bischof von Noyon; er stirbt 666. Die Nachricht über das Eligiuskreuz und andere Schätze sind überliefert in der «Gesta Dagoberti» aus dem 9. Jh. und späteren Schriften. Siehe dazu: «Karl der Große, Karolingische Kunst» Braunfels/Schnitzer, Aufsatz von Elbern.

25 Die Hochschätzung der Johannesschrift ging schon auf die Kirchenväter zurück. Man unterschied z. B. bei der Buchmalerei die zwei Evangelisten, welche als Augenzeugen den Evangelienereignissen beigewohnt hatten, von den beiden anderen, welche sie im *Auftrag* von Augenzeugen geschrieben haben. Deshalb wird häufig zu Beginn des Matthäusevangeliums die Berufung des Matthäus (Matth. 9,9, Mark. 2,14, Luk. 5,27) durch Christus dargestellt. Er war selbst Augenzeuge. Dem Markusevangelium wird beigegeben die Szene, wie Petrus ihm als seinem Schüler ein Buch überreicht – und bei Lukas, wie Paulus ihm den Auftrag durch Überreichen eines Buches erteilt.
Für Johannes aber wurde nach den Kirchenvätern angenommen, daß die tiefe Weisheit seines Evangeliums auf Johannes übergegangen sei als er an der Brust des Herrn beim Abendmahle lehnte.

26 Der Weinstock ist schon in den ersten Jahrhunderten Symbol des Christentums gewesen, wofür unter vielem anderen zeugt: das *Goldmosaik* im frühchristlichen Mausoleum unter dem Petersdom «Christus als Helios inmitten von Weinranken» (Abb. s. in «Erdenkind und Weltenlicht») und der *Kelch von Antiochia* (4./5. Jh.).

27 Siehe dazu im Buch der Verfasserin «Kreuz und Auferstehung», Kapitel «Nikodemus und die Irminsul – Monumentalrelief an den Externsteinen», Stuttgart 1981.

28 Algermissen schreibt: «Rosenberg ‹Geschichte der Goldschmiedekunst› I,28ff., ... folgert weiter, Bernward habe ausdrücken wollen, daß er ein niederes Metall in ein kostbares umgewandelt habe. Das würde in Richtung der alchemystischen Interessen des Bischofs liegen. Pyrgallus Epigramm (Leibniz, SS. rerum Brunsv. II,18): ‹Transmutare metalla in melius poteras deteriora› nimmt zweifellos auf diese Inschrift Bezug. Aber Rosenberg gibt zu, er habe die Inschrift wie eine ungeknackte Nuß liegen lassen müssen.»

28a Eine immer wiederkehrende Behauptung ist, daß Adam nach einem Vorbild in der Buchmalerei geschaffen sei, bei welchem er seinen Fuß auf einem Erdhügel abstützt, oder wo ein ‹in die Tiefe sich dehnender Bodenraum› angegeben ist. Den habe man bei der Bernwardstür ‹einfach weggelassen›.
Das wird als ein Mangel, ein Fehler, angesehen. Indessen wird ein unbefangener Blick hier eine besondere Lebendigkeit der Szene empfinden. Wie ist gerade dadurch ausgedrückt: Adam *lernt!* Er versucht, den Unterweisungen des Engels zu folgen. Zum ersten Male schwingt er die Hacke hoch, und er unterstützt den Schwung mit seiner Beinbewegung (man versuche es doch einmal nachzumachen). Wie echt und unmittelbar wird dadurch die Beziehung zwischen dem lehrenden Michael und dem Menschen, der bisher noch nicht erfahren hat, was körperliche Arbeit eigentlich ist. Dieser allererste Beginn der physischen Arbeit will ja dargestellt sein.
Mag doch irgendeine Gestalt mit dem Fuß auf einem Hügel dem Hildesheimer Künstler vor Augen gekommen sein! Daß man den Fuß auch abstützen kann, weiß er ja. Beim Brudermord des Kain – wo die Haltung des Kain ganz anders und die rührende Hilflosigkeit des Lernenden nicht angebracht ist – gibt er dem Fuß diese Stütze. Aber bei der Adamszene will Bernward anderes. Von dem Ruhenden, Schönen, Ausgeglichenen des klassischen Altertums strebt er weg zu lebendiger Gebärde und unmittelbarer Bewegung, durch die er den nordischen Impuls hereinzubekommen sucht.
Nur Algermissen hat den Sprung gemacht, den hackenden Adam lebendig und unmittelbar anzuschauen. Ihm kommt vor, daß die Bewegung des Adam aus einem Erschrecken über den Besuch des Engels hervorgeht.

29 Es sei der Versuch gemacht, nachzufragen, was Bernward mit der klaren Abfolge seines Sieben-Apfel-Geschehens gemeint haben könnte. Es muß sich ja um etwas handeln, was sieben Stationen hat, nicht weniger und nicht mehr. Es beginnt außerhalb und oberhalb des Menschen am Paradiesesbaum, aber es ist eine Entwicklung (wenn man sie als solche ansehen will), die dann in der Hand des Menschen endet.

Nehmen wir einmal an, Bernward hätte die okkulte Tradition gekannt, welche von sieben großen Menschheitsepochen spricht. Durch diese Epochen hindurch zieht sich die Wirkung des Apfelgeschehens, nämlich des Sündenfalls. Rudolf Steiner charakterisiert sie als die nachatlantischen Kulturperioden der Menschheit in vielen seiner Bücher und Vorträge: die erste Epoche, Ur-Indien, ist gewissermaßen noch ganz oben, noch sehr wenig irdisch und stark geistzugewandt; das trifft auch noch auf die urpersische Epoche zu, wo nun aber das Erdenfeld unter der Leitung Zarathustras in Arbeit genommen wird. Sehr viel stärker wird die dritte, die ägyptisch-chaldäische Epoche, schon von der Schwere ergriffen. Die vierte, griechische Epoche hat einen luziferisch geprägten Charakter, der aber auch ihre großen Kunstleistungen möglich macht. In unserer, der fünften Epoche (seit der Mitte des 15. Jahrhunderts), hat der Mensch den Erkenntnisapfel selbst ergriffen; die sechste wird die Epoche der Entscheidung zwischen Gut und Böse sein; die siebente ist die letzte, da steht der Mensch gewissermaßen da mit der Frucht, die aus dieser Entwicklung geworden ist.

30 Nach Charles William Heckethorn «Geheime Gesellschaften, Geheimbünde und Geheimlehren» (Leipzig 1900).

31 Werkleute sind wir: Knappen, Jünger, Meister,
Und bauen dich, du hohes Mittelschiff.
Und manchmal kommt ein ernster Hergereister,
Geht wie ein Glanz durch unsre hundert Geister

Und zeigt uns zitternd einen neuen Griff.
Wir steigen in die wiegenden Gerüste,
In unsren Händen hängt der Hammer schwer,
Bis eine Stunde uns die Stirnen küßte,
Die strahlend und als ob sie alles wüßte
Von dir kommt wie der Wind vom Meer.

Dann ist ein Hallen von den vielen Hämmern,
Und durch die Berge geht es Stoß um Stoß.
Erst wenn es dunkelt, lassen wir dich los:
Und deine kommenden Konturen dämmern.

Aus dem Stundenbuch

In der letzten Verszeile schwingt das Unvollendete, das Zukünftige: Die Zeit des Bauens wird noch lange dauern.

32 Es gibt eine Spur, die auch die Kenntnis dieses sehr tiefen Zusammenhanges, der jetzt nicht dargestellt werden kann, vermuten läßt. Von dem Ritual der

Steinmetzen ist in später Zeit einiges bekannt geworden. Wenn auch nur lückenhaft, finden sich darin Spuren einer alten Geheimlehre, die um so überraschender sind, als sie jetzt ohne Zusammenhang in Erscheinung treten und gar nicht mehr verstanden werden. – Wenn ein wandernder Steinmetzgeselle sich bei einer Werkstatt vorstellen wollte, so mußte er eine lange Befragung über sich ergehen lassen, auf welche die Antworten genau festgelegt waren; ebenfalls mußte er eine komplizierte Reihenfolge von Gesten und Stellungen beherrschen, woraus sich ergab, ob er wirklich ein rechtmäßiger Steinmetz war. In einer Zeit, wo die Menschen keine Ausweise hatten und nicht lesen und schreiben konnten, hatte das einmal den Sinn, daß sich niemand in das Gewerbe einschleichen und seine Berufsgeheimnisse kennenlernen sollte, der nicht wirklich dazu gehörte. Von diesem Nützlichkeitsaspekt abgesehen zeigen einige Fragen, daß es sich dabei, jedenfalls ursprünglich, auch um die Kenntnis von Hintergründen gehandelt haben muß, wie sie erwähnt worden sind. So heißt eine der Fragen: «Mit Gunst und Erlaubnis! Welches ist der erste Baumeister gewesen?» Die überraschende Antwort darauf lautet: «Mit Gunst und Erlaubnis! Johannes der Apostel.» (Will Erich Peuckert «Geheimkulte», Heidelberg 1951.) Johannes der Evangelist war tatsächlich der Schutzpatron der Bauhütten, speziell derer, die Kirchen und Klöster bauten; Johannes spielte auch bei dem Einmünden der Hieramströmung in das Christentum eine entscheidende Rolle.

33 Dieses Taufbecken von Mousson hat übrigens eine Besonderheit, die von der Arbeit des Reiner von Huy abweicht. Bei Reiner beugt sich oben aus dem Relief der Kopf des Vaters vollplastisch vor, um auf die Taufe herabzublikken. Abgesehen davon, daß PATER daneben eingeritzt steht, hat dieser Kopf in seiner Aura auch kein Kreuz, wie es der darunter stehende Jesus in seiner Aura zeigt.

Bei dem Steinbecken im Mousson dagegen ist der Kopf flächig gehalten, so daß man ihn unmittelbar anblickt. Er zeigt die Christuszüge eines jüngeren Mannes und hat zudem die Kreuzaura. Der Jesus darunter hat die Kreuzaura auch. Diese drei: der Täufling, die Taube und der obere Christus (im kosmischen Bogen) hängen unmittelbar zusammen, es ist kein Zwischenraum: das Herabkommen des Christus durch die Taufe in den Jesus ist sozusagen nahtlos erläutert. Das alles wirkt hier urtümlicher, unmittelbarer und direkter als bei Reiner. – In der Buchmalerei gibt es zu dem Christuskopf im inneren Bogen, oberhalb der Taube, eine Parallele im Codex Vyseradensis, Prag, der zur Bernwardszeit, um 1000, entstanden ist. (Abgebildet und besprochen im Buch der Verfasserin «Erdenkind und Weltenlicht», Stuttgart 1979.)

34 Es könnte sein, daß ein solcherart gemeinter Gedanke an das Fischezeitalter bzw. an Christus als Repräsentanten der Fischeeinweihung auch dort zugrunde liegt, wo man in Evangelienhandschriften besonders hervorgehobene Initialen mit dem Fischemotiv verband. Das ist durchaus selten, aber dieses «ungewöhnliche Motiv» tritt beim kostbaren Evangeliar von Bernward an verschiedenen Buchstaben auf den Zierseiten zum Matthäusevangelium auf, desgleichen bei einer Handschrift in Wolfenbüttel und einer in Oxford, «wo Teile des letzten Buchstabens – M – aus Fischen gebildet wurden». Hier bei Zierseiten zum Lukasevangelium.
(Zitat aus Gerd Bauer «Corvey oder Hildesheim?», Dissertation Hamburg 1974, S. 231.)
Man kann ferner fragend vermerken, ob bei der Darstellung der Taufe im Jordan, wie sie sich in Bernwards Großem Evangeliar findet, ein solcher Gedanke angebracht wäre. Dort werden vier Fische, übergroß, fast störend, im Taufwasser gezeigt, in das Jesus eingetaucht werden soll. Das sind nicht kleine Fischlein, die «Fluß» zum Ausdruck bringen sollen (abgesehen davon, daß es nicht sicher ist, daß bei den seltenen Fällen, wo frühe Malerei das zeigt, nicht auch etwas anderes als naturalistisches Flußmilieu gemeint ist). Bernwards Taufbild könnte mit den großen Fischen eben auf den Tatbestand hinweisen wollen, daß der Wassermann-Eingeweihte den Fische-Initiierten tauft – und eben dabei bemerkt, daß dieser Täufling viel höher steht als er.
Was das Abendmahl anbetrifft, so geht aus dem Bibeltext nicht hervor, was außer Brot und Wein dabei verzehrt worden ist. Die zahlreichen Abendmahlsszenen mit dem Lamm haben die Annahme aufkommen lassen, es sei das Passahlamm verzehrt worden. Dagegen wenden Theologen ein, daß Passah ja erst am Freitagabend begann. Die Opferung im Tempel, wobei Teile des Tieres dem Opfernden zum Verspeisen als Passahlamm mitgegeben wurden, geschah am Freitag, so daß Christus nicht das Passahlamm verzehrt haben kann, sondern vielmehr selbst starb, während die Passahlämmer getötet wurden. (In diesem Falle könnte der Fisch Abendmahlsspeise gewesen sein.) Eine andere Auffassung hält das Lamm als Speise dennoch für möglich, weil Christus im Speiseraum der Essäer zu Gast gewesen sei und diese besondere, vom Tempel abweichende Regeln befolgten.
Lamm und Fisch sind also beides – sie sind in jedem Falle als Symbolzeichen richtig: das Lamm im exoterischen, ganz offensichtlichen Sinne, der Fisch im esoterischen Sinne als Opferzeichen des Fische-Initiierten. Außerdem sind beide als historische Abendmahlsspeise möglich.

35 «Die besonders in Notzeiten wertvolle Bronze bot immer wieder Anreiz, sie als Altmaterial zu verkaufen. Jedoch haben dies die Mönche des Klosters

durch Anrufung der höchsten Gerichte stets zu verhindern gewußt. Die geringe Wertschätzung der mittelalterlichen Kunst im Zeitalter des Barocks und der Aufklärung bedeutete eine neue ernsthafte Bedrohung für die Säule. Im Jahre 1723 wurde sie umgestürzt. 1737 war sie bereits zur Feststellung des Gewichts zur Ratswaage geschafft worden, mußte aber auf kaiserliche Verfügung hin wieder in die Kirche zurückgebracht werden, wo sie dann herumlag. 1760 hatten die Kirchenprovisoren sie bereits für 30 Reichstaler je Zentner nach Hannover verkauft. Durch den tatkräftigen Einsatz des Abtes und des Fürstbischofs konnte die Vernichtung dieses Kunstwerks buchstäblich in letzter Minute verhindert werden.»

In der Romantik wandte man sich mit neuem Interesse der mittelalterlichen Kunst zu. Im Jahre 1810 wurde die Säule auf dem Domhof aufgestellt. Sie war zunächst durch ein provisorisches hölzernes Kapitell abgedeckt, das 1871 durch ein bronzenes ersetzt wurde, das im Stil der Romanik gehalten ist. Im Jahre 1893 wurde sie in den Dom überführt und im südlichen Querschiff aufgestellt.

(Aus H. J. Adamski: «Christussäule im Dom zu Hildesheim», Hildesheim 1979)

36 Besprochen mit zahlreichen Bildbeispielen im Buch der Verfasserin: «Die zwei Jesusknaben in der bildenden Kunst», 2. erweiterte Auflage 1977, Kapitel ‹Säule und Arkade als Inkarnationsgleichnis›.

37 Besprochen mit Bildbeispielen in H. Krause-Zimmer «Erdenkind und Weltenlicht».

38 Siehe Rudolf Steiner: «Wo und wie findet man den Geist», GA 57, Vortrag 6. 5. 09.

39 Siehe dazu den Vortragszyklus von Rudolf Steiner «Die Mission einzelner Volksseelen – im Zusammenhang mit der germanisch-nordischen Mythologie» (GA 121).

40 Rudolf Steiner «Vor dem Tore der Theosophie», 13. Vortrag, GA 95. Ähnliche Ausführungen zum Thema Fußwaschung und christliche Einweihung auch in «Von Jesus zu Christus» GA 131, «Die Theosophie des Rosenkreuzers» GA 99, und «Das Johannesevangelium, XI. Vortrag» GA 103.

41 In der Parabel wird der Arme mit Namen genannt: Lazarus. Der Reiche aber bleibt ganz ohne Namen. Auch das macht den Anschein, daß mit diesem Namen etwas Besonderes beabsichtigt ist.

42 Abbildung und Besprechung in «Die zwei Jesusknaben in der bildenden Kunst» a. a. O.

42a Von einigen Forschern wurde bezweifelt, daß Thangmar Bernward wirklich überlebt hat; diese Forscher nehmen an, es habe eine andere, aber durchaus zeitgenössische oder auf zeitgenössischen Berichten bauende Persönlichkeit den letzten Teil hinzugefügt.

43 In Algermissen «Bernward und Godehard» heißt es auf S. 116: «Nach der Heiligsprechung wurde die Krypta mit einem Umgang umbaut ... und später noch bis unter die Vierung des Westchors erweitert.» (Aufsatz von Karl Sievert.) In anderer Literatur, z. B. Nowak, Studien zur Bernwardstür 1981, dagegen: «Nach der Zerstörung von St. Michaelis 1945 wurden durch Beseler gründliche Untersuchungen in der und um die Kirche vorgenommen. Dabei wurde festgestellt, daß die Krypta mitsamt dem Umgang auf Bernward zurückgeht.» (s. Beseler/Roggenkamp «Die Michaeliskirche in Hildesheim», Berlin 1954.); «Baukunst des Mittelalters 1», E. Adam Frankfurt/Main 1963: «Die Anlage der Hildesheimer Krypta ist außergewöhnlich. Sie liegt unter dem Westchor, greift aber durch ihren um den Kryptenhauptraum geführten konzentrischen Umgang hinauf in den Chor, d. h., das Gewölbe des Kryptenumgangs liegt höher als der Fußboden des Chores. So werden durch den Umgang zwei Räume, der Chor und die Krypta, verzahnt. Eine ähnliche Anlage gibt es nur noch am *Münster in Basel,* dort allerdings sehr viel später, in spätstaufischer Zeit. Da aber das Basler Münster von Kaiser Heinrich II. errichtet wurde, also zur selben Zeit wie Hildesheim, stellt sich sofort die Frage, ob nicht in dem Basler Bau noch Teile des ottonischen Bestandes stecken ... Und in der Tat scheinen die Pfeiler der Krypta in Basel nicht spätromanisch zu sein, wie die gemeinhin angenommene Baugeschichte ergibt, sondern viel früher. Die eigentümliche Anordnung eines Umgangs um die Krypta, der hochreicht in die Chorregion und so den Chorboden als freischwebende Platte erscheinen läßt, kann sehr wohl noch dem Heinrichsmünster angehören, umgebaut und verändert in spätstaufischer Zeit.»
Das würde heißen, daß Bernwards Idee der Kryptengestaltung schon zur Bauzeit der Michaelskirche durch einen oder einige Baumeister weitergetragen wurde.

44 Godehard, auch Gotthard, sein Tag ist der 4. Mai.